高等学校食品营养与健康专业教材　中国轻工业"十四五"规划教材

营养与传统食疗学

彭强 主编

中国轻工业出版社

图书在版编目（CIP）数据

营养与传统食疗学 / 彭强主编. —北京：中国轻工业出版社，2025.8

高等学校食品营养与健康专业教材　中国轻工业"十四五"规划教材

ISBN 978-7-5184-4235-5

Ⅰ.①营…　Ⅱ.①彭…　Ⅲ.①食物疗法—高等学校—教材　Ⅳ.①R247.1

中国国家版本馆 CIP 数据核字（2023）第 140222 号

责任编辑：钟　雨　　责任终审：许春英　　整体设计：锋尚设计
策划编辑：钟　雨　　责任校对：吴大朋　　责任监印：张　可

出版发行：中国轻工业出版社（北京鲁谷东街 5 号，邮编：100040）
印　　刷：三河市万龙印装有限公司
经　　销：各地新华书店
版　　次：2025 年 8 月第 1 版第 2 次印刷
开　　本：787×1092　1/16　印张：16.5
字　　数：348 千字
书　　号：ISBN 978-7-5184-4235-5　定价：49.00 元
邮购电话：010-85119873
发行电话：010-85119832　010-85119912
网　　址：http://www.chlip.com.cn
Email：club@chlip.com.cn
版权所有　侵权必究
如发现图书残缺请与我社邮购联系调换
251354J1C102ZBW

高等学校食品营养与健康专业教材编委会

主　　任	孙宝国	北京工商大学
	陈　卫	江南大学
副 主 任	金征宇	江南大学
	王　敏	西北农林科技大学

委　　员（按姓氏笔画顺序排列）

	王　静	北京工商大学
	王子荣	新疆农业大学
	艾连中	上海理工大学
	刘元法	江南大学
	刘书成	广东海洋大学
	刘东红	浙江大学
	刘学波	西北农林科技大学
	孙庆杰	青岛农业大学
	杜欣军	天津科技大学
	李　斌	沈阳农业大学
	李永才	甘肃农业大学
	李国梁	陕西科技大学
	李学鹏	渤海大学
	李春保	南京农业大学

	杨月欣	中国营养学会
	杨兴斌	陕西师范大学
	邹小波	江苏大学
	张　建	石河子大学
	张宇昊	西南大学
	张军翔	宁夏大学
	张铁华	吉林大学
	岳田利	西北大学
	周大勇	大连工业大学
	庞　杰	福建农林大学
	施洪飞	南京中医药大学
	姜毓君	东北农业大学
	聂少平	南昌大学
	顾　青	浙江工商大学
	徐宝才	合肥工业大学
	徐晓云	华中农业大学
	桑亚新	河北农业大学
	黄现青	河南农业大学
	曹崇江	中国药科大学
	董同力嘎	内蒙古农业大学
	曾新安	华南理工大学
	雷红涛	华南农业大学
	廖小军	中国农业大学
	薛长湖	中国海洋大学
秘　书	吕　欣	西北农林科技大学
	王云阳	西北农林科技大学

本书编写人员

主　编　彭　强　西北农林科技大学

副主编　李　响　南京中医药大学
　　　　　蓝蔚青　上海海洋大学

编写人员（按姓氏笔画排序）
　　　　　王子楠　大连医科大学附属第一医院
　　　　　王晓辉　大连大学
　　　　　田聪亮　大连医科大学附属第一医院
　　　　　朱本伟　南京工业大学
　　　　　李　昱　大连医科大学附属第一医院
　　　　　李爱华　西北农林科技大学
　　　　　宋丽军　河北科技师范学院
　　　　　张　丽　河北科技师范学院
　　　　　张民伟　新疆大学
　　　　　张晶晶　上海海洋大学
　　　　　国旭丹　河北中医药大学
　　　　　郑　慧　湖南中医药大学
　　　　　黄李淑馨　云南民族大学
　　　　　谢明征　大连医科大学附属第一医院

前 言

营养与传统食疗学是研究人体从外界摄取必需的营养物质以维持人体生长发育，以及营养状况与疾病发生发展的关系，并通过饮食营养来促进健康和防治疾病的一门重要学科。该学科基于中医营养学、食疗学、药膳学、预防医学、现代食品营养学等理论基础，是一门综合性实用学科，将传统药食同源理论与现代营养学有机地结合。党的十八大以来，习近平总书记对发展中医药作出一系列重要论述，把"振兴中医药"纳入了国家战略，作为"健康中国"建设的重要组成部分，为新时期营养健康教育事业发展提供了行动指南。作为食品营养与健康专业的学生，不仅要掌握食品营养学基础知识，而且要学好传统食疗学知识。

《营养与传统食疗学》是高等学校食品营养与健康专业所需的课程新教材。本教材的编写遵循"保持食品营养与健康专业学科体系及教育模式的系统性、完整性"的原则，旨在培养系统掌握营养与传统食疗学基础理论、基本知识及基本技能，掌握相关人文科学知识和自然科学知识，有社会主义觉悟、德才兼备、综合素质高、富有创新精神，并具备从事营养与健康相关科学研究、教育教学、功能食品开发、食品生产及技术管理等方面的高级专业人才。

本教材系统阐述了营养与传统食疗学的基础理论及应用方法，主要内容有营养与传统食疗学绪论，包括营养与传统食疗学的定义、研究内容、研究方法、发展历史及发展趋势；营养与传统食疗学基础，包括基础理论、基本原则和食疗方法；人体体质分类与营养评估，包括体质形成因素、特征及营养评估；食物的性能，包括食物的性味归经及作用；食物的营养功效，包括常见食物的功效、食疗选方、使用要求及现代研究；食疗药膳的制作工艺，包括制作方法、服用方法及注意事项；不同情况下的饮食调理措施，包括不同季节的饮食调理、不同人群的饮食调理、不同生活环境的饮食调理及不同体质的饮食调理；营养与传统食疗学的临床应用，主要论述临床常见疾病，如心血管系统疾病、内分泌系统与代谢性疾病、消化系统疾病、恶性肿瘤、外科疾病的食疗，并结合历代古籍选读与现代研究等知识扩展，为学生的学习与实践提供了广阔的视野。

本教材由西北农林科技大学、新疆大学、上海海洋大学、南京中医药大学、湖南中医药大学、河北中医药大学、大连大学、云南民族大学、南京工业大学、河北科技师范学院、大连医科大学附属第一医院等单位联合编写。第一章由彭强和王晓辉编写，第二章由李响编写，第三章由国旭丹编写，第四章由郑慧编写，第五章由李爱华和朱本伟编写，第六章由黄李淑馨编写，第七章由蓝蔚青和张晶晶编写，第八章由宋丽军和张丽编写，第九章由李昱编写，第十章由王子楠和田聪亮编写，第十一章由谢明征编写，第十二章由张民伟编写。

本教材可作为食品营养与健康、食品科学与工程、食品卫生与营养学、食品质量与安全、食品营养与检验教育、烹饪与营养教育等专业的本科生及研究生教材，也可供从事临床营养工作的医生、营养师及食品专业工作人员参考。

由于编者水平和能力有限，书中难免存在不当和不足之处，恳请广大师生和同行专家批评指正，以便后续改进完善。

编者

2023 年 6 月

目 录

第一章　绪论 ……………………………………………………………… 1
　　第一节　营养与传统食疗学概述 …………………………………… 1
　　第二节　营养与传统食疗学的发展 ………………………………… 4
　　小结 …………………………………………………………………… 8
　　思考题 ………………………………………………………………… 8

第二章　营养与传统食疗学基础 ……………………………………… 9
　　第一节　中医营养与食疗学基础理论 ……………………………… 9
　　第二节　营养与食疗的基本原则 …………………………………… 19
　　第三节　营养与食疗方法 …………………………………………… 21
　　小结 …………………………………………………………………… 24
　　思考题 ………………………………………………………………… 25

第三章　人体体质分类与营养评估 …………………………………… 26
　　第一节　体质的形成因素 …………………………………………… 26
　　第二节　体质的分类及特征 ………………………………………… 30
　　第三节　基于中医体质的营养评估 ………………………………… 32
　　小结 …………………………………………………………………… 40
　　思考题 ………………………………………………………………… 41

第四章　食物的性能 …………………………………………………… 42
　　第一节　食物的性味归经 …………………………………………… 42
　　第二节　食物的作用 ………………………………………………… 47

第三节　食物的辅助治疗作用 ············ 49
第四节　常见食物的性能 ················ 51
小结 ································· 64
思考题 ······························· 64

第五章　食物的营养功效 ··············· 65

第一节　解表食物 ····················· 66
第二节　清热食物 ····················· 73
第三节　化湿食物 ····················· 79
第四节　安神食物 ····················· 81
第五节　理气食物 ····················· 83
第六节　消食食物 ····················· 85
第七节　止咳化痰食物 ················· 87
第八节　其他食物 ····················· 88
小结 ································· 90
思考题 ······························· 91

第六章　食疗药膳的制作工艺 ··········· 92

第一节　药膳的分类 ··················· 93
第二节　药膳原料的炮制 ··············· 97
第三节　药膳的制作工艺 ··············· 108
小结 ································· 118
思考题 ······························· 118

第七章　不同情况下的饮食调理措施 ····· 120

第一节　不同季节的饮食调理 ··········· 121
第二节　不同人群的饮食调理 ··········· 126
第三节　不同生活环境的饮食调理 ······· 141
第四节　不同体质的饮食调理 ··········· 144
小结 ································· 148
思考题 ······························· 149

第八章　心血管系统疾病的食疗 ………………………………………………………… 150

　　第一节　冠状动脉粥样硬化性心脏病的食疗 ………………………………………… 150
　　第二节　高脂血症的食疗 ……………………………………………………………… 155
　　第三节　高血压病的食疗 ……………………………………………………………… 158
　　小结 ……………………………………………………………………………………… 166
　　思考题 …………………………………………………………………………………… 166

第九章　内分泌系统与代谢性疾病的食疗 …………………………………………… 167

　　第一节　糖尿病的食疗 ………………………………………………………………… 168
　　第二节　肥胖的食疗 …………………………………………………………………… 176
　　第三节　痛风的食疗 …………………………………………………………………… 182
　　小结 ……………………………………………………………………………………… 188
　　思考题 …………………………………………………………………………………… 188

第十章　消化系统疾病的食疗 …………………………………………………………… 189

　　第一节　腹泻的食疗 …………………………………………………………………… 191
　　第二节　便秘的食疗 …………………………………………………………………… 195
　　第三节　胃炎的食疗 …………………………………………………………………… 199
　　第四节　脂肪肝的食疗 ………………………………………………………………… 204
　　小结 ……………………………………………………………………………………… 209
　　思考题 …………………………………………………………………………………… 210

第十一章　恶性肿瘤的食疗 ……………………………………………………………… 211

　　第一节　营养与恶性肿瘤的食疗 ……………………………………………………… 212
　　第二节　食管癌的食疗 ………………………………………………………………… 221
　　第三节　胃癌的食疗 …………………………………………………………………… 225
　　第四节　大肠癌的食疗 ………………………………………………………………… 231
　　小结 ……………………………………………………………………………………… 239
　　思考题 …………………………………………………………………………………… 239

第十二章　外科疾病的食疗 ……………………………………………………………… 240

　　第一节　创伤和感染的食疗 …………………………………………………………… 241

第二节　胃大部切除术后的食疗 …………………………………………… 244

第三节　短肠综合征的食疗 ………………………………………………… 245

第四节　烧伤的食疗 ………………………………………………………… 247

小结 …………………………………………………………………………… 249

思考题 ………………………………………………………………………… 250

参考文献 …………………………………………………………………… 251

第一章 绪 论

学习目标

1. 了解营养与传统食疗学同现代营养学的联系;
2. 熟悉营养与传统食疗学的发展简史;
3. 掌握营养与传统食疗学的概念、内容及特点;
4. 理解营养与传统食疗学对于大健康产业及保障人民健康的重要意义。

第一节 营养与传统食疗学概述

随着人们生活水平的不断提高,饮食营养已成为人们普遍关注的问题。营养素的缺乏和不平衡均会引起人体的生理病理反应,甚至会导致相关的疾病。中国传统营养与食疗学历史悠久、源远流长。它基于中华传统医药文化,历经几千年的探索与研究逐渐形成了系统性的学科体系,其朴素的思想基础已经深入国民内心。在我国历史发展的过程中,食疗运用的广泛性得到不断增强,彰显出其强大且便捷的治疗效果,为人民的生活带来幸福。党的十八大以来,习近平总书记对发展中医药作出一系列重要论述,为新时代传承发展中医药事业提供了根本遵循和行动指南。在振兴中医药的背景下,营养与食疗学在不断吸收化用中医药理论的同时还可充分汲取西医体系下的营养学知识,通过对食物营养物质含量更精确的把控与应用进一步加强药膳辅助治疗的可控性与其成效,并参考我国博大精深的饮食文化,在不影响甚至提升治疗效果的基础上改良制作方法,使人们在改善自身病征的同时满足味觉需求,促进其积极治疗。

一、营养与传统食疗学的概念

"营养"是指人体通过消化、吸收食物,利用食物中的各种有益成分,来供养、保养、调养身体,维持正常的生命活动。营养不足或营养过度皆可诱发疾病,如"肝气不足则血弱,肾气不足则精衰,血弱精衰,不能营养于目,渐致昏暗"(《圣济总录·卷一百八》)。又如"疗疮之生,膏粱人居其半,皆因营养过度,火毒外发所致"(《华佗神方·卷五》)。药食同源、食疗在我国有着悠久的历史,食物本身就兼具"养"和"疗"两方面的作用,"食养"指食物应用于健康人群以达到养生、防病之目的,而"食疗"指食物应用于患病者以治疗疾病。正如《本草求真》所述"食物入口,等于药之治病,同为一理"。

营养与传统食疗学是研究人体从外界摄取必需的营养物质以维持人体生长发育,以及与疾病发生发展的关系,并通过饮食营养来促进健康和防治疾病的一门重要学科。该学科基于现代食品营养学、中医营养学、食疗学、药膳学、预防医学等理论基础,是一门综合性实用学科,其独特的理论基础,并将传统药食同源理论与现代营养学有机结合,它是我国传统医学的重要组成部分,在食品营养学、预防医学、临床医学等领域中占有重要地位。近年来,营养与传统食疗学逐渐被现代科学所证实,在临床应用上取得了良好的效果,如应用燕麦防治高脂血症、糖尿病,芹菜防治高血压,花生红衣防治贫血,苦瓜抗菌消炎等,营养与传统食疗学这门古老而崭新的学科,在未来必将发挥越来越大的作用。

二、营养与传统食疗学的研究内容

营养与传统食疗学的主要研究内容包括食物的性能、功效及其在营养保健、防病治病中的应用规律等。

1. 理论基础

中华营养与传统食疗学来源于中医学,是在中医学框架体系中长期积累形成的,古代典籍《黄帝内经》《伤寒论》《千金要方》《饮膳正要》在食疗理论方面的成就进行了较为广泛的研究。营养食疗学是对中医药膳食疗和饮食养生的进一步研究和发展,它的理论基础主要如下。

(1)天人合一 人生活于自然环境之中,作为自然的一部分,人和自然具有相通相应的关系,并遵循同样的运动变化规律,即"天人相应"的原理。人和自然息息相关的这种关系也同样体现在饮食营养方面,《素问次注·四气调神大论》云:"春食凉,夏食寒,以养于阳;秋食温,冬食热,以养于阴。"天之节律,一年有四季,为年节律;一月有月圆月缺,为月节律;一日亦有阴阳消长变化,为日节律。这些节律都会影响人体的阴阳消长变化,同样会体现出不同的饮食营养需求。人之起居、饮食、劳役、衣着以及精神活动等,均应顺于四时,法于阴阳,春夏养阳,秋冬养阴,此为自然界年节律对人们的影响。

（2）整体观 以五脏为中心的整体观是中医理论最突出的特点，中医理论认为人体是以五脏为中心，通过经络把六腑、五体、五官、九窍、四肢百骸等全身组织器官联系成有机的整体，并通过精、气、血、津液的作用，来完成机体统一的机能活动。构成人体的各脏腑组织在结构上不可分割，在功能上相互协调、相互制约、相互为用，在病理上相互影响。另外，五行学说将人体的脏腑、组织结构分别配属五行，同时又将自然界的五方、五时、五气、五味、五色等与人体的五脏、六腑、五体、五官等联系起来。这些理论在营养食疗学配膳时起到非常重要的指导作用。

2. 食物的营养价值与功效

食物之所以能养生治病，是由它们自身具有一定的性能决定的如《黄帝内经》所说："气合而有形，因变以正成。"因而不同类别和气味的食物，可有不同的功效。熟悉常用食物的营养成分和功效是运用食疗的基本要求。在中华民族的文化中，药物和食物一直有着十分密切的关系，历来有"药食同源"的说法。作为食物的各种原料，其大多数均曾以中药的面目出现在历代本草学著作中。中药学理论，实际上同样也是中医营养食疗学理论。所以，食物的性能和药物性能一致，包括性、味、归经、升降浮沉、补泻等内容。但是，食物在五味之外尚有"芳香"的概念，是指食物的特殊嗅觉。芳香性食物以水果、蔬菜居多，如柑、橘、芫荽、香椿、茴香等。历代本草学常把"芳香"归为"味"的性能概念中，认为芳香性食物一般具有醒脾开胃、行气化湿、化浊辟秽、爽神开窍等作用。因此，食物的补泻作用除一般的补虚与泻实作用外，尚有"以脏补脏"的特点。

3. 药膳的制作

食疗在应用时与中医方剂类似，往往将多种食物搭配在一起，扬长避短，共同发挥养生保健、防病治病的作用。许多古代经典食疗方至今仍然被大众认可，并广泛应用于临床实践。在此基础上又产生了"药膳"，即遵循中医药学的基本理论和原则，将中药添加到食物中，采用独特的烹调技术炒、焖、煎、炸、蒸、煮、熬、卤、烧等，制作成汤、羹、膏、酒、粥、面、糕、饼以及菜肴等各种色、香、味、形俱佳的膳食。根据功效的差别，药膳又可分为保健药膳和治疗药膳两类，前者主要用于强壮身体、美容养颜等，后者则针对不同疾病需要来发挥治疗作用。药膳既适合于家庭食品的制作，又可作为餐馆配餐的美食，已成为中医营养与食疗的主要表现形式。

4. 应用原则

营养与传统食疗学的应用原则以中医营养学为基础，另外又加入了现代营养学的一些膳食原则。主要表现为以下几个方面。

（1）节饮食，适寒温 节饮食，指饮食要有节制、有节律，既不可暴饮暴食，也不可过度节食，要定时量进食。《黄帝内经·素问·痹论》曰："饮食自倍，肠胃乃伤。"提示要适度饮食，既不可过饥又不可过饱，尤其不可过饱，这样就不易损伤脾胃。这个原则很符合现代营养学的概念，食量与自身活动要平衡，常食七八分饱，保持适宜体重。适寒温，一方面是指饮食的寒温要符合人体的温度，不可过凉也不可过热。《黄帝内经·灵枢·师传》指出："食饮者，热无灼灼，寒无沧沧，寒温中适，故气将持，乃不至邪僻也。"饮食的寒温性质要与季节、体质符合，春夏宜寒凉性质饮食，冬秋宜温热性质饮食体；质偏热者宜食偏寒凉的食物，体质偏寒者宜食偏于温热的食物。

（2）合理搭配，谨和五味　食物有酸、苦、甘、辛、咸五味，五味对人体的五脏有不同的亲和力。《黄帝内经·素问·至真要大论》指出："夫五味入胃，各归其所喜，故酸先入肝，苦先入心，甘先入脾，辛先入肺，咸先入肾。久而增气，物化之常也。"五味调和方能对五脏起到全面的滋养作用，从而使五脏之间的功能保持平衡协调食物各种各样种类繁多，各有独特的性味，营养成分也不同，所以一定要合理搭配，充分考虑食物之间的协同作用和拮抗作用，即食物的相须、相使、相畏、相杀、相恶和相反。同时，还要考虑到食物营养成分的互补作用，要动植物食物平衡摄入，粗细粮搭配，以保证充足和多样的营养需要。

（3）三因制宜　三因制宜，是指要因时、因地、因人制宜。因时制宜，是指根据季节时间的特点及其与内在脏腑、气血、阴阳的密切关系选用适宜食物。顺应四时变换，进行适当的调摄，"春夏养阳，秋冬养阴"，可以有效地增强体质，提高机体的适应能力。因地制宜，是指根据所处的不同地理环境合理选择膳食。气候寒冷，饮食宜辛辣温热；气候温热，饮食宜甘淡寒凉。因人制宜，是指根据人的性别、年龄、体质等选择食物。男女生理特点各异，老少生理状况和阴阳气血盛衰均不同，因此要据此选择合适饮食。饮食调节可改善体质，体弱者宜食易消化而又营养充足的食物；体肥者多痰湿，宜食清淡的食物，并限制糖及脂肪的摄入；体瘦者多阴虚，宜食滋阴生津的食物。

第二节　营养与传统食疗学的发展

营养与传统食疗学历史悠久，源远流长，是我们祖先遗留的宝贵遗产，是千百年来中华民族运用饮食维护健康、防治疾病的智慧结晶，其在不同历史时期都有各自的发展。

一、营养与传统食疗学的发展简史

1. 起源时期

"神农尝百草，一日而遇七十二毒"。在远古时代，人们为了生存去寻找食物，通过反复实践、品尝摸索，逐渐发现了食物与药物，将能饱腹充饥的动植物归于食物，把有治疗作用的动植物归于药物。随着社会的发展，人类学会使用火，远古先民利用火"炮生为熟""以化腥臊"，早期的食物烹调方法也随之产生，使食物中的某些营养成分更易于消化吸收，极大促进了人类健康。西周至春秋时期，将医生细分为四种，即"食医""疾医（内科医生）""疡医（外科医生）""兽医"。食医位居四医之首，具有较高的地位。《周礼·天官冢宰·亨人/兽医》指出："以五味、五谷、五药，养其病"，说明周代已有了营养与传统食疗学的一些理念和认识。

2. 基础理论形成时期

在秦汉时期出现了众多的食疗养生相关著作，其中最为重要的著作就是《黄帝内经》，该著作奠定了中医学的理论基础，提出了整体观念，即人与自然界是一个有机的整体。主张全面均衡、五味调和的膳食，如"是故谨和五味，骨正筋柔，气血以流，腠理以密，如是则骨气以精。谨道如法，长有天命"（《黄帝内经·素问·生气通天论》）。如果饮食不平衡，会引起疾病的发生。汉代医学家张仲景著成《伤寒论》，提出六经辨证理论，可以认识证候变化的表时之分、寒热之分、虚实之别，并结合阴阳调和，创立了一些食疗方，至今仍在使用，如猪肤汤、葱豉汤、百合鸡子黄汤等。

3. 全面发展时期

唐代孙思邈在所著的《千金要方》一书中专设"食治"篇，标志着食疗学科的研究开始。该书将食物分为果实、菜蔬、谷米、鸟兽四大类，论述各种食物的功效，如动物的肝脏治夜盲症，谷皮能治脚气病。宋代用饮食防治疾病已经相当普遍。王怀隐所著《太平圣惠方》是宋代官方的食疗指南，内容包含内科、外科、妇科、儿科等各科病症，记载食疗方160道，如治疗中风的豉粥方、用于消渴小便的羊肺羹、治疗水肿病的鲤鱼粥等，这些食疗方进一步充实了饮食疗法。元代最具代表性著作为忽思慧的《饮膳正要》，该著作介绍常见食物的性味、功能和主治，并附有图谱，其内容相当丰富，堪称我国古代第一部烹饪及营养专著。明代医学家李时珍参考大量的古代文献，并结合个人观点，著成《本草纲目》，该书全面地评述常见食物的性味，在治病的药剂中既有药又有食，如在"腰痛"条中就列有山药、茴香、干姜、山楂等食物。《本草纲目》记载了大量的食疗方，并且十分重视饮食禁忌等。清代较著名的食疗著作是王孟英的《随息居饮食谱》，书中主张多进谷、畜、果、蔬，以食代药，反对偏食，提倡"食忌"，该书分水饮、谷食调和、蔬菜、果食等来论述食物，很多食疗方都有效验，如白扁豆治赤白带下、冬瓜行水消肿等，为中医营养与食疗学的进一步完善作出了重要贡献。

4. 现代发展时期

近代我国营养学奠基人侯祥川先生于1936年编写了《中国食疗之古书》，详细介绍了古代的营养学与食疗学著作。新中国成立后，随着人民生活水平的提高，在饮食方面对食养食疗也提出了更高的要求，营养与食疗学又有了新的发展契机。1984年北京中医学院成立了中医营养教研室，随即本科开设中医营养班。20世纪90年代初，翁维健教授主持编写了《中医饮食营养学》教材，之后中医学院相继开设了相关课程，标志着营养与食疗学进入我国高等教育的殿堂。

党的十八大以来，以习近平同志为核心的党中央作出了一系列推动中医药发展的决策部署，从中医药发展战略规划纲要印发到中医药法颁布；从全国卫生与健康大会部署发展中医药，到十九大报告明确"坚持中西医并重，推动中医药事业传承发展"，高位推动中医药由快速发展阶段转向振兴发展阶段。特别是《健康中国 2030 规划纲要》（以下简称《纲要》）的提出，是国家层面的健康领域中长期战略规划，把人民健康放在优先发展的战略位置，突出了大健康的发展理念，明确了中医药的重点任务，同时在全篇多处提及食疗养生，将其融入健康中国建设各方面。尤其提出在健康产业领域，健康服务业总规模将从 2020 年的 8 万亿元，增加到 2030 年的 16 万亿元。《纲要》为营养与食疗学的发展带来巨大空间，充分发挥营养与传统食疗学"治未病"优势，将有利于实现人人享有健康生活的目标。

二、营养与传统食疗学同现代营养学的联系

现代营养学是建立在生物化学和现代医学基础上的，重在研究膳食中的各种营养素的含量与生理功能，以及膳食中的各种化学成分与防治疾病的联系。营养与传统食疗学是在中医药理论指导下，研究食物的性能、配伍、制作和服法，以及食物与健康的关系并利用食物维护健康、防治疾病的一门学科。营养与传统食疗学与现代营养学的产生背景、理论体系有所不同，但若将二者配合，则可以达到优势互补的效果。

1. 食物营养素与食物四气的统一

现代营养学认为，营养的物质基础是食物，食物中含有维持人体正常生理功能所需要的各种营养物质，即营养素。营养素是指维持身体正常生理功能和健康所需的基本物质，合理营养是维持人体正常生长发育和保持良好健康状态的物质基础，如果某些营养物质缺乏或者营养素配比不均衡会导致人体出现问题。营养与传统食疗学中食物的四气通常是指食物的寒、热、温、凉四种特性，日常所食用的三百多种食物中，平性居多，温热次之，寒凉更次之，温热称为阳，寒凉称为阴。在饮食中只有把食物的四气用好，才会使人阴阳平衡，少生疾病。肉类中性温的羊肉、性平的猪肉、鸡肉、性凉的兔肉等的营养成分，在某些营养素上有些变化趋势。平凉性蔬菜中抗氧化的营养素 β-胡萝卜素、维生素 C、维生素 E 的含量相对较高。补气补血的食疗食物的作用与蛋白质、锌、铁含量较高有关，如海虾、鳝鱼、大枣、莲子、山药等。锌能促进味蕾生长，提高食欲，促进蛋白质合成，提高免疫功能；铁能补充血红蛋白合成的需要，增加血红蛋白，改善组织供氧状态。健脾利湿食物除含蛋白质、锌、铁较高外，还有高钾低钠的特点，如薏苡仁、黄豆、白扁豆等。养阴滋补食物含 β-胡萝卜素、硒、维生素 E 等抗氧化自由基的营养素较多，如芝麻、枸杞、鳖等。温补肾阳食物蛋白质、锌、锰、硒等含量较高，如海参、虾、桑葚等。

2. 现代膳食指南与传统平衡膳食理念的统一

《中国居民膳食指南（2022）》是结合中国居民膳食的实际状况，把平衡膳食的原则转

化为各类食物的重量，便于人们在日常生活中实行，帮助百姓做出有益健康的饮食选择和行为改变。《黄帝内经·素问·藏气法时论》记载："五谷为养，五果为助，五畜为益，五菜为充。气味合而服之，以补精益气。"各种食物在饮食原则上多样化、讲配比是饮食养疗的重要原则。这与现代营养学提出的平衡膳食、合理营养是一致的。《黄帝内经》中还强调饮食要有节制。"饮食自倍，肠胃乃伤"指出了不可贪食过饱，否则易伤肠胃。脾胃为后天之本，如果脾胃受损就有可能发生其他疾病，而顾护脾胃也是传统食疗学的重要原则之一。"肥者令人内热，甘者令人中满"则是提醒人们不可过食肥甘厚味，否则会导致疾病。膳食宝塔中对于肉类以及食用油的用量应达到一个健康的配比，同时也符合传统食疗学的饮食要求。

营养与传统食疗学不同于现代医学中的营养学，它是在传统中医理论的指导下，总结了历代食疗营养方面的宝贵经验而形成的，它对食物功能的认识是建立在阴阳学说、五行学说的基础上，根据食物的来源、形态、食用后人体的感受等，对食物进行区分，并对其四气五味以及归经加以总结。其运用是按照中医藏象学说、阴阳学说、五行学说、经络学说、病因机理论等基本理论，再加合理的搭配与制作，使人易于接受，从而达到预防保健、治疗疾病、促进健康的效果。营养与传统食疗学的基本理论、运用的方法和原则与现代医学营养学有很大不同。随着现代营养学的发展，二者之间也在不断互相学习，共同发展。

古籍选读

《饮膳正要》："善养性者，先饥而食，食勿令饱，先渴而饮，饮勿令过。食欲数而少，不欲顿而多"

解释为：养性：即养生。先：早于。数而少：次数多而量少。顿而多：次数少而量多。善于养生的人，先饿了才吃，先渴了才喝，吃饭要次数多而食量少，不要一次吃得过多，否则难以消化，要经常使自己好像饱中饥、饥中饱。不要等到很饿的时候再去吃饭，不要等到很渴的时候再去喝水。饮食有节或饥饱适当都是指饮食要适度，不能过少也不能过多。它是保证合理膳食的重要内容之一。一般来说，当食欲得到满足时，热量需要即可以满足，表示人体健康的标准之一的体重也可以维持正常。进食过少引起消瘦，进食过多引起肥胖，无疑都是不好的。

我国古代对饮食过多给人带来的损害十分注意。《黄帝内经》说，饮食"无使过之，伤其正也"。首先是"饮食自倍，肠胃乃伤"。再则可引起某些疾病。对于饮食营养过于丰富造成的严重后果，《寿世保元》指出："恣口腹之欲，极滋味之美，穷饮食之乐，虽肌体充腴，容色悦泽，而酷烈之气内蚀脏腑，精神虚矣！"

小结

本章主要介绍了营养与传统食疗学的概念、内容及特点；营养与传统食疗学的发展简史、发展过程中的代表性医家和著作；营养与传统食疗学与现代营养学的联系。

学习的重点是营养与传统食疗学的概念及内容，难点是营养与传统食疗学与现代营养学的联系。

思考题

1. 什么是营养与传统食疗学？
2. 营养与传统食疗学的研究内容有哪些？
3. 试述营养与传统食疗学同现代营养学的联系。
4. 在《健康中国 2030 规划纲要》及"振兴中医药"的背景下，试述营养与传统食疗学应发挥的作用。

第二章 营养与传统食疗学基础

学习目标

1. 熟悉阴阳、五行、藏象的含义及特性；
2. 熟悉精、气、血、津液的概念、生成、分布及生理功能；
3. 掌握营养与食疗的基本原则；
4. 能够建立理解和掌握营养与传统食疗学的理论基础；
5. 培养学生初步建立营养与传统食疗学的思维方法。

营养与食疗学的理论体系根植于中医学理论，中医学研究人的生命状态，以及人在自然环境中的生存状态，当这些状态出现异常变化时，便成为疾病状态的病证。针对病证采取相对应的食物、药物等手段给予调理，使其恢复人体阴阳平衡的正常状态。因此，营养与传统食疗学是在中医学理论基础上不断发展所形成的独具特色的理论体系，充分体现了传统文化的弘扬和发展的思想。优秀的传统文化，是我们建设创新文化的重要基础。深入挖掘传统中医理论知识基础，有助于我们更好地学习营养与传统食疗学这一新的理论体系。

第一节 中医营养与食疗学基础理论

一、整体概念

整体观念是我国古代哲学思维方法在营养与传统食疗学理论中的具体体现，是关于人体自身的完整性及人与自然、社会环境统一性的认识。中医学认为，人体是一个有机统一的整体，构成人体的各个组成部分以及各个脏腑形体官窍之间，结构上不可分割，功能上相互协调、互为补充、相互为用，病理上相互影响，并且时刻受到自然环境和社会环境的影响。人体在运动变化中保持着自身整体的动态平衡。

整体观念贯穿在生理、病理、诊法、辨证、食疗、养生等各个方面，因此，在观察、认识、分析和处理有关生命、健康和疾病等问题时，必须注重人体自身的完整性及人与自然、社会环境之间的统一性和联系性，只有这样才能从整体上把握和认识人体的生命状态，作出正确的诊断和治疗。

整体观念包括人体本身的整体性、人与自然环境、人与社会环境的统一性三个方面。

1. 人体是一个有机整体

人体是一个有机的整体，包括人体形体结构、生理功能、病理变化的整体性。

（1）形体结构的整体性　人体是一个以五脏为中心，心神为主宰，以精、气、血、津液为物质基础，通过经络"内属于腑臟，外络于肢节"（《黄帝内经·灵枢·海论》）密切联系的有机整体。通过经络的沟通和联络，将人体各腑脏、孔窍、皮毛、筋肉以及骨骼等组织紧密地联结成一个统一的整体。

（2）生理功能的整体性　人体是由若干组织和器官组成的，每个组织或器官都有着不同的生理功能，但这些不同的生理功能又都是整体机能活动的组成部分，从而决定了机体功能的整体统一性。

（3）病理变化的整体性　人体作为一个有机的统一整体，其疾病的发生、发展及转归等，不局限于单一组织或器官，其在病理上也是相互影响的。疾病的病因病机，认识和把握疾病的发生、发展及演变规律，首先要着眼于整体，既注重发生病变的局部，也重视局部病变对其他脏腑的影响，强调局部与整体的统一。

2. 人与自然的统一

人是自然界进化的产物，与自然界有着统一的本原和属性，与自然环境息息相关。自然环境的变化可直接或间接地影响人体的生命活动，即所谓的"天人相应"。人生存于不同的自然环境中，机体的五脏功能始终与环境保持着协调，表现为五脏与环境的方位、季节、气象、物候、气味的相关性。如肝与东方、春季、平旦、温和、风气、万物始生的生发、食物性味的酸味具有相关性；心与南方、夏季、日中、炎热、火气、万物盛长、苦味相关。因而，人体通过五脏功能与环境条件相适应，反映了机体与自然的息息相关，一旦这一相关性遭到破坏，就会影响人体的阴阳平衡而产生疾病。

人与自然环境的统一性决定了生命和自然运动规律的统一性，自然环境与人体的生理、病理以及疾病的防治密切相关。

（1）自然环境对人体生理的影响　人体通过自身内在的调节机能，保持着人体与自然界的统一。季节气候的变化、一日之内的昼夜晨昏变化、地域环境的变化和生活习惯的差异，都对人体生理活动有不同的影响。

（2）自然环境对人体病理的影响　疾病的发生发展，不仅与人体正气的适应、调节、抗邪等能力有关，也与自然界邪气的致病力强弱有关。受季节气候变化的影响，各季节有不同的多发病。

（3）自然环境与疾病防治的关系　人生活在自然环境中，人体的生理活动和病理变化时刻受到自然环境变化的影响，因此在疾病防治过程中，必须重视自然环境与人的关系。《黄帝内经》"法于四时""四气调神""春夏养阳，秋冬养阴"等顺应自然规律的防病方法则一直沿用至今。治病也应注重因时因地制宜，如"冬病夏治""夏病冬治"的原则也是遵循气候变化而调理人体阴阳的治疗方法。

3. 人与社会环境的统一

人生活在社会环境中，时刻受到社会环境的影响，因此人与社会环境是相互联系、密不可分的，具有统一性。不同的社会环境对人的身体功能、心理功能都有一定程度的影响。剧烈变化的社会环境，对人的心理产生较大影响，从而损害人体健康，如战争会导致紧张、焦虑、恐惧的心理，会出现失眠、烦躁等疾病状态。人是社会的一员，在认识世界和改造世界的过程中，也在不断适应社会的变化，以维持自身生命活动的平衡、稳定、协调，这也是人与社会环境统一性的体现。

人体本身是一个有机整体，人与自然、社会环境之间是统一的整体，这些共同构成了营养与传统食疗学的整体观念。

二、阴阳五行学说

1. 阴阳学说

阴阳，是对自然界相互关联的某些事物或现象对立双方属性的概括。阴阳是中国古代哲学重要而独特的概念，体现了事物的对立统一法则。阴阳学说是研究阴阳的内涵及其运动变化规律，用以阐释宇宙万物万象的发生、发展和变化的古代哲学理论，是古人探求宇宙本原和解释宇宙变化的一种世界观和方法论，蕴含着丰富的唯物论和辩证法思想。阴阳学说认为，世界是物质的，宇宙万物在阴阳二气的相互作用下发生、发展和变化。用阴阳学说认识世界的关键，在于分析既相互对立，又相互统一，相反相成的阴阳两种物质势力之间的关系及其变化。

对人体而言，也存在阴阳两个方面，人体的上部为阳，下部为阴；体表属阳，体内属阴；体表的背部属阳，腹部属阴；外侧为阳，内侧为阴；五脏属阴，六腑属阳。阴阳是概括人体生理、病理的基础理论，代表相互对立统一的因素，在正常状态下处于平衡，所谓"阴平阳秘"。一旦发生偏盛或偏衰的变化，则会出现不平衡，就成为病理状态，表现为不同程度的症状。因此，阴阳平衡是施膳的重要原则。人体的正常生命活动是阴阳两个方面保持相对平衡的结果，如果阴阳失去相对平衡，出现偏盛或偏衰，就会发生疾病。如果阴阳不协调发展到相互分离，人的生命就会停止，如《黄帝内经·素问·生气通天论》"阴阳离决，精气乃绝。"

《黄帝内经·素问·阴阳应象大论》"善诊者，察色按脉，先别阴阳。"阴阳是辨别证候的总纲，如八纲辨证中，表证、热证、实证属阳；里证、寒证、虚证属阴。在临床辨证中，只有分清阴阳，才能抓住疾病的本质，做到执简驭繁。凡见无热恶寒、四肢厥冷、息短气乏、精神不振、呕吐、下利清谷、小便色白、面白舌淡、脉沉微等证候，属于阴证；凡见身热、恶热不恶寒、心烦口渴、气高而粗、目赤多眵、面唇色红、小便红赤、大便或秘或干、舌质红绛、脉滑数有力，属于阳证。在虚证分类中，心有气虚和血虚之分，气虚属阳虚，血虚属阴虚。阴阳偏盛、偏衰是疾病过程中病理变化的基本规律，尽管疾病的病理变化错综复杂、千变万化，但其基本性质可以概括为阴、阳两大类。

围绕调理阴阳进行食事活动，使机体保持"阴平阳秘"是中医营养学理论的核心所在，因此饮食应以调整阴阳为基本指导思想。《黄帝内经·素问·骨空论》"调其阴阳，不足则补，有余则泻。"补即补虚，益气、养血、滋阴、助阳、添精、补髓、生津等方面皆属补虚；泻即泻实，解表、祛寒、清热、燥湿、利水、泻下、祛风、行气等方面皆属泻实。无论是补虚还是泻实，目的都是调整机体内的阴阳使之平衡，以维持或达到"阴平阳秘"的正常生理状态，从而保证身体健康。如阴虚可食用山药、百合、猪肉、甲鱼等滋阴补虚的食物；阳虚可食用羊肉、狗肉、虾等甘温助阳的食物。"热者寒之，寒者热之"是平衡阴阳的手段之一，如热病发热、口渴，可以食用西瓜、黄瓜、荸荠等寒凉性食物；因寒月经期腹痛，可以使用生姜、红糖等温热性食物。在食物搭配和膳食制备上，中医也十分注意调和阴阳，使膳食无偏寒、偏热的弊病。例如，烹制田螺、螃蟹等寒性食物时，搭配葱、姜、蒜、醋等温性调料，以免食用后损伤脾阳而引起脘腹不舒的症状；如烹制苦瓜时，因其苦寒，常搭配辛温的辣椒，保持寒热平衡。

2. 五行学说

五行，即木、火、土、金、水五类物质及其运动变化。五，即木、火、土、金、水五类基本物质；行，含有运动变化之义。五行学说，是研究木、火、土、金、水五行的内涵、特性及生克制化规律，并用以解释自然界万物之间的相互关系及其复杂运动变化规律的一种古代哲学理论，属于中国古代唯物论和辩证法范畴，含有朴素的系统论思想。以"五"为基数说明宇宙的根本秩序，解释宇宙万物的整体性及其发生、发展、变化与相互联系。认为自然界的万事万物可以在不同层次分为木、火、土、金、水五个方面，从而构成不同级别的系统结构，五行之间的生克制化维系着系统内部和系统之间的相对稳定，是研究事物本身和事物之间结构关系的理论。

三、藏象学说

"藏象"一词，最初见于《黄帝内经·素问·六节藏象论》。"藏"，作动词指藏匿；作名词通"臟","臟"演变为"脏",是繁简字的变化。明代张介宾在《类经》中注"象,形象也。藏居于内,形见于外,故曰藏象。""藏"是指藏于体内的内脏;"象"是指可查知与"藏"相系的人体各种现象、征象。"藏"与"象"两者的关系是:"藏"的变化决定着"象",而"象"反映"藏"内在的机能状态及变化。

藏象学说是古代医家在长期生活医疗实践中,以古代解剖知识为基础,受中国古代哲学的精气、阴阳、五行理论及其思维方法的影响,运用整体观察、察外知内、取象比类等方法构建的理论体系,是古人将客观所见的形态与主观推理所得的认识结合在一起的产物。

藏象学说的基础是脏腑,脏腑是内脏的总称。按脏腑的生理功能及形态结构特点,分为脏、腑和奇恒之腑。《黄帝内经·素问·五藏别论》"所谓五脏者,藏精气而不泻也,故满而不能实。六腑者,传化物而不藏,故实而不能满也。"即五脏的共同生理功能是化生和脏藏精气。这里的"满"是对精气而言,即所藏之精、气、血不应无故外泄,而应保持充满,使其能充分发挥生理效应。六腑的共同生理功能是受盛与传化水谷。这里的"实"是对水谷而论,是指六腑在进食后局部被水谷充实,但应及时传化,不断地虚实更替,不能全部被充塞至满,才能完成其传化的任务。"六腑以通为用"即是根据腑的功能特点提出的。

藏象学说的特点是以五脏为中心的整体观。其以天人一体、形神一体为基本观念,以"气类相推"或"象类相从"为据,以临床观察为证,从整体、宏观、功能、动态的角度去研究脏腑的功能及其结构关系。将人体的内脏、形体诸窍和心理活动都归属于五脏,以五脏的功能活动及其相互关系来阐述人体内环境及其与外环境的协调统一。

四、精、气、血、津液

精、气、血、津液是构成人体和维持人体生命活动的基本物质,其生成、输布及生理功能的发挥与脏腑的生理功能密不可分。作为人体的精微物质,精、气、血、津液具有不同的性状、分布及生理功能,在机体生命活动过程中,相互依存、相互转化、相互为用。由脏腑功能所化生的精、气、血、津液同时也是脏腑、经络、官窍、四肢、百骸实现各自生理功能的物质基础,在人体生命活动中发挥着极其重要的作用。如《黄帝内经·灵枢·本藏》"人之血气精神者,所以奉生而周于性命者也。"

精是禀受于父母的先天生命物质与脾胃运化之后天水谷精微等相互融合而形成的一种精华物质,贮藏于腑脏,布散于形体,是构成人体和维持人体生命活动的基本物质之一。《黄帝内经·素问·金匮真言论》"夫精者,身之本也。"生殖繁衍、促进生长发育、生髓充脑、养骨化血和滋养濡润是人体之精的主要生理功能;精的生成、贮藏与施泄是人体生命活动的重要组成部分。

气是人体内活力很强、运动不息的极精微物质,是构成人体和维持人体生命活动的最基本物质之一。万物由气构成,认识自然界的产物,故人的形体,包括脏腑、经络、五官九窍等，也是以气为物质基础而生成的。同时，人体生命活动的维持也必须依靠气的作用。气具有很强的活力，是人体内活力很强、运动不息的极精微物质，由先天之气、水谷之气和自然界清气融合而成，具有推动、温煦、防御、固摄、气化和营养的生理功能。

血是运行于脉中的红色液态物质，是构成人体和维持生命活动的基本物质之一。血的生成来源于水谷精微和肾精，与脾胃、心、肺和肾等脏腑密切相关。《景岳全书·血证》"血即精之属也，但精藏于肾，所蕴不多，而血富于冲，所至皆是。盖其源源而来，生化于脾，总统于心，藏受于肝，宣布于肺，施泄于肾，灌溉一身，无所不及。"血具有濡养、运载和化神的生理功能。

津液是机体内一切正常水液的总称，包括各脏腑组织、形体官窍内在体液及其正常的分泌物，如胃液、肠液、涕、泪、唾等。津液也是构成人体和维持人体生命活动的基本物质。津液代谢是多个脏腑功能相互协调作用的复杂生理过程，包括津液的生成、输布和排泄。《黄帝内经·素问·经脉别论》将津液代谢过程简要概括为"饮入于胃，游溢精气，上输于脾，脾气散精，上归于肺，通调水道，下输膀胱，水精四布，五经并行。"精液具有滋养濡润、化生血液和运载物质的生理功能。从功能属性区分阴阳，气属阳，精、血、津液属阴。

五、食药同源

我国自古就有食药同源的说法，食药同源的原始含义是指事物和药物均来自自然界的动植物，这些在综合性本草以及中药著作中体现的十分突出。

梁代陶弘景所著《本草经集注》是具有代表性的本草著作，是对魏唐以来本草学发展的总结，全书 7 卷，载药 730 种，分玉石、草、木、虫兽、果菜、米食，有名未用 7 类，首创按照药物自然属性分类的方法，其中食物为 46 种。唐代《新修本草》由长孙无忌、李勣编修，苏敬实际主持编撰编写，23 人参加撰写，全书 54 卷，内容丰富，图文并茂，载药 844 种，包括食物 69 种，该书反映了唐代本草学的辉煌成就。宋代唐慎微编撰的《经史证类备急本草》，是在北宋《开宝本草》的基础上兼收经史百家药学资料编修而成的，囊括了北宋及其以前本草学的精华，是我国以完整的原书形式流传至今的最早的一本本草著作，全书 33 卷，载药 1558 种，其中食物 110 种。明代医学家李时珍勤求古训，博采诸家之长，共收集本草 1892 种，著成《本草纲目》一书，不仅是明代以前本草的集大成者，也是食物本草的总结，分布在草部、果部等十余类中。1953 年由人民卫生出版社出版的《本草纲目》，上册多为药物，下册多为食物，共计 529 种，并对食物进行了全面的评述，此外还记载了大量的食疗方。明代官修本草著作《本草品汇精要》，由明孝宗下令编撰，于 1605 年完成，博采众家之长，共收集药物 1815 种，分为玉石、草、木、人、兽、禽、虫鱼、果、米谷和菜共 10 部，记载食物 263 种，本书绘制了大量彩图，精美且便于识别。清代赵学敏著《本草纲目拾遗》是在《本草纲目》的基础上发展了本草学，全书 10 卷，载药 921 种，其中食物为212种。新中国成立以后，1977年江苏新医学院编写了《中药大辞典》，全书分上册、下册及附编三部分，共收载中药5767种，包括植物药4773种、动物药740种、矿物药82种，全书内容丰富，资料系统齐全，有重要的文献价值，是新中国第一部大型中药工具书。2002年该书进行了修订，出版第2版，收载中药6008种，其中食物为661种，约占全书的10%。1999年国家中医药管理局主持编撰《中华本草》，该书全面总结了我国两千多年来中药学成就，集中反映了20世纪中药学的发展水平，是一部综合本草著作，全书34卷，收载药物8980种，其中食物620种。

食药同源，由同一理论指导，因此二者在性能上有相通之处，食物也具有类似药物的四气五味、升降浮沉、归经、功效等属性，食药相通是食物能够养生保健、防病治病的理论基础。尽管食药同源，食药相通，但是食物和药物还是有区别的。膳食是人体营养物质的主要来源，用以保证人体生长发育及生命活动；药物的重要作用，在于药品的不同性能和功效，能用于调节生命体的各种生理功能、防病治病、促进机体健康。用药是治疗疾病的手段，是在疾病状态下使用的方法。将药物的保健、治疗、预防及增强体质的这些作用融入日常膳食，使人们能在必需的膳食中享受到食物营养和药物防治调节两方面的作用。"药食同源""食养""食治"是将膳食与药物治疗结合在一起，这一方法的显著特点是融药物的治疗特性于日常膳食中，既具有膳食提供机体营养的基本功能，也具有一般食物的色、香、味、形特征，独特处即在于同时拥有防治疾病、保持健康、改善体质的重要作用。《黄帝内经·素问·藏气法时论》"毒药攻邪，五谷为养，五果为助，五畜为益，五菜为充。气味合而服之，以补精益气。"可见，中国古代利用食物以营养身体、补精益气。

尽管食药同源，食药相通，但食物和药物还是存在区别的，主要体现在：第一，对常人来说，食物是日常生活的必需品，而药物只是备用品。食物含有营养精微，是维持人体健康的物质基础，需要每天补充。第二，药物作用峻烈，有一定的毒副作用，容易伤人，正如孙思邈所言"药性刚烈，犹若御兵"。食物则比较平和，作用和缓，无毒副作用，正如孙思邈在《千金要方·食治方·序论第一》"食能排邪而安脏腑，悦神爽志以资气血"。第三，药物作用强，起效快。食物作用弱，起效慢。因此，古代医家提出"人若能知其食性，调而用之，则倍胜于药也……善治药者，不如善治食"。

六、食药性味

药性理论是以阴阳、脏腑、经络学说为依据，根据药食的各种属性及表现出来的作用，总结出来的用药规律。在中华民族的传统文化中一直有"民以食为天"和"食药同源"的说法，作为食物的各种原料，绝大多数以中药的形式出现在历代本草学著作中。

1. 四气

四气，又称四性，是指药食具有寒、热、温、凉四种不同的特性，通常将食物的四气分为温热和寒凉两大类，以及介于四气之间而无明显偏颇的平性。"热者寒之，温者清之"，寒凉类药食是针对温热性病证或体质而言，具有清热、泻火、凉血、解毒等作用，用于阳热、火邪、毒邪所致热证。"寒者热之，凉者温之"，温热类的药食是针对寒凉类的病证或体质而言，具有温中祛寒、温经通络、温阳化瘀、温化痰饮水湿等作用，用于阴寒病证。寒热属性均不明显，介于二者之间为平性，平性药食药性无峻猛之气，性质平和，多用于养生和调养。

2. 五味

五味，指酸、苦、甘、辛、咸五种气味，气味不明显者为淡味。《黄帝内经·素问·至真要大论》"辛甘发散为阳，酸苦涌泄为阴，咸味涌泄为阴，淡味渗泄为阳。六者或收或散，或缓或急，或燥或润，或软或坚。"无论食物还是药物，均有五味性能，一是具有阴阳属性，辛甘淡属阳，酸苦咸属阴。二是五味具有不同的作用趋势与效能，辛甘能发散，淡味能渗泄，酸苦咸能涌泄。

酸味具有敛汗、止泻、涩精等作用，如柠檬、乌梅、杨梅、山楂、五味子等，多用于肝气升发太过、虚汗、久泻久痢、遗精遗尿等。苦味具有清热泻火、泻下通便、止咳平喘的作用，如苦瓜、青果、芥菜、莲子心、苦杏仁等，多用于热性体质或热性病证、肿瘤、便秘等。甘味具有补虚和中、缓急止痛的作用，如大枣、糯米、甘蔗、山药、蜂蜜、饴糖、枸杞、桂圆等，多用于防治脾胃虚弱、气血不足、阴液亏耗等。辛味具有发散、行气、行血、化湿、开胃的作用，如生姜、大蒜、葱、花椒、辣椒、八角、洋葱、韭菜等，多用于感冒、气滞、血瘀、湿滞、痰阻等。咸味具有软坚、润下、补肾等作用，如食盐、紫菜、海蜇、海虾、海参等，多用于治疗肿瘤、便秘等。淡味具有渗湿、利尿的作用，如薏苡仁、冬瓜、葫芦、荠菜等，多用于水肿、小便不利等。食物还有一种特殊的芳香味，以水果、蔬菜居多，如柑橘、苹果、芫荽、香椿、茴香，芳香味有醒脾开胃、行气化湿、开窍爽神等作用。

每一种食物都有性和味，性与味各从一个侧面反映食物的性能，而每一种食物既有特定的性，也有一定的味，因此在选择食物时，要把性和味结合起来考虑，同样是寒性食物，如果味不同，作用也差异较大。例如，同为寒凉之性的白萝卜和苦瓜，前者味辛甘，可以健胃消食、下气宽中；而后者味苦，清降火热，可清暑、涤热、解毒。

3. 升降浮沉

升、降、浮、沉是指药食作用人体后的四种趋向。在正常情况下，人体的气血阴阳、脏腑气机均存在升、降、出、入的不同运动方式；在病理状态下，疾病的反映也表现为不同的逆、陷、闭、脱的病理变化，如呕吐、头昏头痛，是病邪上逆，而脱肛、泄泻是正气或病邪沉降下陷。

药食的升降沉浮，其中升是药效上行，浮是药效发散，降是药效降下，沉是药效内行泻下。一般来说，升浮的药食大多性属温热，味属辛温，如麻黄、桂枝、生姜、葱、花椒，具有升阳、发表、祛风、散寒、开窍、涌吐、引药上行的作用，常用于阳虚气陷，邪郁肌表，正气不能宣发；风寒之邪郁阻经脉，气血不能畅通；痰浊瘀血上逆，蒙蔽心神；邪停胸膈胃脘，当上越而不能上越，或者体本在上焦者，均需性升的药食以升发阳气，发散邪气，使药力上行以扶正和祛邪。沉降的药物大多性属寒凉，味多酸苦或涩，如杏子、大黄、莲子心，有清热、泻下、利水渗湿、潜阳镇逆、止咳平喘、消积导滞、安神镇惊、引药下行的作用，常用于病势上逆，不能沉降的各种病证，如邪热内盛的热证，胃肠热结的腑实证，水湿蓄积的肿满证，肝阳上亢、肺气上逆、胃肠气逆、积滞不化等，均需沉降类药食以清化驱下。

影响药食升降沉浮的因素，主要与原料的四气五味属性、药食本身的质地轻重、炮制方法和配伍有关。《汤液本草》"夫气者天也，温热天之阳，寒凉天之阴，阳则升，阴则降。味者地也，辛、甘、淡，地之阳，酸、苦、咸，地之阴；阳则浮，阴则沉。""酸咸无升，辛甘无降，寒无浮，热无沉，其性然也。"这些都指出升降浮沉与药食的四性属性密切相关。药食本身的质地轻重，也与归纳升降浮沉相关，一般来说，质轻者多具有升浮特性，质重者多具有沉降功能。例如，荷叶、辛夷、金银花能升浮，熟地黄、枳实多沉降，这都属于认识药性的一般原则。升降沉浮的特性也可因加工炮制而改变，如酒炒则升，醋炒则敛，盐浸或炒则下行，姜汁炒则发散。升降浮沉理论可指导药食的选择，一旦违反这一理论，可能导致病情加重。

4. 归经

经，虽然是以经脉为名，但实际上是指以脏腑为主的功能系统。归经，是指食药对某一脏腑经络的特殊或选择性亲和作用。药食归经不同，作用不同。同是寒性药食，都具有清热作用，但黄芩偏于清肺热，黄连偏于清心热，栀子可泻三焦之火。同是补益药食，也有偏于补脾、补肾、补肺的区别。归经使药食系统化，针对性更强，有助于提高用药的准确性。

药食归经理论很早就出现了，《黄帝内经》中就有酸入肝、苦入肺、甘入脾等具体内容，指出凡酸味的药食入肝经，苦味的药食入心经，甘味入脾经等。归经是在中医阴阳五行等基本理论指导下，以脏腑经络学说为基础，以药食所调治的具体病证为依据，结合药食自身的特性来确定的。特别是以五行理论为依据，按五行、五脏、五味、五色、五臭的关联，确定药食的归经。白色药食入肺经，青色药食入肝经，黑色药食入肾经，例如，黑芝麻、黑豆入肾经，具有补肾作用。五臭系统，焦味药食入心经，腥味药食入肺经，香味药食入脾经，例如，鱼腥草入肺经。药食的五味、五色、五臭入五脏的归经，是通过五行理论推衍而出的，在一定程度上表达了人们对各种药食归经的原则性、理论性认识特征。

但是，药食的色、味、臭与功能往往不能统一，例如，白色药食未必味辛、臭腥，不一定能治肺病。例如，山药色白，但味甘入脾；莲心色青，而味苦归心。因此，色、味、臭只能是确定药物归经的一个方面，由于药食的成分复杂，功能是多方面的，归经的最后判定主要还是在长期临床实践中，根据疗效概括和确定。例如，石膏色白，但清胃热的疗效也很好，故能入肺亦能入胃经；梨能止咳，故入肺经；山药能止泻，故入脾经。

归经理论揭示了选用药食的一般原则，对指导药膳的配方具有重要意义。但是，病证是复杂多变的，一个病证往往与多个脏腑相互关联，某一脏腑病证的发展转归，必然受到其他脏腑的影响，因此，针对某一脏腑病证选择药食，不能仅依据归经，还根据与其他脏腑的关联性进行选择。例如，脾胃病证不仅需要归脾经、胃经的药食，还需要考虑肝对脾的影响，而选用适量的肝经药。因此，归经理论是认识药食性能的前提，临证选材，还必须与四气五味、升降浮沉学说相结合，根据辨证论治理论灵活应用，才能做到全面准确。

5. 毒性

古代将毒药看作一切药物的总称，而把药物的偏性看作药物的毒性。《黄帝内经·素问·藏气法时论》"毒药攻邪，五谷为养，五果为助"，《周礼·天官冢宰·亨人/兽医》"聚毒药以共医事"，对作用较强的药效统称为"毒"。《黄帝内经·素问·五常政大论》把药食分为"大毒""常毒""小毒""无毒"，《神农本草经》也将药物分上、中、下三品。《景岳全书》"药以治病，因毒为能，所谓毒药，是以气味之有偏也。盖气味之正者，谷食之属是也，所以养人之正气；气味之偏者，药饵之属是也，所以去人之邪气。其为故也，正以人之为病，病在阴阳偏胜耳。"现代的毒性是指药食对机体产生的不良反应及损害性。由于一些药物具有毒性作用，在运用时必须充分认识其毒性大小、产生的原因及解毒的方法。

"毒性"具有双重性，一方面可能对人体产生损伤，应尽量避免；另一方面则是借助"毒性"治疗疾病，只要运用得当，便可收到很好的疗效。例如，蜂毒虽能造成损伤，但对治疗关节肌肉疼痛效果却很好；附子有毒，但温阳配伍却不可缺少。因此，对具有毒性的原料，应用时应掌握几条基本原则：第一，充分掌握原料的毒性毒理，不能乱用；第二，熟悉导致毒性作用的用量，如白果量小可定喘止带，过量引起中毒；第三，掌握减毒方法，如半夏用生姜制可减毒，附片久炖久煮可减轻毒性。

七、脾胃为本

《黄帝内经·素问·灵兰秘典论》"脾胃者，仓廪之官，五味出焉。"《黄帝内经·素问·六节藏象论》"脾、胃、大肠、小肠、三焦、膀胱者，仓廪之本，营之居也，名曰器，能化糟粕，转味而入出者也。"可见，脾胃是人体营养过程的重要器官。

1. 脾的主要功能是"主运化"和"主升"

"主运化"包括运化水谷和运化水湿两个方面。通过脾的运化功能，将食物中的水谷精微物质传输和分布到全身，实际上是对营养物质的消化、吸收和运输。这与西医学所讲的脾脏，是两个不同的概念。如果脾虚不能健运，则出现腹胀、腹泻、食欲不振、肌肉消瘦、四肢倦怠、倦怠无力。运化水湿是指脾有调节水液代谢、防止水液在体内停滞的作用。如果脾气虚，运化失常，水湿停留，可以生湿、生痰，引起腹胀、水肿，可见《黄帝内经·素问·至真要大论》所述"诸湿肿满，皆属于脾。"

2. 胃的主要功能是"受纳、腐熟水谷"和"主降"

饮食入口，容纳于胃，胃中的水谷经过胃气腐熟消磨，使水谷精微物质逸出，并由脾运化至全身。如果胃功能失常，就会出现厌食、食欲不振、胃脘满闷。胃主降，以降为顺，胃气下行，才能把腐熟的饮食水谷下传入小肠，以便进一步消化、吸收和排泄。如果胃的功能失常，胃失和降，可见脘腹胀满疼痛、口臭泛酸、大便不通；或者出现胃气上逆，可见恶心呕吐、嗳气呃逆。

"胃为水谷之海""脾为气血生化之源"，胃主受纳，脾主运化；脾主升，胃主降。二者互为表里，共同完成实物的受纳、腐熟和对精微物质的吸收与输布，进而滋养五脏六腑、四肢百骸、肌肉筋骨、皮肤毛发。

《脾胃论》一书中"阴精所奉，谓脾胃既和，谷气上升，春夏令行，故其人寿。阴精所降，谓脾胃不和，谷气下流，收藏令行，故其人夭"，以及"内伤脾胃，百病丛生"，这些都产生深远的影响。脾胃为后天之本，脾胃功能的强弱对于身体健康起着重要的作用，在临床应用中应注意培补后天以升气血，顾护脾胃而不伤中州。我国的饮食结构一直以谷物为主食，谷物性味多为甘平，有健脾益胃、培补后天的作用，可以使气血生化源源不断。谷类食物中，粳米、籼米、粟米、糯米、小麦补脾的作用较好。

补脾胃的食物分布较广，除谷物类之外，还有薯类（红薯、马铃薯、山药）、豆类（黄豆、白扁豆、豌豆）、蔬菜（胡萝卜、莲藕）、菌类（香菇）、水果（苹果、龙眼肉、桑葚）、肉类（猪肉、牛肉、兔肉、鸡肉）、乳蛋类（牛乳、羊乳、鸡蛋、鸭蛋）、鱼类（鲢鱼、鲤鱼、鲫鱼、鳜鱼）以及调味品（蜂蜜、饴糖、白糖、红糖）。

脾胃发病，大多由饮食所伤，李东垣"若饮食失节，寒温不适，则脾胃乃伤"，《难经·论脉·十四难》"损其脾者，调其饮食；适其寒温"，即脾胃损伤应当注意饮食调节，食物也要注意寒温适宜。饮食忌生冷、辛辣、黏腻，以免损伤脾胃元气。

第二节　营养与食疗的基本原则

一、整体性原则

在中医学理论中，以五脏为中心的整体观念是最突出的特点。这一观念的基本核心是强调人体为一个有机整体，构成人体的各脏腑组织在结构上不可分割，在生理上相互协调、相互制约、相互为用，在病理上相互影响。而生理、病理的变化又与所生存的自然环境的变化密切相关。中医学的整体观强调了人体自身所具有的统一性、完整性、自我完善性和与自然界的协调性，整体观念始终贯穿于中医学的生理、病理、诊断、治疗和养生的各个环节中。

营养与传统食疗学在整体性观念的基础上，认识到药与膳食的相互结合，不仅调理整个机体的异常变化，还协调机体与自然环境的关系，知道辨证施膳，形成营养与食疗学的基础理论。

二、三因制宜原则

辨证论治是中医学认识和调治疾病的基本原则，是运用中医理论辨析疾病资料，判断证候并确立治则、治法、方药的临床实践过程。辨证，是指运用四诊获得患者各种症状和体征资料，运用中医学理论进行综合分析，辨清病因、病位、病性、转归，概括判断为某种性质证候的过程，证是疾病某一阶段的病变本质。论治，即根据辨证的结果，确定治疗原则和方法。辨证是论治的依据和前提，论治是辨证的延续和验证，是依据辨证的结果确立治法。辨证论治的过程，就是认识和消除疾病的过程，是中医理、法、方、药的有机结合和具体运用。辨证论治不仅是中医临床药物治疗理论，同时也是营养与传统食疗运用的指导原则。

无论是药物治疗还是药膳治疗，首先都必须基于对证的整体性原则，只有辨证准确，才能正确食治或施膳。"因人、因时、因地"的三因制宜原则，则是作为辨证施膳的差异性原则。人有老幼、强弱、性别的差异，时令季节寒暑更迭，地域高低燥湿不同，这些都能影响疾病的发生、发展、变化。须辨清这些差异，才能准确的辨证施膳。如感冒，年轻者体实邪盛，应当专务祛邪；老年人体弱正虚，祛邪须兼扶正；寒凉季节宜辛温，盛夏暑热则难耐温热；北方干燥解表应当养阴，南方潮湿则应化湿。总之，辨证就是在认识、诊断疾病时充分了解及考虑到这些差异的因素，才能"辨"清客观的"证"，从而予以正确的施治施膳。

可见，临床上辨证论治和辨证论膳，不单单是着眼于"病"的异同，而是在于"证"的各种差异，明辨"证"的机制和本质。论治和施膳都是以"证"为依据，调理的目标是脏腑协调、气血通畅、阴平阳秘，恢复机体的正常功能。

三、辨证施膳

辨证论治是中医学的基本原则，在营养与传统食疗学中体现为辨证施膳。辨证施膳是由辨证与施膳相互联系的两个部分所组成。辨证不是各种症状的简单罗列，而是通过对症状、舌苔、脉象等进行综合分析，从中找出内在联系，得出证候的概念，并以此作为主治处方的重要依据。辨证是决定治疗的前提和依据，施膳是食疗的手段和方法。

中医辨证的方法很多，如八纲辨证、脏腑辨证、气血津液辨证等，八纲辨证是中医学辨证的基本方法，即运用表、里、虚、实、寒、热、阴、阳八纲对疾病外内、病势深浅、虚实属性，以及致病因素与人体抗病能力的强弱对比状态等进行分析辨别的辨证方法。阴阳为八纲之总纲。表证、热证、实证属于阳证；里证、寒证、虚证属于阴证。

表证，病位在肌表，病势较浅，多为外感病初期，宜给发散解表的膳食。如风寒感冒喝生姜红糖水，以促使汗出邪去。

里证，病位在内，脏腑失调，病情较重，多为内脏功能活动失调，代谢障碍，以致痰饮、水湿、瘀血等病理产物停留体内，宜给予调理脏腑的膳食。如脾虚湿盛所致的水肿、小便不利，将冬瓜、玉米须煮水喝，以利水消肿。

寒证，感受寒邪或阳盛、阳虚引起的寒冷证候，宜给温中散寒的膳食。如胃寒疼痛，可用生姜粥、生姜羊肉汤，以温暖胃脘。

热证，感受热邪，或阳盛、阴虚引起的温热证候，宜给寒凉之品。如发热口渴，可食西瓜汁、凉拌番茄，以清热生津。

虚证，人体正气不足而引起的虚弱证候，宜配补益之品。阳虚者形寒肢冷、形不足者，温之以气，如羊肉粥、狗肉汤等甘温之品，使阳气旺盛；阴虚者身体消瘦、精不足者，补之以味，用厚味之物，如炖甲鱼、猪肉羹、鸡蛋羹，补益精血，使阴精充足。

实证，邪气亢盛，正气未衰，正邪相争所表现的一类证候，配膳应当以泻实祛邪为主。如风湿痹证，可食薏苡仁粥，以渗除水湿、舒筋除痹。

脏腑辨证也是常用的辨证方法，根据脏腑的生理和病理特点辨明疾病所属脏腑，再配制相应的饮食疗法。如胃痛的病人，疼痛隐隐，喜温喜按，食少乏力，属脾胃虚寒，可食糯米粥、羊肉粥等温中暖胃之品；胃脘胀闷，脘痛连胁，每因情志因素而痛作，属肝胃气滞，可食茉莉花茶、金橘饼等疏肝理气之品。

食疗与药疗不同，如果脱离了日常膳食，一味追求辨证施膳，日久可能会造成营养失衡，导致营养不良。因此，在实际应用中，一定要注意辨证施膳与平衡膳食相结合。

第三节　营养与食疗方法

营养与食疗治法源于中医治法，是针对不同体质状态的人所确定的具体施膳方法。尽管营养与食疗方法与中医治法略有不同，中医着重对病证的治疗，而营养与食疗治法则更多关注于日常调理，但是它们的基本目标都是防病治病、增强体质，因此营养与食疗治法仍然沿用了中医治法，只是在用药选料方面不完全相同。营养与食疗常用治法有汗法、下法、温法、清法、消法、补法、理气法、理血法、祛湿法。

一、汗法

凡具有开泄腠理、疏散外邪、宣发理邪、解除表证的治法，称为汗法，又称为解表法。

当外感邪气出现表证时,用本法可以疏解表邪,治疗外感表证。表证有感受风寒与风热的不同,因此解表食疗又分为辛温解表和辛凉解表两类。辛温解表方,如生姜粥、葱豉粥;辛凉解表方,如银花茶、薄荷粥。若热毒在里,欲透发外出而解,也需汗法治疗,如麻疹疹毒将出未出或出而不透时,使用芫荽可以帮助疹毒外透,如芫荽发疹饮。

二、下法

凡通过荡涤肠胃,泻下大便或淤积,使停留于肠胃的宿食、燥粪、实热、冷积、瘀血、痰结、水饮等能从下而去的方法,称为下法。由于积滞的不同,下法也有区别。因津液不足,肠道枯涸所致的便秘,用润下法,如苏子麻仁粥,滋阴润燥;热结胃肠,便结不下,用芒硝莱菔汤,泻下热结。

三、温法

凡具有温阳、祛寒作用,针对里寒证的治法,称为温法。由于寒邪所在病位不同,温法也不同。寒束经脉者宜温经散寒,寒滞肝脉者宜温肝降逆,脾胃虚寒者宜温中散寒,肾阳衰惫者宜温肾助阳。寒证常与虚证并见,祛寒常兼温补。温法用于脾胃虚寒者,有干姜粥、良姜炖鸡块,温中祛寒;用于寒滞经脉者,有附子粥、白胡椒炖猪肚,温经散寒。

四、清法

凡用寒凉药清解火热证的治法,称为清法,也称清热法,适用于热性病和其他热证的治疗以及阳热体质的调理。由于热所在部位和性质不同,可分为清卫分热、清气分热、清营分热、清血分热、清脏分热、清热解毒、清热解暑、清退虚热等。如石膏乌梅饮可清气凉营,荷叶冬瓜汤能清热解暑,蒲公英地丁绿豆粥能清热解毒,枸杞叶粥可退虚热,天花粉粥能清肺胃热。清热法有苦寒伤阳之弊,不宜久用,中病即止,病后体虚及产后虚弱慎用,同时注意与其他方法的配合使用。

五、消法

凡通过消导散结作用,祛除水、血、痰、食等有形之邪所致积滞结聚,使之渐消缓散的方法称为消法。有形之邪种类较多,消的范围较广,如祛痰、祛湿、驱虫、活血消瘀、消食导滞、消坚散结等均具有"消"的含义,但消法主要指消食导滞、消癥瘕积聚,多用于饮食积滞、痞块类病证。食疗方如山楂麦芽茶、白术猪肚粥、荸荠内金饼。

六、补法

凡具有增强体质、改善机体虚弱状态、治疗虚弱性病证的方法，均称为补法。人体气血阴阳、五脏六腑均有出现"虚"的可能，因此，凡虚证皆宜补，但主要为补气血调阴阳。

补阴药膳是指具有补阴液作用的药膳，凡阴液亏耗的阴虚证，见口燥咽干，虚烦不眠，便燥溲赤，骨蒸盗汗，五心烦热，脉象细数等均可施用，如生地黄鸡、清蒸人参元鱼。补阳药膳是指具有温补阳气作用的药膳，凡各种原因引起的阳虚证，见畏寒怕冷，腰膝酸软，小便清长或频数，阳痿早泄，脉象细弱均可施用，如枸杞羊肾粥、杜仲腰花。补气药膳是指具有补益正气作用的药膳，见倦怠乏力，少气懒言，动则气喘，面色白，食欲不振，大便稀溏，虚热自汗，脉弱或虚大均可施用，如黄芪猴头汤、人参粥。补血药膳是指具有补养血液的药膳，见头昏眼花，神疲心悸，失眠多梦，肢体麻木，面色少华，唇舌淡白，脉细数或细涩均可施用，如枸杞田七鸡、当归生姜羊肉汤。气血双补药膳，见气血两虚证，既有气虚又有血虚表现时施用，如归芪蒸鸡、十全大补汤。

七、理气法

凡具有调理气机、疏通经络、调中解郁、促进气血运行的治法称为理气法，多用于气机阻滞，气机逆乱引起的病证。气源出中焦，为肺所主、脾所生、肝所调，三焦为气机升降出入的通道，是生命活动的内在表现，对健康至为重要。《丹溪心法·六郁》"气血冲和，万病不生，一有怫郁，诸病生焉。"气机"怫郁"，可表现为气郁、气滞、气逆、气陷、气乱、气虚等。气虚、气陷应当补气，气郁气滞、气逆气乱应当理气，理气药膳以行气、降气为主。

行气药膳是指具有疏通气机、促进气血运行、消除郁滞作用的药膳。见胸脘痞满，胁腹胀痛，或胁肋刺痛，嗳气不舒可施用，如姜菊饮、柚皮醪糟。降气药膳是指具有降逆作用，用于气逆呕吐、呃逆、喘急病证，如良姜鸡肉炒饭、竹茹芦根茶。

八、理血法

凡具有活血、止血、凉血、温血、补血作用，以调理血分病变为主的治法称为理血法。血为后天水谷所化，主于心、藏于肝、统于脾、宣于肺，是五脏六腑生理活动的能量来源。血液运行时长表现为郁滞致瘀，或溢于脉外而出血、瘀肿。血量不足时则表现为血虚，用补血药膳。因此，理血法主要为活血和止血。

活血药膳是指以消除或攻逐停滞于体内的瘀血为主要作用，能运行血液、消散瘀滞。用于血行不畅或瘀血内阻的各种状态，如闭经、痛经、恶露不行、聚集包块、跌打瘀肿，以及瘀阻经脉的肢体疼痛，气虚血瘀的半身不遂，瘀血内停的胸肋疼痛，常用红花当归酒、三七蒸鸡。止血药膳是指用于制止体内或体外各种出血，防止血液进一步损失。出血有多种情况，凡血液离经上溢者，多为衄血、咳血、呕血；血从下溢者为便血、崩漏、尿血。损伤有血出于外或血积于内两种情况，无论何种情况，都必须尽快止血，如白及肺、双耳海螺、苎麻根粥。

九、祛湿法

凡具有化湿除邪、蠲除水饮、通淋泄浊作用的治法称为祛湿法。湿与水异名同类，湿为水之渐，水为湿之积，弥漫者多以湿名，聚留者常以水称。感于外者，如淋雨涉水所致称为外湿；滞于内者，如嗜酒饮冷伤脾而致内湿；流散于经脉肢体常与风、寒相合为风湿、寒湿；停于胸腹者为水饮、痰浊。水湿聚于体内常引起水肿、腹胀、小便不利、咳嗽、胸脾腹满、呕恶泄利、黄疸，故湿在体内宜化、宜祛、宜渗利。

燥湿化浊药膳是指用于湿阻中焦，见胸脘痞闷、食欲不振、呕恶泄泻，如陈皮鸡块。利水渗湿药膳是指用于水湿壅聚所致腹胁胀满、面身浮肿、小便不利，如薏苡仁粥、赤小豆鲤鱼汤。利水通淋药膳是指用于小便癃闭，淋沥点滴作痛，如滑石粥、车前叶粥。利湿退黄药膳只是用于湿郁化热，湿热熏蒸引起的面目俱黄、胸痞腹满等黄疸病证，如茵陈粥、栀子仁粥。

古籍选读

《黄帝内经·素问·骨空论》："调其阴阳，不足则补，有余则泻。"

解释为：补即补虚，益气、养血、滋阴、助阳、添精、补髓、生津等方面皆属补虚；泻即泻实，解表、祛寒、清热、燥湿、利水、泻下、祛风、行气等方面皆属泻实。无论是补虚还是泻实，目的都是调整机体内的阴阳使之平衡，以维持或达到"阴平阳秘"的正常生理状态，从而保证身体健康。

📝 小结

本章主要介绍了与营养与食疗相关的中医学理论基础知识，包括阴阳、五行、藏象的含义及特征，精、气、血、津液的概念、生成、分布及生理功能，营养与食疗的基本原则等内容，在该知识理论的基础上形成营养与传统食疗学独具特色的理论体系。

思考题

1. 营养与传统食疗学的整体观念主要通过哪些方面来表现？
2. 试述阴阳、五行学说对辨证论治的指导意义。
3. 试用阴阳、五行学说说明健康与疾病的关系。
4. 试述藏象学说的特点。
5. 精的主要生理功能有哪些？
6. 先天之精与后天之精的区别与联系是什么？
7. 气的主要生理功能是什么？
8. 从脏腑功能出发简述津液的代谢过程。
9. 营养与食疗的基本原则是什么？
10. 试述三因制宜原则。
11. 试述辨证施膳原则。
12. 辨证论治是中医学的基本原则，在营养与传统食疗学中体现为辨证施膳。请采用八纲辨证的方法，尝试为你周围的人进行辨证施膳，将所学知识运用到实际服务中。

第三章 人体体质分类与营养评估

学习目标

1. 了解人体体质的形成、影响因素、分类及特点，体质临床测评和量表测评；
2. 熟悉基于中医体质的营养评定内容；
3. 能够通过营养评估评定不同体质类型人群的营养状况；
4. 基于中医体质辨识的健康生活理念和膳食营养意识，有意识地改善自身体质偏颇状况。

体质现象是人类生命活动的一种重要表现形式，是不同群体以及群体中的个体在形态结构、生理功能、心理状态等方面存在的个体特殊性，这种特殊性决定着人体对某种致病因子的易感性及其产生病变类型的倾向性。辨别体质、因人而异地进行营养干预，体现了中医"治未病"的思想，是预防疾病、维护健康的有效方法和重要途径。辨识中医体质偏颇可作为健康管理之依据，同时它也是健康危险的预警工具，能够增强人们自身的健康意识，从而提高人群的整体健康水平，对推动健康中国建设具有重要意义。

第一节 体质的形成因素

体质是指人类个体在生命活动过程中，由先天因素和后天获得因素所决定的，表现在形态结构、生理机能和心理活动等方面综合的、相对稳定的特质，是人类在生命活动过程中形成的与自然和社会环境相适应的人体个体特质。因此，体质的形成是机体内外环境等多种复杂因素共同作用的结果，并与年龄、饮食、劳逸、情志、婚育、环境、疾病等因素息息相关。

一、先天因素

先天因素是体质形成的基础，决定着体质的相对稳定性和特异性，是人体体质强弱的前提条件。在体质的形成过程中，先天遗传起着关键性作用。

1. 遗传因素

先天，又称禀赋，是指婴儿出生以前在母体内所禀受的一切特征。包括父母生殖之精的质量，父母双方所赋予的遗传性，父母生育的年龄，母体在孕育子代过程中的营养状态及母体在妊娠期疾病所给予的一切影响。父母生殖之精结合形成胚胎，禀受母体气血的滋养而不断发育，从而形成了人体，这种形体结合便是体质在形态方面的雏形，故《黄帝内经·灵枢·决气》中指出："两神相搏，合而成形"。因此，父母生殖之精的盛衰，决定了子代禀赋的厚薄强弱，从而影响着子代的体质，表现出子代的体质差异，诸如身体的强弱、肥瘦、刚柔、长短、肤色、性格、气质，乃至先天性生理缺陷和遗传性疾病等。

2. 性别差异

性别差异以先天构成为基础，又与后天因素有着密切关系。男女在先天禀赋、身体形态、脏腑结构等方面有差别，相应的生理功能、心理特征也就有区别，因而体质上存在着性别差异。男性多禀阳刚之气，体魄健壮魁梧，性格多外向，粗犷，心胸开阔；女性多禀阴柔之气，体形小巧苗条，性格多内向，喜静，细腻，多愁善感。男子多用气，故气常不足；女子多用血，故血多亏虚。此外，女子由于经、带、胎、产、乳等特殊生理过程，出现月经期、妊娠期和产褥期的体质改变。

由此可见，先天禀赋因素在体质形成过程中起着关键性作用，对于人体体质的强弱和智力的发展等都具有重大影响，是它确定了体质的"基调"。但是，先天因素只对体质的发展提供了可能性，而体质的发育和定型则有赖于生活环境、饮食营养、体育锻炼等多方面后天因素的综合作用。

二、后天因素

后天是指个体从出生到死亡之前的生命历程。个体出生后赖以生存的各种因素的总和就是后天因素。后天因素分为机体内在因素和外界环境因素两方面。机体内在因素主要包括年龄、饮食、劳逸、婚育、疾病、情志变化等；外界因素是指人们所处的环境，包括人们赖以生存的基本条件，如物质生活条件、劳动条件、卫生条件、社会制度、生态环境及教育水平等。

每个人的体质在一生中并非是一成不变的，而是受后天各种因素的影响不断变化的。良好的生活、工作环境，合理的饮食、起居，稳定的心理状态等，都可以增强体质，促进身心健康发展；反之，则会体质衰弱，甚至导致疾病的发生。改善后天影响体质的条件，可以弥补先天禀赋的不足，从而达到以后天养先天的目的。

1. 年龄因素

体质随着个体发育的不同阶段而不断发生变化，在生长、发育、壮盛以至衰老、死亡的过程中，脏腑精气由弱到强，又由盛至衰，一直影响着人体的生理活动和心理变化，决定着人体体质的演变。小儿生机旺盛，精气阴阳蓬勃生长，故称之为"纯阳之体"；因精气阴阳均未充分成熟，故又称之为"稚阴稚阳之体"。小儿的体质特点是脏腑娇嫩，形气未充，易虚易实，易寒易热。成年人一般精、气、血、津液充盛，脏腑功能强健，体质强壮。老年人由于脏腑功能活动的生理性衰退，体质常表现出精气神渐衰、阴阳失调、脏腑功能减退、代谢减缓、气血郁滞等特点。

2. 饮食因素

饮食结构和营养状况对体质有明显的影响。食物各有不同的成分或性味特点，而人之五脏六腑，各有所好。脏腑之精、气、血、阴、阳，需五味阴阳和合而生。合理的膳食结构和科学的饮食习惯，良好的营养水平，可使脏腑强盛，精充血旺，阴阳平和，体质强壮。反之，长期营养不良或饮食不当，影响精、气、血、津液的化生，可使体质虚弱；饮食偏嗜，使体内某种物质缺乏或过多，可引起人体脏气偏盛或偏衰，形成有偏倾趋向的体质，甚则成为导致某些疾病的原因。如嗜食肥甘厚味可助湿生痰，形成痰湿体质；嗜食辛辣则易化火灼津，形成阴虚体质；饮食过度则易损伤脾胃，形成气虚体质。

3. 运动因素

过度的劳动和安逸是影响体质的又一重要因素。适度的劳作和体育锻炼，可使筋骨强壮，关节滑利，气机通畅，气血调和，脏腑功能旺盛；适当的休息，有利于消除疲劳，恢复体力和脑力，维持人体正常的功能活动。劳逸结合，有利于人体的身心健康，保持良好的体质。但过度劳作，则易于损伤筋骨，消耗气血，致脏腑精气不足，功能减弱，形成虚性体质；而过度安逸，长期养尊处优，四体不勤，则可使气血流行不畅，筋肉松弛，脾胃功能减退，而形成痰瘀体质。

4. 情志因素

精神情志，贵在和调。喜怒忧思悲恐惊等情志活动有赖于脏腑的功能活动和精、气、血、津液的化生和充养。不同的情志活动通过影响脏腑精气的盛衰变化从而影响五脏的功能，进而影响人的体质。情志和调，则气血调畅，脏腑功能协调，体质强壮；反之，突然强烈或长期持久的情志刺激，超过了人体的生理调节能力，可致脏腑精气不足或失调，给体质造成不良影响。如长期忧悲过度，耗伤气阴，易形成阴虚体质；情志抑郁，郁郁寡欢，易形成气郁体质等。

5. 婚育因素

夫妻生活是人类正常的生理活动之一，不仅可以繁衍后代，还可以维持机体生理、心理的平衡协调。长期禁欲，会使气血不畅，形成气郁体质。相反，如果纵欲过度，则会损伤肾精肾气，损耗肾阴肾阳，形成虚性体质，出现早衰症状。怀孕产子是妇女特有的生理活动，因而是形成妇女体质特点的重要因素之一。怀孕、分娩、哺乳都需要消耗母体的气血阴阳，胎产次数越多，则母体受到的损耗越大。故多产之人，往往气血衰少，体质欠佳，容易出现肾亏早衰。

三、环境因素

人们生活在不同的自然环境中，受着不同水土性质、气候类型、生活习惯等的影响而形成了不同的体质。一般而言，恶劣气候环境培养了人健壮的气魄和强悍的气质。舒适的环境则造就了人娇弱的体质和温顺的性格。东部沿海地区，气候温和，其居民多食鱼而嗜咸，易形成腠理疏松、肌肤黝黑的体质；西部高原地区，水土刚强，居民体质多强壮；南部地区气候炎热，居民多是腠理疏松的体质；北方地区天气寒冷，易形成腠理致密的体质。

四、疾病等其他因素

疾病是促使体质改变的一个重要因素。一般来说，疾病改变体质多是向不利方面变化，某些疾病所导致的机体损伤难以很快消除，或者病后调养不当，尤其是一些重病、久病，以及慢性消耗性疾病和营养障碍性疾病，会严重地损伤脏腑功能和精、气、血、津液常使体质虚弱。但感染邪气，罹患某些疾病（如麻疹、痄腮）之后，会使机体具有相应的防御能力，使患者终生不再罹患此病。此外，疾病损害形成的体质改变与疾病变化有一定关系。

除此之外，在疾病的诊治过程中，方法是否得当也会对患者的体质造成影响。例如，药物具有不同的性味特点，针灸具有相应的补泻效果，能够调整脏腑精气阴阳之盛衰及经络气血之偏颇，运用得当，将会收到补偏救弊的功效，使病理体质恢复正常；运用不当，就会导致机体损害，使体质由强变弱，由壮变衰，甚至发生特异性的改变。

总之，机体的体质禀赋于先天，得养于后天。先天禀赋决定体质的相对稳定性和个体体质的特异性，后天各种因素又使体质具有可变性。先天、后天等多种因素构成影响体质的内外环境，最终形成不同的体质特征。体质特征还会随着个体发育的不同阶段而演变，在生命过程中的某阶段，体质状态具有相对稳定性。

第二节 体质的分类及特征

体质差异是先天禀赋与后天因素共同作用的结果。在多种因素的不同作用下，形成了不同的体质。对复杂的体质现象进行比较分析，求同存异，分类研究，把握个体的体质差异规律及体质特征，以便有效地维护健康和防治疾病。

体质分类即将人群中的体质现象，根据其各自不同的表现特征，按一定的标准，采用相应的方法，通过广泛的比较归纳，分成若干个类型。在中医学的发展过程中，不同的历史时期对于体质的分类各不一致。现在通常采用北京中医药大学国医大师王琦教授研究总结的9种体质划分法。2009年4月9日，中华中医药学会发布了《中医体质分类与判定》（ZZYXH/T157—2009），该标准将人体体质分为平和质、气虚质、阳虚质、阴虚质、痰湿质、湿热质、血瘀质、气郁质、特禀质9个类型，如表3-1所示。

表3-1 体质的类型

	总体特征	形体特征	常见表现	心理特征
平和质（A型）	阴阳气血调和，以体态适中、面色红润、精力充沛等为主要特征	体形匀称健壮	面色、肤色润泽，头发稠密有光泽，目光有神，鼻色明润，嗅觉通利，味觉正常，唇色红润，不易疲劳，精力充沛，耐受寒热，睡眠良好，胃纳佳，二便正常，舌色淡红，苔薄白，脉和缓有力	性格随和开朗
气虚质（B型）	元气不足，以疲乏、气短、自汗等气虚表现为主要特征	肌肉松软不实	主项：平素气短懒言，语音低怯，精神不振，肢体容易疲乏，易出汗，舌淡红、胖嫩，舌边有齿痕，脉象虚缓。副项：面色萎黄或淡白，目光少神，口淡，唇色少华，毛发不泽，头晕，健忘，大便正常，或虽便秘但不结硬，或大便不成形，便后仍觉未尽，小便正常或偏多	性格内向，不喜冒险
阳虚质（C型）	阳气不足，以畏寒怕冷、手足不温等虚寒表现为主要特征	多形体白胖，肌肉松软不实	主项：平素畏冷，手足不温，喜热饮食，精神不振，睡眠偏多，舌淡胖嫩、边有齿痕，苔润，脉沉迟。副项：面色㿠白，目胞晦暗，口唇色淡，毛发易落，易出汗，大便溏薄，小便清长	性格多沉静、内向

续表

	总体特征	形体特征	常见表现	心理特征
阴虚质（D型）	阴液亏少，以口燥咽干、手足心热等虚热表现为主要特征	体形偏瘦	主项：手足心热，口燥咽干，鼻微干，喜冷饮，大便干燥，舌红少津少苔。副项：面色潮红，有烘热感，两目干涩，视物模糊，唇红微干，皮肤偏干，易生皱纹，眩晕耳鸣，睡眠差	性情急躁，外向好动，活泼
痰湿质（E型）	痰湿凝聚，以形体肥胖、腹部肥满、口黏苔腻等痰湿表现为主要特征	体形肥胖，腹部肥满松软	主项：面部皮肤油脂较多，多汗且黏，胸闷，痰多。副项：面色黄胖而暗，眼睑微浮，容易困倦，平素舌体胖大，舌苔白腻，口黏腻或甜，身重不爽，脉滑，喜食肥甘，大便正常或不实，小便不多或微浑	性格偏温和、稳重恭谦，和达，多善于忍耐
湿热质（F型）	湿热内蕴，以面垢油光、口苦、苔黄腻等湿热表现为主要特征	形体中等或偏瘦	主项：面垢油光，易生痤疮粉刺，舌质偏红苔黄腻，易口苦口干，身重困倦。副项：心烦懈怠，眼筋红赤，大便黏滞不畅或燥结，小便短黄，男易阴囊潮湿，女易带下增多，脉滑数	性格多急躁易怒
血瘀质（G型）	血行不畅，以肤色晦暗、舌质紫暗等血瘀表现为主要特征	胖瘦均见，瘦人居多	主项：肤色晦暗，色素沉着，容易出现瘀斑，易患疼痛，口唇暗淡或紫，舌暗或有瘀点，或片状瘀斑，舌下络脉紫暗或增粗，脉象细涩或结代。副项：眼眶暗黑，鼻部暗滞，发易脱落，肌肤干或甲错，女性多见痛经、闭经，或经色紫黑有块，崩漏	性格内郁，心情不快，易烦，急躁健忘
气郁质（H型）	气机郁滞，以神情抑郁、忧虑脆弱等气郁表现为主要特征	形体瘦者为多	主项：平素忧郁面貌，神情抑郁，情感脆弱，烦闷不乐。副项：胸胁胀满，或走窜疼痛，多伴太息，或嗳气呃逆，或咽间有异物感，或乳房胀痛，睡眠较差，食欲减退，惊悸怔忡，健忘，痰多，大便偏干，小便正常，舌淡红，苔薄白，脉弦	性格内向不稳定、敏感多虑
特禀质（I型）	先天失常，以生理缺陷、过敏反应等为主要特征	过敏体质者一般无特殊形体改变；先天禀赋异常者或有畸形，或有生理缺陷	过敏体质者常见哮喘、风团、咽痒、鼻塞、喷嚏等；患遗传性疾病者有垂直遗传、先天性、家族性特征；患胎传性疾病者具有母体影响胎儿个体生长发育及相关疾病特征	随禀质不同情况各异

资料来源：ZZYXH/T 157—2009《中医体质分类与判定》。

第三节　基于中医体质的营养评估

人体体质营养评估方法包括体质测评和营养评定。体质测评方法主要包括临床测评和量表测评。其中临床测评是经典的、最为常用的测评方法；量表测评结合中医体质分类判定标准进行体质辨识，实现了体质判定的客观化、标准化，已经成为在国内外普遍推广应用的体质测评方法。

体质由先后天因素决定，具有相对稳定性和动态可变性。偏颇体质是疾病发生的危险因素，调理体质是预防疾病的有效手段，营养是体质调理的主要方法之一。基于中医体质分类，通过膳食调查、人体成分测量、营养代谢指标检测等方法，评定不同体质类型人群的营养状况。

将中医体质评估和营养评定结合，可指导辨体施养，提高调体营养治疗的效果。

一、临床测评

1. 平和质（A 型）

望诊：体型匀称健壮，面色、肤色润泽，目光有神，唇色红润；舌色淡红，苔薄白。

闻诊：无异常体味。语言流利，语调有力。

问诊：饮食睡眠良好，二便正常。精力充沛，性格随和开朗，无明显不适症状。

切诊：脉和有神。

2. 气虚质（B 型）

望诊：肌肉不健壮，气短懒言，面色萎黄，目光有神，唇色少华，毛发不华；舌淡红，舌体胖大，边有齿痕。

闻诊：语音低弱。

问诊：肢体容易疲乏；易出汗，易患感冒，病后易迁延不愈；易患内脏下垂等；不耐受寒邪、风邪、暑邪；口淡，易头晕、心慌。性格内向，胆小。

切诊：脉象虚缓。

3. 阳虚质（C 型）

望诊：多形体白胖，面色柔白，肌肉不健壮；舌淡胖嫩边有齿痕，舌苔润。

闻诊：语音偏低。

问诊：平素畏冷，手足不温；精神不振，睡眠偏多；喜热饮食，大便溏薄，小便清长；易病痰饮、肿胀、泄泻、阳痿，不耐受寒邪、耐夏不耐冬。性格多沉静、内向。

切诊：脉象沉迟而弱。

4. 阴虚质（D 型）

望诊：体形瘦长，面色潮红，唇红微干，皮肤偏干、易生皱纹；舌红少津少苔。

闻诊：因脾气易急躁，语速常较快，语调偏高。

问诊：平素怕热，手足心热，面部有烘热感；易口燥咽干，鼻微干，口渴喜冷饮；目干涩，视物花，眩晕耳鸣，睡眠差；小便短涩，大便干燥；易患有阴亏燥热的病变，或病后易表现为阴亏症状；平素不耐热邪，耐冬不耐夏，不耐受燥邪。性情急躁，外向好动，活泼。

切诊：脉象细弦或数。

5. 痰湿质（E 型）

望诊：体形肥胖，腹部肥满松软，面部皮肤油脂较多、多汗且黏，面色淡黄而暗，眼睑微浮；舌体胖大，舌苔白腻。

闻诊：常睡眠打鼾，咽中常有痰阻，故而音调较重浊而不清亮。

问诊：身重不爽，容易困倦；胸闷，痰多，口黏腻或甜，喜食肥甘厚腻；大便正常或不实，小便不多或微浑；易患消渴、中风、胸痹等病证，对梅雨季节及湿环境适应能力差。性格偏温和稳重，多善于忍耐。

切诊：脉滑。

6. 湿热质（F 型）

望诊：形体偏胖或苍瘦，平素面垢油光，易生痤疮、粉刺，目睛红赤；舌质偏红苔黄腻。

闻诊：口气重，时有口臭。

问诊：容易口苦口干，心烦懈怠；小便短赤，大便燥结或黏滞；男易阴囊潮湿，女易带下增多；易患疮疖、黄疸、火热等病证，对湿环境或气温偏高，尤其是夏末秋初湿热交蒸气候较难适应。性格多急躁易怒。

切诊：脉象多见滑数。

7. 血瘀质（G 型）

望诊：体形多偏瘦，平素面色晦暗，皮肤偏暗或色素沉着，容易出现瘀斑，眼眶暗黑，鼻部暗滞，口唇暗淡或紫，肌肤干，毛发易脱落，易患疼痛；舌质暗，有点、片状瘀斑，舌下静脉曲张。

闻诊：无特殊表现。

问诊：易烦躁，健忘；易患出血、癥瘕、中风、胸痹等病；不耐受风邪、寒邪。女性多见痛经、闭经，或经血中多凝血块，或经色紫黑有块，或崩漏，或有出血倾向。

切诊：脉象细涩或结代。

8. 气郁质（H 型）

望诊：平素忧郁面貌，神情多烦闷不乐；舌淡红，苔薄白。

闻诊：因情志不畅或情绪不稳定，谈吐多表现出悲观、疑虑。

问诊：胸胁胀满，或走窜疼痛，多伴太息，或嗳气呃逆，或咽间有异物感，或乳房胀痛，睡眠较差，食欲减退，惊悸怔忡；对精神刺激适应能力较差，易患郁证、脏躁、百合病、不寐、梅核气、惊恐等病证。性格内向不稳定，忧郁脆弱，敏感多疑，对精神刺激适应能力较差。

切诊：脉象弦细。

9. 特禀质（Ⅰ型）

望诊：无特殊表现，患皮肤过敏者可有皮肤发红、皮疹、抓痕、皮损。

闻诊：患过敏性鼻炎者发作期多喷嚏，哮喘者发作期可有喘息。

问诊：易对环境或食物中致敏物质过敏。

切诊：无特殊表现。

二、量表测评

1. 中医体质量表

北京中医药大学王琦教授带领的体质研究课题组在"体质可分论"的基础上，以平和质、气虚质、阳虚质、阴虚质、痰湿质、湿热质、血瘀质、气郁质、特禀质9种基本中医体质类型为概念框架，按照量表开发的科学程序和方法，编制了评价中医体质类型的标准化测量工具——中医体质量表，为体质辨识提供了标准化的、适于自评的测量工具。编制中医体质量表的目的，是应用量表测评的方法，对中医体质类型进行科学评价和量化分类，对被测者做出体质分类或体质类型的倾向性评价。

2. 中医体质分类判定标准

各体质类型的判定依据《中医体质分类与判定》标准及中医体质量表计分结果的转化分数进行。

（1）平和质的判定标准　8种偏颇体质转化分均<30分，且平和质转化分≥60分时，判定为"是"；8种偏颇体质转化分均<40分，且平和质转化分≥60分时，判定为"基本是"；否则判定为"否"。

（2）8种偏颇体质的判定标准　偏颇体质转化分≥40分时，判定为"是"；偏颇体质转化分为30~39分，判定为"倾向是"；偏颇体质转化分为<30分，判定为"否"。

（3）中医体质分类的判定方法

①判定方法：回答《中医体质分类与判定》表中的全部问题，每一问题按5级评分，计算原始分及转化分，依标准判定体质类型。

$$原始分 = 各个条目分值相加$$

$$转化分数 = [(原始分-条目数)/(条目数 \times 4)] \times 100 \qquad (3-1)$$

②判定标准:平和质为正常体质,其他 8 种体质为偏颇体质。判定标准如表 3-2 所示。

表 3-2 平和质与偏颇体质判定标准

体质类型	条件	判定结果
平和质	转化分≥60 分	是
	其他 8 种体质转化分均<30 分	
	转化分≥60 分	基本是
	其他 8 种体制转化分均<40 分	
	不满足上述条件者	否
偏颇体质	转化分≥40 分	是
	转化分 30~39 分	倾向是
	转化分<30 分	否

③判定实例:示例 1:某人各体质类型转化分如下:平和质 75 分,气虚质 56 分,阳虚质 27 分,阴虚质 25 分,痰湿质 12 分,湿热质 15 分,血瘀质 20 分,气郁质 18 分,特禀质 10 分。根据判定标准,虽然平和质转化分≥60 分,但其他 8 种体质转化分并未全部<40 分,其中气虚质转化分≥40 分,故此人不能判定为平和质,应判定为是气虚质。

示例 2:某人各体质类型转化分如下:平和质 75 分,气虚质 16 分,阳虚质 27 分,阴虚质 25 分,痰湿质 32 分,湿热质 25 分,血瘀质 10 分,气郁质 18 分,特禀质 10 分。根据判定标准,平和质转化分≥60 分,且其他 8 种体质转化分均<40 分,可判定为基本是平和质,同时,痰湿质转化分在 30~39 分,可判定为痰湿质倾向,故此人最终体质判定结果为基本是平和质,有痰湿质倾向。

中医体质量表计分如表 3-3~表 3-11 所示。

表 3-3 平和质(A 型)体质量表

请根据近一年的体验和感觉,回答以下问题。	没有 (根本不)	很少 (有一点)	有时 (有些)	经常 (相当)	总是 (非常)
1. 你精力充沛吗?	1	2	3	4	5
2. 你容易疲乏吗?*	1	2	3	4	5
3. 你说话声音低弱无力吗?*	1	2	3	4	5
4. 你感到闷闷不乐、情绪低沉吗?*	1	2	3	4	5
5. 你比一般人耐受不了寒冷(冬天的寒冷,夏天的冷空调、电扇等)吗?*	1	2	3	4	5
6. 你能适应外界自然和社会环境的变化吗?	1	2	3	4	5

续表

请根据近一年的体验和感觉，回答以下问题。	没有（根本不）	很少（有一点）	有时（有些）	经常（相当）	总是（非常）
7. 你容易失眠吗？*	1	2	3	4	5
8. 你容易忘事（健忘）吗？*	1	2	3	4	5
判断结果：□是　□基本是　□否					

注：标有*的条目需要先逆向计分，即：1→5，2→4，3→3，4→2，5→1，再用式（1-1）计算转化分。

表3-4　气虚质（B型）体质量表

请根据近一年的体验和感觉，回答以下问题。	没有（根本不）	很少（有一点）	有时（有些）	经常（相当）	总是（非常）
1. 你容易疲乏吗？	1	2	3	4	5
2. 你容易气短（呼吸短促，接不上气）吗？	1	2	3	4	5
3. 你容易心慌吗？	1	2	3	4	5
4. 你容易头晕或站起时晕眩吗？	1	2	3	4	5
5. 你比别人容易患感冒吗？	1	2	3	4	5
6. 你喜欢安静、懒得说话吗？	1	2	3	4	5
7. 你说话声音低弱无力吗？	1	2	3	4	5
8. 你活动量稍大就容易出虚汗吗？	1	2	3	4	5
判断结果：□是　□基本是　□否					

表3-5　阳虚质（C型）体质量表

请根据近一年的体验和感觉，回答以下问题。	没有（根本不）	很少（有一点）	有时（有些）	经常（相当）	总是（非常）
1. 你手脚发凉吗？	1	2	3	4	5
2. 你胃脘部、背部或腰膝部怕冷吗？	1	2	3	4	5
3. 你感到怕冷、衣服比别人穿的多吗？	1	2	3	4	5
4. 你比一般人耐受不了寒冷（冬天的寒冷，夏天的冷空调、电扇等）吗？	1	2	3	4	5
5. 你比别人容易患感冒吗？	1	2	3	4	5
6. 你吃（喝）凉的东西会感到不舒服或者怕吃（喝）凉的东西吗？	1	2	3	4	5
7. 你受凉或吃（喝）凉的东西后，容易腹泻（拉肚子）吗？	1	2	3	4	5
判断结果：□是　□基本是　□否					

表 3-6 阴虚质（D型）体质量表

请根据近一年的体验和感觉，回答以下问题。	没有（根本不）	很少（有一点）	有时（有些）	经常（相当）	总是（非常）
1. 你感到手脚心发热吗？	1	2	3	4	5
2. 你感觉身体、脸上发热吗？	1	2	3	4	5
3. 你皮肤或口唇干吗？	1	2	3	4	5
4. 你口唇的颜色比一般人红吗？	1	2	3	4	5
5. 你容易便秘或大便干燥吗？	1	2	3	4	5
6. 你面部两颧潮红或偏红吗？	1	2	3	4	5
7. 你感到眼睛干涩吗？	1	2	3	4	5
8. 你感到口干咽燥、总想喝水吗？	1	2	3	4	5

判断结果：□是　□基本是　□否

表 3-7 痰湿质（E型）体质量表

请根据近一年的体验和感觉，回答以下问题。	没有（根本不）	很少（有一点）	有时（有些）	经常（相当）	总是（非常）
1. 你感到胸闷或腹部胀满吗？	1	2	3	4	5
2. 你感到身体沉重不轻松或不爽快吗？	1	2	3	4	5
3. 你腹部肥肉松软吗？	1	2	3	4	5
4. 你有额部油脂分泌多的现象吗？	1	2	3	4	5
5. 你上眼睑比别人肿（上眼睑有轻微隆起的现象）吗？	1	2	3	4	5
6. 你嘴里有黏黏的感觉吗？	1	2	3	4	5
7. 你平时痰多，特别是咽喉部总感到有痰堵着吗？	1	2	3	4	5
8. 你舌苔厚腻或有舌苔厚厚的感觉吗？	1	2	3	4	5

判断结果：□是　□基本是　□否

表 3-8 湿热质（F型）体质量表

请根据近一年的体验和感觉，回答以下问题。	没有（根本不）	很少（有一点）	有时（有些）	经常（相当）	总是（非常）
1. 你面部或鼻部有油腻感或者油亮发光吗？	1	2	3	4	5
2. 你易生痤疮或疮疖吗？	1	2	3	4	5
3. 你感到口苦或嘴里有异味吗？	1	2	3	4	5
4. 你大便黏滞不爽、有解不尽的感觉吗？	1	2	3	4	5

续表

请根据近一年的体验和感觉，回答以下问题。	没有（根本不）	很少（有一点）	有时（有些）	经常（相当）	总是（非常）
5. 你小便时尿道有发热感、尿色浓（深）吗？	1	2	3	4	5
6. 你带下色黄（白带颜色发黄）吗？（限女性回答）	1	2	3	4	5
7. 你的阴囊部位潮湿吗？（限男性回答）	1	2	3	4	5
判断结果：□是　□基本是　□否					

表3-9　血瘀质（G型）体质量表

请根据近一年的体验和感觉，回答以下问题。	没有（根本不）	很少（有一点）	有时（有些）	经常（相当）	总是（非常）
1. 你的皮肤在不知不觉中会出现青紫瘀斑（皮下出血）吗？	1	2	3	4	5
2. 你两颧部有细微红丝吗？	1	2	3	4	5
3. 你身体上有哪些疼痛吗？	1	2	3	4	5
4. 你面色晦暗，或容易出现褐斑吗？	1	2	3	4	5
5. 你容易有黑眼圈吗？	1	2	3	4	5
6. 你容易忘事（健忘）吗？	1	2	3	4	5
7. 你口唇颜色偏暗吗？	1	2	3	4	5
判断结果：□是　□基本是　□否					

表3-10　气郁质（H型）体质量表

请根据近一年的体验和感觉，回答以下问题。	没有（根本不）	很少（有一点）	有时（有些）	经常（相当）	总是（非常）
1. 你感到闷闷不乐、情绪低沉吗？	1	2	3	4	5
2. 你容易精神紧张、焦虑不安吗？	1	2	3	4	5
3. 你多愁善感、感情脆弱吗？	1	2	3	4	5
4. 你容易感到害怕或受到惊吓吗？	1	2	3	4	5
5. 你胁肋部或乳房胀痛吗？	1	2	3	4	5
6. 你无缘无故叹气吗？	1	2	3	4	5
7. 你咽喉部有异物感，且吐之不出、咽之不下吗？	1	2	3	4	5
判断结果：□是　□基本是　□否					

表 3-11 特禀质（Ⅰ型）体质量表

请根据近一年的体验和感觉，回答以下问题。	没有（根本不）	很少（有一点）	有时（有些）	经常（相当）	总是（非常）
1. 你没有感冒时也会打喷嚏吗？	1	2	3	4	5
2. 你没有感冒时也会鼻塞、流鼻涕吗？	1	2	3	4	5
3. 你有因季节变化、温度变化或异味等原因而咳喘的现象吗？	1	2	3	4	5
4. 你容易过敏（对药物、食物、气味、花粉或在季节交替、气候变化时）吗？	1	2	3	4	5
5. 你的皮肤容易起荨麻疹（风团、风疹块、风疙瘩）吗？	1	2	3	4	5
6. 你的皮肤因过敏出现过紫癜（紫红色瘀点、瘀斑）吗？	1	2	3	4	5
7. 你的皮肤一抓就红，并出现抓痕吗？	1	2	3	4	5
判断结果：□是　□基本是　□否					

三、基于中医体质的营养评定

1. 膳食营养调查

膳食调查是全面了解人群膳食状况与膳食结构的重要手段，是评估与研究膳食营养因素与疾病或健康关系的工具和基础。膳食调查方法主要分为前瞻性和回顾性两类，前者包括称重法、记账法和化学分析法，后者包括膳食回顾法、膳食史法和食物频率问卷法。不同的膳食调查方法有其不同的特点及适用范围，结合调查目的，根据被调查人群的特点、生活习惯，选择正确的方法，进行科学计算与分析，发现被调查人群膳食营养因素与人群健康之间的相关性，进行干预，促进健康，是膳食调查的主要目的。

不同体质类型者其膳食特点具有一定的差异性和规律性，膳食特点既是不同体质形成的影响因素，也是体质的表现形式。基于中医体质的膳食调查，其目的主要是了解不同体质人群的膳食特点，分析偏颇体质形成与膳食营养因素的关系，比较平和质与偏颇质人群膳食特点的异同，为辨体施膳、饮食调体提供营养流行病学调查依据。

2. 人体成分测量

人体成分测定是人体生物学研究的一个重要领域，主要研究人体内组成的含量和各成分间的数量规律及数量关系影响。人体组成成分包括细胞内液、细胞外液、蛋白质、无机盐、体脂肪，通过测量计算，得出体重、身体质量指数、骨骼肌肉量、体脂肪量、体脂肪率、腰臀比等参数数值，分析其意义及与标准值的差异。人体成分测定可作为制定营养、运动等干预方案，调理偏颇体质，预防、治疗疾病的人体生物学依据。

3. 营养代谢指标测定

血清蛋白、转铁蛋白、甘油三酯、胆固醇、脂蛋白、血糖、矿物质、维生素等是评价人体营养代谢状况的常用指标，具有一定的营养学意义，其检测值可反映人体短期或长期的营养状况及营养相关性疾病的发生，是营养评定的方法之一。通过研究，找出不同体质类型人群营养代谢指标的差异性、规律性，结合膳食及生活方式调查、分子机制研究，寻找差异产生的原因，进行相应干预，为营养调体提供基础实验研究依据。

以体质分类为基础，应用营养学的研究方法，评估不同体质人群的营养状况，制定针对不同体质人群及个体的营养干预方案，使辨体施膳有章可依、有法可循，更加科学合理、深入严谨，亦使调体养生、调体防治疾病的理念更好地应用于实践中，更好地为人体服务，促进人体健康。

古籍选读

《黄帝内经·素问·生气通天论》："阴之所生，本在五味；阴之五宫，伤在五味。是故味过于酸，肝气以津，脾气乃绝。味过于咸，大骨气劳，短肌，心气抑。味过于甘，心气喘满，色黑，肾气不衡。味过于苦，脾气不濡，胃气乃厚。味过于辛，筋脉沮弛，精神乃央。是故谨和五味，骨正筋柔，气血以流，腠理以密，如是则骨气以精。谨道如法，长有天命。"

解释为：阴精的产生，来源于饮食五味。储藏阴精的五脏，也会因五味而受伤。过食酸味，会使肝气淫溢而亢盛，从而导致脾气的衰竭；过食咸味，会使骨骼损伤，肌肉短缩，心气抑郁；过食甜味，会使心气满闷，气逆作喘，颜面发黑，肾气失于平衡；过食苦味，会使脾气过燥而不濡润，从而使胃气滞；过食辛味，会使筋脉败坏，发生弛纵，精神受损。因此谨慎地调和五味，会使骨骼强健，筋脉柔和，气血通畅，腠理致密，骨气精强有力。所以重视养生之道，并且依照正确的方法加以实行，就会长期保有天赋的生命力。阐发了食物的摄取是人体生长发育的源泉，同时指出饮食失调亦能导致疾病。

小结

本章主要介绍体质的形成因素、中医体质分类与判定及基于中医体质的营养评估，重点是人体体质的影响因素及营养评定，难点是人体体质分类，需要掌握的有体质的形成由先天因素和后天因素所决定，先天因素是体质形成的基础，体质的发育和定型则有赖于生活环境、饮食营养、体育锻炼等多方面后天因素的综合作用。

思考题

1. 通过营养膳食调查分析偏颇体质的形成与长期膳食结构不合理的相关性。

2. 在人的一生当中,青年阶段的生命力最旺盛,属于黄金时期的健康状态,高校青年大学生有知识有文化并拥有自己的专业特长,他们是实现中国梦的希望,促进大学生的身心健康,可以使他们将自己所学习到的知识本领更好地运用到将来的工作当中,服务社会、服务人民。为提高大学生的食养素养和健康意识,使其有意识地改善体质偏颇状况,请在你的周围做一次基于中医体质辨识下的大学生膳食营养状况调查,从而提高人群的整体健康水平助力健康中国建设。

第四章 食物的性能

学习目标

1. 掌握食物的性、味、归经相关概念,理解其应用原则;
2. 了解各类常见食品类原料的性味功效;
3. 熟悉中医药理论指导下食物的应用及其治疗作用;
4. 能够依据食物的性能为食疗药膳配方的设计提供指导;
5. 传承为根基、创新为动力,食物性能的确定离不开历代医家不断的尝试、继承与发展。在传承和创新上,能够古为今用、推陈出新,为健康中国建设添砖加瓦。

食物的性能源于传统医学中"药食同源""药食同性"的认识。在传统医学理论的建立与发展初期,人类在艰难谋求生存的觅食与防病治病的摸索试验过程中对食与药的区分并不明确。经过长期的尝试,逐渐发现有些食物,既能充饥饱腹,又有治病强身的作用,具有药食皆宜的特性,固有"药食同源"之说。从神农尝百草的典故开始,医家通过不断的尝试、继承与发展,逐渐确定了药食的药效毒性。其中包括发现很多食物在果腹充饥,给人体提供需要营养素的同时,还具有治病强身的作用,并且对常用的食物按照中药学药性理论进行了分类总结。食物的性能已成为支撑食疗的基础理论之一。

第一节 食物的性味归经

传统医学中将食药根据其性质分为寒、凉、温、热四性,酸、苦、甘、辛、咸五味,并具有归经性,即对人体某些脏腑、经络具有明显选择性的特异作用。食物与药物之间的差别在于食物的功能性不如药物的显著。

一、食物的性

药物有四性，又称"四气"，即指药物具有寒、热、温、凉四种性质。寒、凉性质相近，凉次于寒，属阴；温、热性质相近，温次于热，属阳。《寿世保元·饮食》曰："所谓热物者，如膏粱辛辣厚味之物是也，谷肉多有之；寒物者，水果瓜桃生冷之物是也，菜果多有之。"明确指出食物与药物一样，具有寒热性质的差异。

因食物相对药物而言较平和，食物的性质区分方法与药物略有不同，一般分为寒凉、温热以及介于二者之间无明显偏颇一类的平性。常见食物的食性归类如表4-1所示。

表4-1 常见食物的食性归类表

食性	常见食物
寒凉性食物	淡豆豉、马齿苋、蒲公英、苦瓜、苦菜、莲藕、蟹、蕹菜、甘蔗、番茄、柿子、茭白、蕨菜、荸荠、紫菜、海藻、海带、陈皮、竹笋、慈姑、西瓜、甜瓜、香蕉、猪肠、桑葚、蛏肉、柚、瓠瓜、冬瓜、黄瓜、田螺、茄子、白萝卜、冬瓜子、冬瓜皮、丝瓜、油菜、菠菜、苋菜、芹菜、小米、大麦、绿豆、豆腐、小麦、柑、苹果、梨、枇杷、橙子、芒果、橘、槐花、菱角、薏苡仁、茶叶、猪皮、鸭蛋、荞麦
温热性食物	韭菜、小茴香、刀豆、姜、葱、蒜、香菜、油菜籽、南瓜、木瓜、高粱、糯米、龙眼肉、杏、杏仁、桃、樱桃、石榴、乌梅、荔枝、栗子、大枣、胡桃仁、鹿肉、雀、鳝鱼、贻贝、虾、蚶、鲢鱼、熊掌、鸡肉、羊肉、羊乳、狗肉、猪肝、猪肚、火腿、猫肉、鹅蛋、薤白、芥子、肉桂、辣椒、花椒
平性食物	洋葱、白薯、南瓜子、马铃薯、黄花菜、荠菜、香椿、青蒿、大头菜、芋头、扁豆、豌豆、胡萝卜、黑大豆、赤小豆、蚕豆、黄豆、粳米、玉米、陈仓米、花生、白果、百合、橄榄、白砂糖、桃仁、李仁、酸枣仁、莲子、黑芝麻、榛子、荷叶、无花果、李子、葡萄、银耳、木耳、海蜇、黄鱼、青鱼、鲤鱼、猪肺、猪心、猪肉、猪肾、鹅肉、猪蹄、鲫鱼、鸡蛋、鸽蛋、燕窝、鹌鹑、鹌鹑蛋、蜂蜜、芡实、牛肉、牛乳

寒凉性食物：大多具有滋阴、清热、解毒、泄火、凉血、生津、潜阳等作用，适用于热性体质或偏于热性的病证。长期食用寒凉性食物可致脾胃虚寒，损及脾阳。

温热性食物：大多具有温经、散寒、助阳、活血、通络等作用，适用于寒性体质或偏于寒性的病证。长期食用温热性食物可致内热、内火炽盛而致体质燥热。

平性食物：作用缓和，无明显偏颇及副作用，任何体质及病证都可选择应用，应用范围较广。久食、长食平性食物不会导致体质的偏颇。

《黄帝内经·素问·至真要大论》曰："寒者热之，热者寒之"。它不仅是药道，也是膳法。食物性质的使用原则也遵从于药物的使用原则。寒凉性食物因其具有清热解毒、凉血泻火等作用，故常用于热性病证，以护阴液，减轻、消除热性症状，如生梨煮水，以梨的清润作用治疗肺热咳嗽。温热性食物则因其具有温经散寒、活血通络等作用，故常用于寒性病证，以扶阳气，减轻、消除寒性症状，如姜炖羊肉，二者皆以温热作用养护机体之阳气，改善四肢不温。平性食物，性质平和，其治疗作用较差，主要为机体提供营养，在日常养生中可根据不同情况广泛应用或配伍使用。

二、食物的味

食物的五味，是指食物与药物一样，具有酸、苦、甘、辛、咸五味，此外，还有涩味和淡味。因"淡附于甘""涩附于酸"，淡味与甘味、涩味与酸味功效相近，故一般统称为五味。

药食的五味最初是以味觉来确定的，例如，乌梅具有酸味，苦瓜、苦菜具有苦味，蜂蜜、白糖具有甘味，姜、辣椒具有辛味，盐具有咸味。随着医家对药食认识的深入，在长期实践过程中逐步发现食物的滋味与药食功效具有密切的联系。《本草备要·药性总义》曰："凡药酸者能涩能收，苦者能泻能燥能坚，甘者能补能缓，辛者能散能润能横行，咸者能下能软坚，淡者能利窍能渗泄，此五味之用也。"概括而言，五味分别具有酸收、苦坚、甘缓、辛散、咸软的功效。于是，当味觉不能解释药食的效用时，就根据上述规律反推其味，此时药食的味与味觉滋味不再具有对应关系。故五味是药食作用规律的高度概括，同时又是部分药食真实滋味的具体表示。

常见食物的食味归类如表4-2所示。且食物所具有的味可以是一种，也可以兼有几种。如白萝卜、芹菜既是甘味食物又是辛味食物；杨梅、柚子既是甘味食物又是酸味食物。

表4-2 常见食物的食味归类

食味	常见食物
酸味食物	番茄、木瓜、马齿苋、醋、赤小豆、蜂乳、柑、橄榄、柠檬、杏、梨、枇杷、桃、山楂、石榴、乌梅、荔枝、橘、柚、葡萄、鳟鱼、佛手
苦味食物	苦瓜、苦菜、大头菜、香椿、淡豆豉、槐花、佛手、酒、荷叶、茶叶、杏仁、白果、桃仁、李仁、海藻、猪肝

续表

食味	常见食物
甘味食物	莲藕、茄子、番茄、茭白、蕨菜、白萝卜、冬瓜子、丝瓜、洋葱、竹笋、马铃薯、菠菜、荠菜、青蒿、大头菜、南瓜、芋头、扁豆、豌豆、胡萝卜、白菜、芹菜、冬瓜、肉桂、豆腐、黑大豆、绿豆、赤小豆、黄豆、蚕豆、荞麦、高粱、粳米、糯米、玉米、小米、陈仓米、大麦、小麦、木耳、蘑菇、白薯、蜂蜜、蜂乳、牛乳、羊乳、甘蔗、柿子、柑、苹果、杏、百合、梨、花生、白果、陈皮、桃仁、西瓜、西瓜皮、香蕉、桃、罗汉果、樱桃、桑葚、荔枝、黑芝麻、橘、柚、大枣、无花果、酸枣仁、葡萄、胡桃子、龙眼肉、黄鱼、泥鳅、鲳鱼、鲤鱼、鲫鱼、田螺、鳝鱼、虾、猪肠、猪肉、猪皮、猪蹄、猪肝、猪肚、羊肉、鹿肉、鸡肉、鹅肉、牛肉、白鸭肉、鸽蛋、猪心、鹌鹑、火腿、鸭蛋、燕窝、枸杞、芡实
辛味食物	姜、葱、芥菜、香菜、白萝卜、洋葱、芥子、油菜籽、香花菜、油菜、萝卜子、大蒜、青蒿、大头菜、芋头、芹菜、肉桂、辣椒、花椒、茴香、韭菜、陈皮、佛手、酒
咸味食物	苋菜、食盐、小米、大麦、紫菜、海蜇、海藻、海带、蟹、海参、田螺、猪肉、猪肾、猪蹄、猪血、猪心、鸭肉、狗肉、鸽蛋

酸味食物：包括酸涩味，具有收敛、固涩、生津等作用。酸味或甘酸味，往往还有生津止渴、助消化的作用，如梅、酸角、刺梨、醋等。过食酸味食物易致痉挛。

苦味食物：具有清热泻火、止咳平喘、泻下等作用。如苦瓜味苦能清泄热邪，治火热内盛；橘皮味苦能燥，善治湿痰内阻之咳嗽咯痰。苦味食物大多能伤津、伐胃，津液亏虚及脾胃虚弱者不宜大量食用。

甘味食物：具有补虚、和中、缓急止痛等作用，甘淡味有利尿除湿作用。过食甘味食物则壅塞气机。淡味食物具有渗湿利水作用，如冬瓜、薏苡仁可治水肿、小便不利。过食淡味食物可耗伤津液。

辛味食物：包括芳香、辛辣味，具有发汗解表、散寒、行气、活血、化湿、开胃等作用，过食辛味食物可致气散、上火。

咸味食物：具有软坚散结、泻下通肠的作用，过食咸味食物可致血凝。

每一种药食，都具有性和味。在应用时，应把药食的性和味结合起来考虑。如同样为温性药食，若味不同，作用也差异较大。温性药食有辛温（紫苏叶、姜）、甘温（党参、白术）、酸温（山萸肉、五味子）、苦温（苍术、厚朴）、咸温（肉苁蓉、蛤蚧）之异。

三、食物的归经

归，即归属，指药食在人体的作用的归属；经，即人体的脏腑经络。归经，指药食作用的定位,就是将药食对人体的作用与人体的脏腑经络密切联系起来,以说明药食对人体某些脏腑经络具有明显选择性的特异作用。食物不同,归经可能不同,食物的归经为食疗的应用提供依据。

归经的依据主要有两类。其一,以食物的特性作为依据。每种药食都具有不同的形、色、气、味等特性,有些医家有时以此作为归经的依据,其中尤以五味多用。《黄帝内经·素问·至真要大论》曰"夫五味入胃,各归所喜,攻酸先入肝,苦先入心,甘先入脾,辛先入肺,咸先入肾"。如萝卜味辛入肺,粳米味甘入脾。然按此确定食物的归经往往带片面性、不准确。如莲子味甘,莲心味苦,但同归于心经。其二,以食物的效应部位作为依据。医家通过长期的临床观察,逐步认识到每种食物进入人体后,其主要作用部位相对固定,以此确定食物的归经十分准确。如杏仁能治疗咳喘,而咳喘为肺脏功能失调所致,故归肺经。常见食物的归经归类如表4-3所示。

表4-3　常见食物的归经归类

归经	常见食物
归心经	芥菜、莲藕、辣椒、绿豆、赤小豆、陈仓米、小麦、荷叶、柿子、百合、桃仁、西瓜、甜瓜、龙眼肉、酸枣仁、莲子、猪皮、海参
归肝经	马齿苋、番茄、丝瓜、油菜、荠菜、香椿、青蒿、木瓜、韭菜、枇杷、桃仁、山楂、杏仁、樱桃、乌梅、桑葚、荔枝、黑芝麻、无花果、酸枣仁、海蜇、青鱼、鳗鲡、鳝鱼、虾、贻贝、蛏肉、蚌肉、鳖肉、蟹、紫河车、蒲公英、槐花、佛手、荷叶、枸杞
归脾经	姜、香菜、马齿苋、莲藕、茄子、番茄、豆腐、茭白、油菜籽、香花菜、油菜、荠菜、大头菜、南瓜、芋头、木瓜、扁豆、豌豆、胡萝卜、冬瓜皮、豇豆、肉桂、辣椒、花椒、荞麦、白薯、大蒜、高粱、粳米、糯米、小米、大麦、小麦、黑大豆、薏苡仁、蚕豆、黄豆、苹果、枇杷、花生、西瓜皮、荷叶、山楂、罗汉果、乌梅、荔枝、橘、大枣、无花果、龙眼肉、葡萄、酸枣仁、莲子、砂糖、蜂蜜、藕节、火腿、猪肉、猪肝、猪血、猪肚、牛肉、鸡肉、鹅肉、羊肉、狗肉、猪心、海藻、泥鳅、鲢鱼、鲤鱼、鲫鱼、鳝鱼、香橼、陈皮、芡实
归肺经	姜、葱、芥菜、香菜、淡豆豉、茭白、白萝卜、冬瓜子、洋葱、芥子、油菜籽、香花菜、油菜、萝卜子、藕节、大蒜、蒿、胡萝卜、芹菜、冬瓜、冬瓜皮、花椒、蘑菇、慈姑、紫菜、海藻、酒、茶叶、薏苡仁、糯米、蜂蜜、花生、甘蔗、柿子、荸荠、杏仁、百合、梨、枇杷、白果、香蕉、罗汉果、乌梅、柚、葡萄、胡桃仁、猪肺、猪皮、鹅肉、鸭蛋、燕窝、白鸭肉、羊乳、陈皮、鲢鱼

续表

归经	常见食物
归肾经	大蒜、荠菜、香椿、豇豆、韭子、花椒、小茴香、韭菜、盐、蚕豆、小米、小麦、海蜇、海藻、海参、鲤鱼、鳝鱼、贻贝、虾、海马、黄鱼、火腿、猪肉、猪肾、猪肝、猪血、猪髓、猪耳、燕窝、白鸭肉、羊肉、狗肉、紫河车、鸽蛋、蛏肉、蚌肉

归经理论与药食的功效作用有明显的相关性，反映药食对脏腑及部位选择有倾向性，对食疗、施膳具有重要指导意义。但人体是一个统一的整体，病证在不断的变化中发展，一种病证不只涉及一个脏腑，还会随着疾病的变化牵涉多个脏腑。因此，在实际运用中需根据病证进行关联性选择，而不局限于某一归经之中。所以，传统医学在进行饮食调理时，首先要根据脏腑经络所表现的不同"证"来确定病变所在，选用相应归经的食物加以治疗，然后还要考虑安抚关联脏腑。如在治疗肝病的同时，常配以调理脾胃的药食，防止肝病传脾。食物归经理论对指导传统医学食疗配方具有重要意义，熟悉并掌握食物性能、归经等特点，是正确使用传统医学膳食食疗的前提条件。

第二节 食物的作用

一、生命所需

人体必须摄取食物，以维持正常的生理生化、免疫功能以及生长发育、新陈代谢等生命活动。食物是人类赖以生存的物质基础，摄取食物是人类最基本的生命活动之一。没有食物的摄入，人体的生命活动就无法进行。

《黄帝内经·灵枢·五味》曰"谷不入，半日则气衰，一日则气少矣。"孙思邈在《千金要方·食治方·序论第一》说："安身之本，必资于食……不知食宜者，不足以存生也。"李时珍亦云"盖水为万化之源，土为万物之母。饮资于水，食资于土……故曰：水去则营竭，谷去则卫亡。"饮食是生命所需，得之则生，绝之则亡，故"民以食为天"。

二、养生保健

传统医学关于药食对人体具有养生保健作用的认识历史悠久，源远流长，为中华民族的繁衍昌盛作出了杰出的贡献。养生保健是根据人体生命发展的规律，使用适宜的药食，采取适当的措施来扶助人体正气，增强抗病能力，达到增强体质，维护健康，预防疾病以及延缓衰老，延年益寿的目的。历代中医药文献中记载的养生保健的食物不下百种，功能如益智、明目、聪耳、乌发、安神、美容颜、轻身、固齿、肥人、壮阳、益寿、生津、润肺等。此阶段除了合理饮食、适量运动等保健措施之外，有针对性地运用食物进行保健是一个重要措施。可根据个人需要选用具有相应保健功能的食物。

历代中医药文献中药食对养生保健作用的记载也略有不同。以美容养颜为例，在古籍中有"润肌肤""润皮毛""润皮肉""润肌肉""润泽""润色""润肌""润肤"等相关记载，相关的食物有米酒、酒糟、大麦、牛乳、贻贝、大豆、胡桃、荞麦、荔枝、白芝麻、松子等；有"悦颜色""悦泽人面""益颜色""美颜色""悦色""悦颜""理颜色""驻颜""令人悦泽""好颜色""媚色""和颜色"等记载的食物有桃花、莲汁、黑大豆、高良姜、白菊等。

三、预防及辅助治疗疾病

传统医学饮食养生除强调食物的营养作用、养生保健作用，还强调食物具有防治疾病的作用。传统医学食疗中的防治疾病包含两层意思：一则"治未病"，预防在先；二则辅助治疗疾病。

1. 预防疾病

合理的饮食是预防疾病的基础。传统医学历来重视预防，早在《黄帝内经》就提出"治未病"的预防思想。《黄帝内经·素问·四气调神大论》指出："圣人不治已病，治未病；不治已乱，治未乱，此之谓也。夫病已成而后药之，乱已成而后治之，譬犹渴而穿井，斗而铸锥，不亦晚乎？"为后世医家对传统医学预防理论的研究奠定了基础。"治未病"即预防疾病。传统医学认为因身体虚弱、阴阳不平衡导致人体气血精液失调、脏腑功能失常是引起疾病的重要原因，全面合理的膳食可以使五脏功能旺盛、气血充实，谓之"正气存内，邪不可干"。

（1）预防疾病发生　明代张介宾《类经》注曰："祸始于微，危因于易，能预此者，谓之治未病，不能预此者，谓之治已病，知命者其谨于微而已矣。"即预识病理体质的渐成并及时纠正之，在其病前采取积极措施加以防范，从而预防疾病的发生。

《本草纲目》中记载的"扁鹊三豆饮"用于天行痘疾："预服此饮，疏解热毒，纵出亦少。用绿豆、赤小豆、黑大豆各一升，甘草二两，以水八升，煮极熟。任意食豆饮汁，七日乃止。"传统医学中很多预防疾病发生的思想流传到民间被广泛应用于老百姓，如熬制姜汤预防感冒；鲜白萝卜、鲜橄榄煎汁预防白喉；熬制绿豆汤、荷叶粥能预防夏季中暑；大蒜能杀菌消炎、预防胃肠道炎症。同时，为了扶助机体正气从而更好地防止病邪侵害，饮食需有节制，养成良好的饮食习惯，定时定量。不过饥过饱以免损伤胃肠功能。《黄帝内经·素问·五常政大论》提出"谷肉果菜，食养尽之。无使过之，伤其正也"，此谷肉果菜是泛指五谷、五畜、五果、五菜，即各类食物。指出各类食物具有营养作用，但需注意其摄入量。"无使过之"，食物过之，则"伤其正也"。注意不可过食肥甘厚味，否则易于化生内热，甚引起痈疽疮毒等。克服饮食偏嗜，保持食性的寒温适中，不可过食辛温燥热、生冷寒凉。

（2）防止疾病传变　在传统医学理论中人体是一个有机的整体，机体的表里、内脏之间均有经络相互沟通联络，气、血、津液循环贯通。某一脏腑的病变，可以向其他脏腑转移，引起疾病的发展变化，疾病向坏的方面转化。故在传统医学临床诊断中需要考虑疾病未来的发展趋势，在传变到其他脏腑之前进行治疗。故可根据经验判断疾病在机体脏腑经络组织中的转移和变化，疾病的发展规律，通过合理的膳食予以辅助进行防治。如治疗肝病，《金匮要略·卷上·藏府经络先后病脉证第一》曰："见肝之病，知肝传脾，当先实脾"。因肝旺克脾土，如果预先给予补脾胃的膳食以实脾，则脾旺而不受邪。

2. 辅助治疗疾病

食物的治疗作用早在古代已被认识。《千金要方·食治方·序论第一》曰："安身之本，必资于食。救疾之速，必凭于药。不知食宜者，不足以存生也。不明药忌者，不能以除病也。是故食能排邪而安脏腑，悦神爽志以资血气。若能用食平疴释情遣疾者，可谓良工。"说明食物在养生防疾的基础上还具有疗病作用。如东晋葛洪所著的《肘后备急方》首次记载了用海藻酒治瘿（即单纯性甲状腺肿）、用猪胰治消渴病（糖尿病）等。但食物辅助治疗疾病范围多属疾病的初期病较轻者，或疾病后期调理。

《养老奉亲书》曰："缘老人之性，皆厌于药而喜于食，以食治疾，胜于用药。"老年人各器官日益衰老，不能承受药力，而食物性质平和，各脏腑均衡平和而调治。食疗尤适老年人。

根据古代食物本草和相关医书的记载以及临床经验，一些急性病证，饮食疗法也有一定的应用价值。例如，肺炎高烧不退、口干烦渴、咳嗽吐黄痰，此时除了用药物外，适当饮用西瓜汁、梨汁、枇杷汁可清热化痰止咳，有利于疾病的痊愈。一般慢性病病程较长，缠绵不愈。饮食调理是重要一环。它融治疗于日常饮食或美味佳肴之中，补气血、安脏腑、清神志，平衡阴阳，慢慢调理，以促进机体康复。

第三节　食物的辅助治疗作用

食物对机体的基本作用可概括为三个方面，即"补""泻""调"，补虚扶正、泻实祛邪、调和脏腑，以维持脏腑功能的协调，维护机体阴阳平衡；或者纠正阴阳偏胜偏衰的病理现象，使之在最大程度上恢复到正常状态。

一、补虚扶正

人体各种组织、器官和整体的机能低下是导致疾病的重要原因。传统医学把这种病理状态称为"正气虚",其所引起的证称为"虚证"。根据虚证所反映的症状和病机的不同,还可分为肝虚、心虚、脾虚、肺虚、肾虚以及气虚、血虚等。主要表现如心悸气短,全身乏力,食欲不振,咳嗽虚喘,食入不化,腰膝酸软等。益气、养血、滋阴、壮阳都是补虚扶正的手段。

传统医学主张体质虚弱或慢性虚证患者可用血肉有情之品来滋补。如鸡汤可用于虚劳,当归羊肉汤可用于产后血虚,牛乳饮用于病愈后理,猪骨髓用于补脑益智,动物脏器用于滋补相应的脏腑等。米面果菜等也有改善人体机能,补益脏腑的作用,如粳米可补脾,和胃,清肺;荔枝甘温能益血,益人颜色,身体虚弱、病后津伤可用其来滋养调摄;花生能健脾和胃,滋养调气,营养不良、乳汁缺乏皆可用以补虚益气;黑芝麻有补血、生津、润肠、乌发的作用;银耳有益气生津等作用,可用于肺脾两虚、津亏阴虚体弱之人等。

二、泻实祛邪

外部致病因素侵袭人体,内部功能的紊乱和亢进,皆可使人发生疾病。如果病邪较盛,传统医学称为"邪气实",其证候则称为"实证"。实证的范围很广,如气滞、血瘀,或者痰湿、积滞等。实证的临床表现多为呼吸气粗、精神烦躁、脘腹胀满、疼痛难忍、大便秘结、小便不通或者淋沥涩痛、舌苔黄腻、脉实有力等。如果同时又有正气虚弱的表现,则是"虚实错杂"。此时既要针对病情进行全面的调理,又要直接去除病因,即所谓"祛邪安脏"。如大蒜治痢疾,山楂消食积,鳗鱼治肺痨,薏苡仁祛湿,藕汁治咳血,赤豆治水肿,猪胰治消渴,蜂蜜润燥等。有些食物有多方面的治疗作用,如鸡蛋除营养用外,还有调节脏腑功能、清解热毒等作用。李时珍曰:"鸡子黄补阴血,解热毒,治下痢甚验。"

三、调和脏腑

传统医学认为机体的脏腑虽然各有不同的生理功能,但既分工又合作,相互帮助相互依赖,构成一个有机整体。只有在人体的生理机能和谐、协调的情况下,才能得以维持,从而处于健康状态,免受病邪的侵袭。如果脏腑之间或脏与腑、腑与腑之间失去协调、平衡的关系,也会导致疾病的发生。如脾胃都是饮食的主要脏腑,脾主运化,胃主受纳、腐熟;脾气以升为顺,胃气以降为和。倘若脾胃不和,脾气该升不升,出现食欲不振、食后腹胀、倦怠乏力等清阳不升、脾不健运的临床表现;胃气当降不降,则出现食停胃脘的胃脘胀满、胃痛、恶心欲呕的临床表现。

生活中饮食可起到维持阴阳调和的作用。根据阴阳失调的不同情况可有扶阳抑阴、育阴潜阳、阴阳双补等很多方。如阳虚的人可用温补，选牛肉、羊肉、狗肉、干姜等甘温、辛热类食品补助阳气；而阴虚的人当用清补，选百合、贻贝、甲鱼、海参、银耳等甘凉、咸寒类食品养阴生津。

偏热的体质或热性疾病，可选性质属寒的食品。瓜果、蔬菜中性寒者偏多，如梨汁、藕汁、橘汁等，可用于清热、止渴、生津；西瓜、茶水等，可清热、利尿；萝卜、甘草可治外感喉痛；芫荽、荆芥能清热、解毒；赤小豆、白扁豆可清热除湿等。偏寒的体质或寒性疾病，可选用性质属热的食品。调味品中性热者偏多，如胡荽面、姜糖汤可温中发汗；辣椒、姜能通阳健胃；胡椒可治胃寒痛；小茴香和石榴皮煎服可用于治疗痢疾；葱白和姜煎服可用于治疗风寒感冒；大茴香炒焦研末，红糖调合，黄酒冲服可用于治疗疝气疼痛等。

第四节 常见食物的性能

一、谷薯类

1. 小麦

（1）性味归经　味甘，性凉。归心、脾、肾经。

（2）食疗功效　养心安神，除烦止渴。心脾两虚者，自汗或盗汗者，脾胃气虚、大便溏泄者可用本品日常调养。

（3）营养价值　小麦中淀粉和脂肪的含量与粳米相近，蛋白质、钙含量高于大米，含有较高的 B 族维生素和维生素 E；还含有胆碱、卵磷脂、精氨酸、磷、铁、淀粉酶、麦芽糖酶、蛋白分解酶等营养成分。

（4）文献来源　《本草纲目》："新麦性热，陈麦平和。"《本草拾遗》："小麦面，补虚，实人肤体，厚肠胃，强气力。"

2. 糯米

（1）性味归经　味甘，性温。归脾、胃、肺经。

（2）食疗功效　补中益气，健脾止泻，敛汗缩尿。阳虚体质、脾胃虚寒者，脾胃虚弱、饮食减退、易腹泻者，自汗者、老年人小便频数者，以及消渴患者可用本品日常调养。

（3）营养价值　糯米的主要成分与粳米相似，主要为淀粉，蛋白质、脂肪的含量也较粳米略高，并含有多种 B 族维生素。糯米以其糯性易做成各种糕团，能调节人们食欲。

(4) 文献来源　《本经逢原》："益气补脾肺，但磨粉作稀糜，庶不黏滞，且利小便，以滋肺而气化下行矣。若作糕饼，性难运化，病患莫食。"

3. 薏苡仁

(1) 性味归经　味甘、淡，性凉。归脾、胃、肺经。

(2) 食疗功效　健脾益气，利水渗湿，祛风除痹，排脓消痈。脾胃气虚者，水肿、小便不利或淋证者，风湿痹痛者可用本品日常调养。肺痈咳吐脓痰或肠痈腹痛者可用本品辅助治疗。

(3) 营养价值　薏苡仁中的碳水化合物含量略低于粳米，蛋白质、脂肪含量为粳米2~3倍，并含有维生素B_1和薏苡素、薏苡酯、三萜化合物以及人体所需的氨基酸，如亮氨酸、赖氨酸、精氨酸、酪氨酸等。

(4) 文献来源　《神农本草经》："主筋急，拘挛不可屈伸，风湿痹，下气。久服轻身益气。"《本草经疏》："除筋骨邪气不仁，利肠胃，消水肿令人能食。"

4. 马铃薯

(1) 性味归经　味甘，性平。归脾、胃经。

(2) 食疗功效　和胃健脾，解毒消肿。骨热咳嗽者，烫伤者可用本品日常调养。

(3) 营养价值　马铃薯富含维生素B_1、维生素B_2、维生素B_6、泛酸、钙、锌、磷、铁、烟酸、β-胡萝卜素和维生素C，及大量的优质纤维素。所含纤维素能促进肠蠕动，具有一定的通便作用。微量元素锌，能促进儿童的生长发育和提高免疫力。

(4) 文献来源　《湖南药物志》："洋芋，补中益气，健脾胃，消炎。"

5. 山药

(1) 性味归经　味甘，性平。归脾、肺、肾经。

(2) 食疗功效　益气养阴，补脾肺肾，涩精止带。脾胃虚弱者，痰气喘急者，虚劳、骨蒸、久冷者可用本品日常调养。

(3) 营养价值　山药含有葡萄糖、蛋白质、B族维生素、维生素C、维生素E、皂苷、黏液质、黏蛋白及微量元素，有降低血糖、血脂的作用，在一定程度上可防止血脂在血管壁上的沉积，对心血管疾病有一定的预防作用。

(4) 文献来源　《景岳全书》："健脾补虚，滋精固肾，治诸虚百损，疗五劳七伤。"

二、禽畜肉类

1. 鸡肉

(1) 性味归经　味甘，性温。归脾、胃经。

(2) 食疗功效　温中补脾，益气养血，补肾益精。产后体虚者，老年人脾胃虚弱之萎黄瘦弱者，脾胃虚弱之水肿者可用本品日常调养。

(3) 营养价值　鸡肉蛋白质含量将近于猪肉的 3 倍,而脂肪含量仅为猪肉的 1/20,含有不饱和脂肪酸及钙、磷、铁、镁、钾、钠、氯、硫、维生素 B_1、维生素 B_2、维生素 C、维生素 E 和烟酸等。还含甾醇、3-甲基组氨酸等。尤对病后或产后有良好的滋补作用。鸡肉味鲜,气清香,能促进食欲。

(4) 文献来源　《食疗本草》:"乌雌鸡……治反胃,安胎及腹痛,折骨疼、乳痈"。《神农本草经》:"丹雄鸡……主女人崩中漏下,赤白沃,补虚,温中,止血"。

2. 鸽肉

(1) 性味归经　味咸,性平。归肺、肝、肾经。

(2) 食疗功效　益气滋肾,祛风解毒,调经止痛。阴虚之消渴多饮者、气短乏力者、年老体虚者,肝肾阴虚之妇女月经量少、闭经者,胃痛患者可用本品日常调理。

(3) 营养价值　鸽肉含有十分丰富的血红蛋白,蛋白质含量高出猪肉的 9.5%。营养作用与鸡肉类似,而比鸡肉更易消化吸收,民间有"三鸡不如一鸽"之说。含脂肪甚低,适宜老年人或久病体虚者,血脂偏高、冠心病、高血压者。

(4) 文献来源　《本经逢原》:"久患虚羸者,食之有益。"

3. 鹅肉

(1) 性味归经　味甘,性平。归脾、肺、肝经。

(2) 食疗功效　益气补虚,和胃止渴。中气不足消瘦乏力、食少者,气阴不足口干思饮、乏力、气短、咳嗽、纳少者可用本品日常调养。

(3) 营养价值　鹅肉中蛋白质含量低于鸭肉,脂肪和糖的含量则高于鸭肉,含有钙、磷、铁、铜、锰和维生素 A、维生素 B_1、维生素 B_2 等,对身体虚弱、营养不良,有较好补养作用。

(4) 文献来源　《本草拾遗》:"主消渴,煮鹅汁饮之。"《日华子本草》:"白鹅:解五脏热,止渴。苍鹅:发疮脓。"

4. 牛肉

(1) 性味归经　味甘,性平。归脾、胃经。

(2) 食疗功效　补益脾胃,益气补血,强健筋骨,利水消肿。脾胃气虚之泄泻、浮肿者,脾胃虚寒之食少纳差者,虚损劳倦者可用本品日常调养。

(3) 营养价值　牛肉含蛋白质较多,脂肪较少。蛋白质含量较猪肉高 2 倍多,所含必需氨基酸甚多,黄牛肉还含肽类、肽酸、黄嘌呤、牛磺酸、乳酸、糖原等,因此营养价值甚高,故古人认为牛肉有补气养血作用。

(4) 文献来源　《滇南本草》:"能安胎补血,强筋骨,消水肿,除湿气。"《韩氏医通》:"黄牛肉,补气,与绵黄芪同功。"《医林纂要》:"牛肉味甘,专补脾土,脾胃者,后天气血之本,补此则无不补矣。"

5. 猪肉

(1) 性味归经　味甘、咸，性平。归脾、胃、肾经。

(2) 食疗功效　补肾养血，滋阴润燥。阴虚肺燥之干咳少痰、口燥咽干者，温病津伤者，血少津枯之便秘者，缺乳者可用本品日常调养。

(3) 营养价值　猪肉为中国汉族人民的主要肉食品，具有丰富的营养和馨香美味，是良好的食用佳品。脂肪含量丰富，平均含量比牛羊肉高，并含有一定量的蛋白质、碳水化合物、维生素 B_1、维生素 B_2、磷、钙、铁等。

(4) 文献来源　《千金要方》："宜肾，补胃气虚竭。"《本草备要》："猪肉，其味隽永，食之润肠胃，生津液，丰肌体，泽皮肤，固其所也。"

6. 羊肉

(1) 性味归经　味甘，性温。归脾、胃、肾经。

(2) 食疗功效　健脾温中，补肾壮阳，益气养血。脾胃虚寒之腹胀食少或腹泻、肢冷不温者，产后中风者，产后腹中痛、腹中寒疝、虚劳不足或血虚经寒腹痛者可用本品日常调养。

(3) 营养价值　羊肉富含蛋白质，脂肪含量仅为猪肉的一半，并有磷、铁、钙、维生素 B_1、维生素 B_2 和烟酸、胆固醇等成分，尤为冬令进补之佳肴。

(4) 文献来源　《日用本草》："治腰膝羸弱，壮筋骨，厚肠胃。"

三、水产类

1. 蟹

(1) 性味归经　味咸，性寒。归肝、胃经。

(2) 食疗功效　清热解毒，散瘀消肿。湿热黄疸者，跌打损伤、骨折筋断者，妇人产后小腹疼痛者可用本品日常调养。

(3) 营养价值　蟹含蛋白质与猪肉、羊肉、黄鱼、鲫鱼相近；脂肪比一般鱼类、鸡肉多；碳水化合物比其他鱼虾和一般食物高；维生素 B_2 比一般肉类高 5~6 倍，比鱼类高 6~10 倍，比蛋类高 23 倍；铁的含量特别高，比一般鱼类高出 5~10 倍。肉中含十余种游离氨基酸，其中谷氨酸、甘氨酸、脯氨酸、组氨酸量较多。蟹味鲜美，能增进食欲。

(4) 文献来源　《神农本草经》："主胸中邪气，热结痛。"《本经逢原》："蟹，性专破血，故能续断绝筋骨。"

2. 海参

(1) 性味归经　味甘、咸，性平。归肾、心、肺经。

(2) 食疗功效　补肾益精，养血润燥，止血。肾虚之阳痿、小便频数者，精血虚亏、消瘦乏力或经闭者，阴血虚亏之肠燥便结者，虚劳咳嗽、咯血者可用本品日常调养。

(3) 营养价值　海参富含粗蛋白质（黏蛋白、糖蛋白、氨基酸）、粗脂肪、钙、磷、铁、碘、维生素等营养成分，胆固醇的含量极微。所含硫酸软骨素可以保持体内水分进而润滑关节软骨，保证体内养分的消化和吸收，还可以调节身体的功能，可预防各种与软骨有关的关节疾病。

(4) 文献来源　《本草从新》："补肾益精，壮阳疗痿。"

3. 鳝鱼

(1) 性味归经　味甘，性温。归肝、脾、肾经。

(2) 食疗功效　益气血，补肝肾，强筋骨，祛风湿。气血不足之虚羸瘦弱、体倦乏力者，久病虚损者，肝肾不足之足痿无力者可用本品日常调养。

(3) 营养价值　鳝鱼蛋白质含量较高，铁的含量比鲤鱼、黄鱼高1倍以上。含丰富的维生素A、卵磷脂和DHA。维生素A可增进视力，有助于免疫系统功能正常。磷脂、DHA是构成人体各器官组织细胞膜的主要成分，是脑细胞不可缺少的营养，有利于促进大脑发育。

(4) 文献来源　《本草经疏》："凡病属虚热者，不宜食。"

4. 明虾

(1) 性味归经　味甘、咸，性温。归肝、肾经。

(2) 食疗功效　补肾壮阳，滋阴息风。肾虚阳痿者，乳汁少者可用本品日常调养。

(3) 营养价值　明虾含蛋白质量较高，并含脂肪、碳水化合物、钙、磷、铁、碘、维生素A、维生素B_1、维生素B_2、烟酸等。虾皮中含钙量很高，每100g虾皮约含钙2000mg，是肉类食品含钙量的100倍以上。虾有独特鲜美的滋味，能增进食欲。

(4) 文献来源　《本草易读》："托痘疮，下乳汁，吐风痰，壮阳道。"

5. 鲤鱼

(1) 性味归经　味甘，性平。归脾、肾经。

(2) 食疗功效　健脾和胃，利水下气，通乳安胎。卒肿满、身面皆洪大者，水病身肿者，上气咳嗽、胸膈满闷气喘者，黄疸者可用本品日常调养。

(3) 营养价值　鲤鱼富含蛋白质和多种游离氨基酸，含有多种维生素、钙、磷、铁、还含有挥发性含氮物质、挥发性还原性物质。鲤鱼肉蛋白质含量随季节变化有所不同，夏日含量最丰富，故有"春桂夏鲤"之说。

(4) 文献来源　《名医别录》："治咳逆上气，黄疸，止渴；生者治水肿脚满，下气。"

四、蛋类

1. 鸡蛋

(1) 性味归经　味甘，性平。归肺、脾、胃经。

(2) 食疗功效　养心安神，补血润燥，滋阴安胎。虚损羸瘦者，妊娠胎动不安者，赤白久痢、产后虚痢者可用本品日常调养。

(3) 营养价值　鸡蛋是优质蛋白质来源，含有所有的必需氨基酸，并含一定量脂肪和糖及各种维生素、矿物质等。脂肪、维生素 A、维生素 B_2 几乎都在蛋黄内。蛋黄中含铁比蛋白中多 20 倍，各种微量元素含量也较高。

(4) 文献来源　《本草纲目》："卵白象天，其气清，其性微寒；卵黄象地，其气浑，其性温；卵则兼黄白而用之，其性平。"

2. 鸭蛋

(1) 性味归经　味甘，性凉。归心、肺经。

(2) 食疗功效　滋阴清肺。肺阴不足、肺气上逆致痉咳阵作、咳声无力者，妇人胎前产后赤白痢者可用本品日常调养。

(3) 营养价值　鸭蛋所含成分与鸡蛋相似，营养作用也与鸡蛋略同。

(4) 文献来源　《医林纂要》："补心清肺，止热嗽，治喉痛齿痛；百沸汤冲食，清肺火，解阳明结热。"

3. 鹌鹑蛋

(1) 性味归经　味甘，性平。归脾、胃经。

(2) 食疗功效　补益气血强壮筋骨。贫血、病后体虚者，脾胃虚弱者，神经衰弱、失眠多梦者可用本品日常调养。

(3) 营养价值　鹌鹑蛋含有蛋白质和脂肪，含量与鸡蛋相近，维生素 B_1、维生素 B_2、卵磷脂、铁含量等高于鸡蛋，胆固醇含量低于鸡蛋，含有磷脂，有助于大脑发育。

(4) 文献来源　《本草纲目》："补五脏，益中续气，实筋骨，耐寒著，清结热。"

4. 鸽蛋

(1) 性味归经　味甘、咸，性平。归肺、脾、胃、肾经。

(2) 食疗功效　补肾益气，解毒。肾虚之腰膝酸软、遗精滑泄者可用本品日常调养。

(3) 营养价值　鸽蛋含大量优质蛋白质及少量脂肪、糖类、磷脂、钙、铁及多种维生素，易于消化吸收，是理想的营养品。

(4) 文献来源　《本草纲目》："解疮毒，痘毒。"

5. 鹅蛋

(1) 性味归经　味甘，性温。归胃、胆经。

(2) 食疗功效　补益中气。中气不足致身体消瘦、食欲不振、肢体疲乏者可用本品日常调养。

(3) 营养价值　鹅蛋营养成分与鸡蛋相近。含有蛋白质、脂肪、糖类、卵磷脂，还有维生素、钙、铁、镁等成分。

(4) 文献来源　《食疗本草》："补五脏，亦补中益气。"

五、乳类

1. 牛乳

（1）性味归经　味甘，性平。归心、肺、胃经。

（2）食疗功效　补虚损，益肺胃，养血生津。气血不足之头晕眼花、神疲乏力者，气虚上逆反胃者可用本品日常调养。

（3）营养价值　牛乳含蛋白质、脂肪、碳水化合物、钙、磷、铁、维生素 B_1、维生素 B_2、烟酸、抗坏血酸、维生素 A、胡萝卜素、生物素、叶酸、肌醇、乳清酸等。牛乳能全面供养人体营养素、供给能量和生长发育要素，提高免疫功能。

（4）文献来源　《本草经疏》："乃牛之血液所化，其味甘，其气微寒无毒。甘寒能养血脉，滋润五脏，故主补虚羸，止渴。"

2. 羊乳

（1）性味归经　味甘，性微温。归胃、心、肺经。

（2）食疗功效　补虚，润燥，和胃，解毒。肾虚者，干呕者，小儿呕哕者可用本品日常调养。

（3）营养价值　羊乳含有蛋白质、碳水化合物、钙、磷、维生素 B_2 及多种必需氨基酸，羊乳中的蛋白质结构与母乳相似，比牛乳更容易消化。

（4）文献来源　《本草纲目》："羊乳，白牝者佳，丹溪言反胃人宜时时饮之，取其开胃脘、大肠之燥也。"

六、蔬菜类

1. 冬瓜

（1）性味归经　味甘、淡，性微寒。归肺、大肠、小肠、膀胱经。

（2）食疗功效　利尿，清热，化痰，生津，解毒。水肿、小便不利者，热病烦躁或消渴者可用本品日常调养。

（3）营养价值　冬瓜含有蛋白质、糖类、钙、磷、铁、胡萝卜素及维生素 B_1、维生素 B_2、维生素 C、烟酸等，能去除人体内多余的水分和脂肪，利于加快人体消耗热量。

（4）文献来源　《证类本草》："主除小腹水胀，利小便，止渴。"《食疗本草》："此物经霜后，皮上白如粉涂，故云自冬瓜也……益气耐老，除胸心满，去头面热。热者食之佳，冷者食之瘦人。"

2. 苦瓜

（1）性味归经　味苦，性寒。归心、脾、肺经。

（2）食疗功效　清热祛暑，明目解毒。暑热烦渴者，目赤或疼痛者可用本品日常调养。

（3）营养价值　苦瓜除含有蛋白质、脂肪、碳水化合物外，还含有较多粗纤维、钙、磷、铁、胡萝卜素、维生素 B_2、烟酸等。维生素 C 的含量是丝瓜、菜瓜、甜瓜的 10~12 倍，还有多种氨基酸、苦瓜苷、5-羟色胺等人体所需的营养物质。在盛暑炎热之季，常食有增进食欲和清热、提神、防暑食疗功效。

（4）文献来源　《调疾饮食辩》："此瓜嫩时色青，味极苦，归心经，能除邪热，解劳乏，清心明目。"

3. 白萝卜

（1）性味归经　味辛、甘，性凉。归脾、胃、肺、大肠经。

（2）食疗功效　益胃消食，下气宽中，清热化痰，生津止渴，利尿通淋。食积不消、脘腹胀满、呕吐吞酸者，痰热咳喘者，热病口渴者，热淋、石淋、小便不利者可用本品日常调养。

（3）营养价值　白萝卜含有碳水化合物、蛋白质、有机酸、维生素 C、芥子油、铁、钙、磷等。芥子油和膳食纤维可促进胃肠蠕动，降低血脂，有防癌抗癌的作用。

（4）文献来源　《名医别录》："可消积滞、化痰热、下气贯中、解毒，用于食积胀满、痰咳失音吐血、衄血、消渴、痢疾、头痛、小便不利等症。"

4. 百合

（1）性味归经　味甘，性微寒。归心、肺经。

（2）食疗功效　养阴润肺，清心安神。心肺阴虚内热者，肺脏壅热咳嗽者可用本品日常调养。

（3）营养价值　百合含有淀粉、脂肪、蛋白质以及果胶质、蔗糖、还原糖、胡萝卜素、粗纤维，以及矿物质及多种维生素。含有多种生物碱，能抑制癌细胞增殖。

（4）文献来源　《日华子本草》："安心，定胆，益志，养五脏。"《医林纂要》："以敛为用，内不足而虚热、虚嗽、虚肿者宜之。"

5. 马齿苋

（1）性味归经　味酸，性寒。归大肠、肝、脾经。

（2）食疗功效　清热解毒，凉血止痢，除湿通淋。久痢不止者，血热出血者，百日咳者，赤白带下者可用本品日常调养。

（3）营养价值　马齿苋含有去甲肾上腺素、钾盐、多巴胺、生物碱、黄酮类、氨基酸、有机酸，还有钙、磷、铁、硒等元素，以及维生素 B_1、维生素 B_2。

（4）文献来源　《滇南本草》："益气，清暑热，宽中下气，润肠，消积滞，杀虫。疗（痔）疮红肿疼痛。"《本草纲目》："散血消肿，利肠滑胎，解毒通淋。"

七、菌菇类

1. 银耳

（1）性味归经　味甘、淡，性平。归肺、胃经。

（2）食疗功效　滋补生津，润肺养胃。肺阴虚者，虚劳咳嗽、阴虚口渴者，大病或久病后期人群可用本品日常调养。

（3）营养价值　银耳含有丰富的蛋白质、糖类，也含有一定量的脂肪、无机盐如钙、磷、铁、镁、钾、钠等及维生素 B_1、维生素 B_2、烟酸、粗纤维等，还含有多种氨基酸。银耳还以其独特胶性来作为调制多种美味食品的赋形剂，有利机体摄入更多营养素。

（4）文献来源　《本草再新》："润肺滋阴。"《饮片新参》："清补肺阴，滋液，治劳咳。"

2. 木耳

（1）性味归经　味甘，性平。归肺、胃、大肠经。

（2）食疗功效　润肺养阴，益气补血，凉血止血。气虚血亏者，大便干燥、痔疮出血者，高血压、眼底出血者可用本品日常调养。

（3）营养价值　木耳含有丰富的蛋白质、糖类、铁、钙、磷，还含少量脂肪、粗纤维、钾、钠和维生素 B_1、维生素 B_2、维生素 C、胡萝卜素等多种人体所需的营养成分。糖类包括甘露糖、葡萄糖、木糖、鼠李糖等。磷脂为卵磷脂、脑磷脂及鞘磷脂等。

（4）文献来源　《神农本草经》："益气不饥，轻身强志。"《随息居饮食谱》："补气耐饥，活血。"

3. 蘑菇

（1）性味归经　味甘，性平。归肠、胃、肺经。

（2）食疗功效　健脾开胃，润燥化痰，平肝透疹。消化不良、食欲不振者，小儿麻疹透发不畅者可用本品日常调养。

（3）营养价值　蘑菇含有大量氨基酸及与氨基酸有关的含氮物质，如伞菌氨酸、口蘑氨酸、鹅膏氨酸等成分，味道鲜美。脂肪以亚油酸为多。还含磷酸腺苷、己糖醇、戊糖醇、木糖醇纤维素、钙、铁、钾、磷、镁、维生素 B_1、维生素 B_2、烟酸、叶酸、胰蛋白酶、铜、锌、氟、碘等营养素。

（4）文献来源　《本草纲目》："益肠胃，化痰理气。"

4. 香菇

（1）性味归经　味甘，性平。归肝、胃经。

（2）食疗功效　补气健脾，和胃益肾，抗癌解毒。食欲不振者，水肿者，气虚盗汗者，麻疹透发不畅者可用本品日常调养。

（3）营养价值　香菇含有30多种酶和18种氨基酸，大量的钾盐、其他矿质元素，以及丰富的膳食纤维，能降低血液中的胆固醇含量，防止动脉粥样硬化，对防治脑溢血、心脏病、肥胖和糖尿病有一定的辅助治疗作用。

（4）文献来源　《本草纲目》："性平味甘，能益气不饥，治破血，化痰理气，益胃助食，理小便不禁。"

八、水果类

1. 梨

（1）性味归经　味甘、微酸，性凉。归肺、胃经。

（2）食疗功效　生津，润燥，清热，化痰，解酒。肺热燥咳或痰热咳嗽者，热病心烦口渴者可用本品日常调养。

（3）营养价值　梨主要含有果糖、葡萄糖和苹果酸、柠檬酸等有机酸，还含有蛋白质、脂肪、矿物质（如钙、磷、钾、钠、镁、铁）以及维生素 B_1、维生素 B_2、维生素 C 等营养成分。

（4）文献来源　《备急千金要方》："除客热气，止心烦。"《本草原始》："润肺凉心，消痰降火，解疮毒、酒毒。"

2. 桃

（1）性味归经　味甘、酸，性温。归肺、大肠经。

（2）食疗功效　敛肺生津，敛汗活血。平日津少口渴、肠燥便秘者，虚劳喘咳、气血不足者，小儿疮肿或女性积聚、闭经者可用本品日常调养。

（3）营养价值　桃含有糖（包括葡萄糖、果糖、蔗糖、木糖）、蛋白质、脂肪、膳食纤维、胡萝卜素、维生素 C、维生素 B_2、烟酸、柠檬酸、苹果酸及钙、磷等物质。桃肉味香甜带酸，有利增进食欲和消化。

（4）文献来源　《随息居饮食谱》："补心活血，解渴充饥。"《食经》："食之令下利，益面色，养肝气。"

3. 荔枝

（1）性味归经　味甘、微酸，性温。归脾、肝经。

（2）食疗功效　健脾益气，养血润肤。素有脾气虚弱而见倦怠乏力、食少泄泻者，素日有面色少华或萎黄、肌肤干燥或头晕目眩等症者可用本品日常调养。

（3）营养价值　荔枝含有较多的葡萄糖、游离的精氨酸、色氨酸和蛋白质，还有脂肪、维生素 B_1、维生素 B_2、维生素 C，烟酸、柠檬酸、蔗糖、果胶及钙、磷、铁等物质，有较高的营养价值。

(4) 文献来源 《食疗本草》:"食之通神益智,健气及颜色,多食则发热。"

4. 枇杷

(1) 性味归经 味甘、酸,性凉。归肺、脾经。

(2) 食疗功效 润肺止咳,清热止渴,降逆止呕。肺热燥咳、痰少难咯者,胃热内盛致胃气不降、恶心呕吐者,素体热盛、口干烦渴者可用本品日常调养。

(3) 营养价值 枇杷含有蛋白质、糖类(纤维素、果胶)、钙、磷、胡萝卜素、维生素C、B族维生素等物质,所含的苹果酸、柠檬酸可增进食欲,帮助消化。

(4) 文献来源 《日用本草》:"治脚气,润脏下气,止吐逆,渴疾。"《本草求原》:"其实极熟黄色,则甘而止,下痰气,润五脏,止血。"

5. 橘

(1) 性味归经 味甘、酸,性凉。归肺、胃经。

(2) 食疗功效 润肺生津,理气和胃。肺燥咳嗽、咳痰不爽者,胃气失和引起的食欲不振、呕逆者可食用本品日常调养。

(3) 营养价值 橘含有丰富的糖类和多种维生素(维生素B_2)、胡萝卜素、柠檬酸、苹果酸、钙、磷等物质,其中维生素C的含量较高。还含有橙皮苷、柠檬萜等。

(4) 文献来源 《本草拾遗》:"甜者润肺。"《医学入门》:"润肺止渴,开胃宽胸。"

九、豆类

1. 黄豆

(1) 性味归经 味甘,性平。归脾、胃、大肠经。

(2) 食疗功效 健脾利水,宽中导滞,解毒消肿。脾胃虚弱者,水肿患者可用本品日常调养。

(3) 营养价值 黄豆中蛋白质含量是大米的5倍,脂肪含量是大米的20倍,而碳水化合物只有大米的2/5,此外含有亚麻油酸、亚麻油烯酸、皂草苷、维生素B_1、维生素B_2、烟酸、叶酸、唾液酸、生物素、异黄酮类、大豆黄酮苷和大量膳食纤维。

(4) 文献来源 《本草求真》:"用补则须假以炒熟,然必少食则宜。若使多服不节,则必见有生痰壅气动嗽之弊矣。"《随息居饮食谱》:"宜煮食,炒食则壅气。浸罨发芽,摘根为蔬,味最鲜美。肺痈痧气,生嚼不腥,疑似之间,试之甚验。"

2. 黑豆

(1) 性味归经 味甘,性平。归脾、肾、心经。

(2) 食疗功效 活血利水,祛风解毒,健脾益肾。肾虚诸证,风、湿邪气诸证者可用本品日常调养。

(3) 营养价值 黑豆蛋白质含量最高,品质好,碳水化合物和植物脂肪含量也较高,并有一定量胡萝卜素、维生素 B_1、维生素 B_2、烟酸、大豆黄酮苷、大豆皂醇、胆碱、叶酸、亚叶酸、泛酸、生物素等营养成分。

(4) 文献来源　《本草汇言》:"煮熟食之则利肠,炒熟食之则闭气,水浸、生捣食之解毒,敷之肉上散痈肿。但性利而质坚滑,多食令人腹胀而利下矣,故孙真人曰,少食醒脾,多食损脾也。"《本草纲目》:"古方称大豆解百药毒,予每试之,大不然,又加甘草,其验乃奇,如此之事,不可不知。"

3. 绿豆

(1) 性味归经　味甘,性寒。归心、胃经。

(2) 食疗功效　清热,消暑,利水,解毒。暑热证,疮疡痈疽,水肿、小便不利、淋证者可用本品日常调养。

(3) 营养价值　绿豆含有丰富的蛋白质和碳水化合物,其蛋白质含量是大米的 3 倍多,而脂肪含量甚少,还含有钙、磷、铁、胡萝卜素、维生素 B_1、维生素 B_2、烟酸、磷脂等。

(4) 文献来源　《本草纲目》:"消肿治痘之功虽同赤豆,而压热解毒之力过之。且益气,厚肠胃,通经脉,无久服枯人之忌。"《遵生八笺》:"绿豆淘净,下锅加水,大火一滚,取汤停冷色碧食之。如多滚则浊,不堪食矣。"

4. 红豆

(1) 性味归经　味甘、酸,性微寒。归心、小肠、脾经。

(2) 食疗功效　利水消肿,清热退黄,解毒消痈。水肿、黄疸者,湿疮痒疹、痈疽肿毒者,热淋、血淋者可用本品日常调养。

(3) 营养价值　红豆富含淀粉、蛋白质,脂肪含量甚少。此外,含有纤维素、磷、钾、镁、钙、铁、维生素 B_1、维生素 B_2、维生素 C、烟酸、三萜皂苷等。

(4) 文献来源　《食疗本草》:"和鲤鱼烂煮食之,甚治脚气及大腹水肿。"《食鉴本草》:"解毒利小便。能逐津液。久食虚人。"

十、油脂及坚果类

1. 花生

(1) 性味归经　味甘,性平。归脾、肺经。

(2) 食疗功效　健脾养胃,润肺化痰,下乳。素日脾胃虚弱食少、反胃不舒者,肺燥咳嗽、痰少难咯者,产后乳少者可用本品日常调养。

(3) 营养价值　花生含有丰富的脂肪酸,蛋白质,人体所必需的 8 种氨基酸,维生素 E、维生素 B_1、维生素 K 及铁、钙、卵磷脂等。脂肪酸中不饱和脂肪酸占 80% 以上。

(4) 文献来源　《滇南本草图说》:"补中益气,多则滞气,盐水煮食养肺。"《随息居饮食谱》:"煮食甘平,润肺,解毒,化痰;炒食甘温,养胃调气,耐饥。"

2. 黑芝麻

（1）性味归经　味甘，性平。归肝、肾、大肠经。

（2）食疗功效　补益肝肾，益精养血，润燥滑肠。由于肝肾不足引起的须发早白、头晕耳鸣、腰膝酸软者，产妇乳汁不足、肠燥便秘者可用本品日常调养。

（3）营养价值　黑芝麻含脂肪酸达60%，油中含油酸、亚油酸、棕榈酸、花生酸、二十二酸、二十四酸等的甘油酯，大部分为不饱和脂肪酸。黑芝麻中蛋白质含量也较高，与赤豆相近，还有芝麻素、芝麻酚、芝麻林素、卵磷脂、维生素E、B族维生素、铁、磷、钙等。

（4）文献来源　《神农本草经》："主伤中，虚羸、补五内，益气力，长肌肉，填脑髓。久服轻身。"《本草备要》："补肝肾，润五脏，滑肠。""明耳目……乌须发，利大小肠，逐风湿气。"

3. 桂圆

（1）性味归经　味甘，性温。归心、脾经。

（2）食疗功效　补心脾，益气血，安心神。心脾两虚引起的不思饮食、心悸失眠、泄泻者，久病或脾虚气血不足者可用本品日常调养。

（3）营养价值　桂圆含有葡萄糖、蔗糖、酒石酸、维生素及少量脂肪、腺嘌呤、胆碱等，还含有蛋白质及多种氨基酸。

（4）文献来源　《本草纲目》："开胃益脾，补虚长智。"《神农本草经》："主治五脏邪气，安志厌食。久服强魂魄，聪明，轻身不老，通神明。"

4. 大枣

（1）性味归经　味甘，性温。归心、脾、胃经。

（2）食疗功效　补中益气，养血安神。素日脾虚、体倦乏力、头晕、食少便溏者，素日心悸气短、失眠多梦、心神不宁者，血虚证见面色萎黄及妇女脏燥精神不安、汗出者可用本品日常调养。

（3）营养价值　大枣富含维生素C和矿物质（钙、铁），以及多种生物碱。

（4）文献来源　《神农本草经》："治心腹邪气，安中养脾…久服轻身长年。"《本草汇言》："补中益气，壮心神，助脾胃，养肝血，保肺气，调营卫。"

5. 莲子

（1）性味归经　味甘，性平。归脾、肾、心经。

（2）食疗功效　健脾止泻，益肾固精，养心安神。素日脾虚腹泻、下利常作者，素日虚烦失眠者，女子带下清稀量多者可用本品日常调养。

（3）营养价值　莲子富含淀粉和棉籽糖，糖类含量与桂圆相当，而蛋白质和脂肪含量高于桂圆；还含有多种维生素和钙、磷、铁等无机盐，能供给足够的能量和多种营养素。

（4）文献来源　《神农本草经》："补中养神，益气力，除百疾。"《本草纲目》："交心肾，厚肠胃，固精气，强筋骨，补虚损，利耳目，除寒湿，止脾泄久痢，赤白浊，女人带下崩中诸血病。"

古籍选读

《寿世保元·饮食》："所谓热物者，如膏粱辛辣厚味之物是也，谷肉多有之；寒物者，水果瓜桃生冷之物是也，菜果多有之。"

解释为：传统营养学所说"热物者""膏粱辛辣厚味之物"，一般指非常油腻、甜腻的精细食物或味道浓厚的食物，多为谷类肉类，属热性食物。据现代营养学营养成分的分析，谷类的主要成分是碳水化合物，是我国居民摄入能量的主要基源，占总能量的55%~65%。

传统营养学所说的"寒物者"，多为水果蔬菜，长期服此类食物不易产生热象偏盛体质，有的甚至可出现泄泻等寒象，故将此类食物归为寒物。据现代营养学营养成分的分析，水果类食物的主要成分除大量的水分外，还含果糖、纤维素及膳食纤维中的果胶等。

小结

本章主要介绍了在传统医学理论指导下的食物的性、味、归经，食物的应用及治疗作用，及常见食物类原料的营养价值及性味功效。学习的重点是对传统医学理论下食物的性、味、归经的掌握、理解；难点是能够熟练运用食物性能相关理论，理解、分析、设计食疗药膳配方。

思考题

1. 在传统医学理论中食物常见的食疗保健功效可分为哪几类？
2. 如何理解食物具有治疗作用，并举例说明。
3. 与温热性、寒凉性食物相比，平性食物食疗功效较差，这个说法正确吗？
4. 俗话说"冬吃萝卜夏吃姜"，试从食物的性去阐述饮食的季节性。
5. 传承为根基、创新为动力。请问你如何理解"药食五味体现了医家的发展创新思维"。同时在传承传统中医药理论的基础上，结合当代大学生的生活习惯，思考药食五味如何指导当代大学生的日常膳食。
6. 在传统医学理论中每种食物具备独特的食疗功效，在现代营养学理论中每种食物又具有其独特的营养价值，两种理论之间能否互相解释，试举例阐述。

第五章
食物的营养功效

学习目标

1. 理解食物性味的概念；
2. 了解食物性味的种类及特点；
3. 理解食疗的概念；
4. 了解不同性味的代表性食物及其相应的食疗方；
5. 初步了解中国传统医学理念，弘扬中国传统文化。

早在三千多年以前中国西周时期（公元前1046年~公元前771年），官方医政制度就把医学分为四大类：食医、疾医、疡医、兽医。其中食医被列为诸医之首。《黄帝内经·素问》中提出："五谷为养，五果为助，五畜为益，五菜为充"，可谓是世界上最早的"膳食指南"。唐代著名医学家孙思邈明确提出了"食疗"的概念："用之充饥则谓之食，以其疗病则谓之药"，强调就食物的功能而言，食用和药用同样重要。在《本草纲目》和《神农本草经》等医学著作中也记载了数百种食物的性质以及对人体健康的作用。这些都反映了我国古代在营养学方面的成就。此外，在国外也有相关记载。如古希腊著名学者希波克拉底（Hippocrates）提出了"食物即药"的观点，认为通过适宜的饮食和卫生可以保障人类的健康，这与我国古代"药食同源"的观点不谋而合。

性味是构成食物性能的主要部分，性味不同，其功效作用也不相同。性是指食物的四气（又称四性），即寒、热、温、凉四种不同的属性。凡属凉性和寒性食物，多具有滋阴、清热、泻火和解毒作用，能够纠正热性体质，保护人的阴液，减轻或消除寒性病症，治疗热症和阳症；凡属温性和热性食物，多具有助阳、温里、散寒等作用，能够扶助人体阳气，减轻或消除寒性病症，治疗寒症和阴症。此外，还有一类食物在四气上介于寒凉和温热之间，即寒热之性不明显，称之为平性。因其性质平和，热性和寒性体质都可以根据不同情况进行应用和配伍使用。味是指食物的五味，即辛、甘、酸、苦、咸。此外，还有一种淡味，无明显偏颇。辛味的食物具有发散、行气、行血等作用，多用于治疗表证；甘味的食物具有补益、和中、缓急、润燥等作用，多用于机体虚弱或虚证；酸味的食物具有收敛、固涩作用，多用于虚汗、久泻、尿频、滑精、出血等症；苦味的食物具有清热、泻火、燥湿、降气、解毒等作用，多用于热性体质或热证、湿证；咸味的食物具有软坚散结、润下、补肾、养血等作用，多用于治疗痰核、痞块、大便燥结、肾虚、阴血亏虚之证；淡味的食物具有渗湿、利尿作用，多用于治疗水肿、小便不利等证。所以根据性味不同，食物主要有解表、清热、化湿、安神、理气、消食、止咳化痰、补益等多种营养功效。

我们通常提到的"食疗"就是应用各种食物的营养特性，去弥补或纠正人体生命活动中的不足或过偏，从而营养机体、治疗疾病，保障和恢复人体健康。所谓"药食同源""寓医于食""药补不如食补"就是这个意思。中国传统医学经历了几千年的发展，形成了独特的理论体系，具有极其丰富的科学内涵和独特优势。以医食同源和药食同用思想为基础，注重整体饮食营养，以脾胃为本，以五脏为中心，遵循因地制宜、因时制宜、因人制宜的原则，追求人与自然和谐统一。

第一节　解表食物

解表意为解除表证。表证，一般指发生疾病的部位在体表，病情较浅。表证一般表现为发热、怕冷、头痛、鼻塞、无汗等。凡以解表药为主要组成，具有发汗、解肌、透疹等作用，具有解表作用的食物则统称为解表食物。解表属于"八法"中的"汗法"，主要适用于六淫之邪侵入肌表，症状多表现为发热、头痛、身体疼痛、脉浮等。在治法上有辛温解表、辛凉解表和扶正解表三类。虽以治疗表征为主，但是对麻疹、疮疡、水肿、疟疾和痢疾等疾病的初期症状有着较好的治疗作用。通过合理的治疗便能达到理想的效果。

服用解表食物需注意以下几点：一是不宜长时间烹饪，以免药性耗散，作用减弱。二是重视服用的方法。解表食物一般宜温服，服后宜避风寒，或辅之以粥，以助出汗；同时禁食生冷油腻的食物，以免影响药物的吸收。三是注意解表取汗标准，以遍身微汗为佳。汗出过少则病邪不解，汗出过多则耗气伤津。四是权衡表里轻重，治疗主从有序。一般遵循由表入里，若表里俱急者，应当表里双解。若病情已恶化，则均不适用。

一、辛温解表

辛温解表类食物适用于外感风寒表征，常见症状为恶寒、发热、头痛、鼻塞流涕、咳喘、脉浮紧或缓等。常用的辛温解表的原料主要有生姜、葱、紫苏叶等。主要的代表食品包括生姜粥、防风粥、五神汤、川芎白芷炖鱼头、姜糖苏叶饮和葱豉粥等。

1. 生姜

（1）营养价值　生姜含有挥发性姜油酮和姜油酚，具有活血、祛寒、除湿、发汗等功能，此外还有健胃止呕、驱腥臭、消水肿的功效。

（2）功效　生姜，又称紫姜、鲜姜、老姜。生姜含有辛辣芳香成分，辛辣成分为芳香性挥发油脂中的"姜油酮"。性温，其特有的"姜辣素"能刺激胃肠黏膜，使胃肠道充血，消化能力增强。吃寒凉食物过多、受了雨淋或在空调房间里待久后，吃生姜能及时消除因肌体寒重造成的各种不适。

（3）食疗方

①生姜粥《饮食辨录》。

【配方】粳米 50g，生姜 5 片，连须葱数茎，米醋适量。

【制法用法】将生姜捣烂，与粳米同煮粥，待粥将熟之时加入葱、醋，稍煮即成。趁热服用，全身微微汗出为佳。

【功效】解表驱寒，温胃止呕。适用于外感风寒之邪引起的头痛身痛，无汗呕逆等病症。

【注意事项】该食物宜用于外感风寒感冒的患者。本品为辛温制剂，素有阴虚内热以及热盛之症者忌用；外感表征属风热者忌用。

②当归生姜羊肉汤《金匮要略》。

【配方】当归 30g，生姜 30g，羊肉 500g。

【制法用法】当归、生姜用清水洗净后用刀顺切成大片，羊肉去筋膜，入沸水锅内焯去血水后，捞出晾凉，切成约 5cm 长，3cm 宽，1cm 厚的条备用。沙锅内加清水适量，然后将切成条的羊肉下锅内，再下当归和生姜，在武火上烧沸后，去浮沫，改用文火炖约 1.5h 至羊肉熟烂即可。

【功效】养血温中，调经止痛。主治血虚有寒又见腹中冷痛，妇女产后虚寒腹痛，或虚寒性的痛经等病症。

【注意事项】阴虚有热、温盛中满者不宜用本汤，大多数人都可食用，尤其是年老体弱者。但发烧、上火、咽喉疼痛的人忌用。

2. 葱

（1）营养价值　大葱含有挥发油，油中主要成分为蒜素，又含有二烯丙基硫醚、草酸钙。另外，还含有脂肪、糖类、胡萝卜素等、B 族维生素、维生素 C、烟酸、钙、镁、铁等成分。葱叶部分要比葱白部分含有更多的维生素 A、维生素 C 及钙。葱含有的刺激性气味的挥发油和辣素，能祛除腥膻等油腻厚味菜肴中的异味，产生特殊香气，并有较强的杀菌作用。

（2）功效　葱味辛性热，可以入肺经和胃经，具有发散解表、通阳散寒、解毒散结。除能提高食欲、增强消化功能外，还具有杀菌消炎作用。经研究证明，大葱具有降血脂、血糖、血压及补脑的作用。大葱可减少人体胆固醇在血管中的沉积,防止发生血栓。

(3) 食疗方

①防风粥《千金月令》。

【配方】防风 10~15g,葱白两根,粳米 100g。

【制法用法】先将防风、葱白煎煮取汁,去渣;粳米按照常法煮粥,待粥将熟之时加入药汁,煮成稀粥服用。每日早晚服用。

【功效】祛风解表,散寒止痛。适用于外感风寒,症状多为发热、恶寒或恶风、流清涕、自汗、头痛、身痛、关节酸痛、肠鸣腹泻等。可用于春季风寒感冒。对老幼体弱患者也较适宜。

【注意事项】该事物适用于外感风寒的患者。本品为辛温之物,阴虚内热、热盛之证以及外感表征属风热者忌用。

②葱豉粥《太平圣惠方》。

【配方】葱白 50g,淡豆豉 20g,粳米 50g,食盐、香油、胡椒粉、姜末各适量。

【制法用法】将葱白切成细末,粳米用水淘洗干净;淡豆豉放入锅中,加入 15 倍的水煎煮 20min,倒出药液,再加同量水煎煮 20min,倒出药液,合并两次药液,并用纱布过滤;粳米放入锅中,加入淡豆豉药液及适量清水,置于炉子上用武火烧沸,再改用文火慢煮,煎熬至粥稠时,加入葱白末,再煮片刻加入食盐、胡椒粉、姜末各适量;食用时加入香油适量。每日 1~2 次,每次一碗。趁热食用。

【功效】疏风散寒,发表解肌,治风寒外感、恶寒鼻塞、无汗等症。

【注意事项】该食物为治疗外感风寒的配方。葱豉适用于风寒感冒,服用后卧被取汗,效果更佳。外感风热者忌用。

3. 紫苏叶

(1) 营养价值　紫苏叶,又称苏叶。富含纤维素,具有使人有饱食感,有利于减肥。进食后可刺激胃肠道,可防治便秘、痔疮等疾病。

(2) 功效　紫苏叶性味辛、温,归肺、脾经。有解表散寒、行气和胃的功能,主治风寒感冒、咳嗽、胸腹胀满、恶心呕吐等症。紫苏种子又称苏子,有镇咳平喘、祛痰的功能。

(3) 食疗方

①五神汤《惠直堂经验方》。

【配方】荆芥、紫苏叶各 10g,茶叶 6g,生姜 10g,红糖 30g。

【制法用法】红糖加水适量,烧沸使得红糖溶解。荆芥、紫苏叶、茶叶、生姜用另锅加水文火煎沸,倒入红糖溶解搅匀即可。

【功效】发汗解表。适用于风寒感冒,症见恶寒、发热、身痛、无汗等。可用于风寒感冒初期症状较轻者。也适用于外感病流行期间的预防。

【注意事项】该事物适用于风寒感冒之初起的患者。阴虚内热、表虚自汗以及外感表征属风热者忌用。

②姜糖苏叶饮《本草汇言》。

【配方】生姜 3g，紫苏叶 3g，红糖 15g。

【制法用法】将生姜、紫苏叶洗净，切成细丝，同置茶杯内，加沸水浸泡 5~10min 放红糖拌匀即成。

【功效】风寒表证。适用于风寒感冒，症见恶寒、发热、头身痛等。对同时患有恶心、呕吐、胃痛、腹胀等症的胃肠型感冒，可作为其间的预防药膳，也可作为风寒感冒初起阶段的治疗药膳。

【注意事项】该食物适用于风寒感冒的患者。素体阴虚，或湿热内蕴，或外感风热者忌用。

二、辛凉解表

辛凉解表类食物适用于外感风热或者温病初起的表征。症见发热，头痛、有汗、口渴、咽痛、脉浮数等。常用的辛凉解表组分有薄荷、牛蒡子、桑叶、菊花等。主要代表的食物有银花茶、薄荷粥、豉粥等。

1. 薄荷

（1）营养价值　薄荷，又称夜息花，升阳菜。薄荷的营养丰富，富含蛋白质、粗脂肪、粗纤维、糖类、挥发油、无机盐（钾、镁、铜、锰、钠、钙、磷、铁、锌、硒）、维生素 B_2、维生素 C、维生素 E、胡萝卜素及必需氨基酸。

（2）功效　性味辛，凉。归肺、肝经。具疏散风热，清利头目，利咽，透疹，疏肝行气之效。主用于风热感冒，风温初起，头痛，目赤，喉痹，口疮，风疹，麻疹，胸胁胀闷。

（3）食疗方

①薄荷粥《医余录》。

【配方】薄荷 15g，粳米 50g，冰糖适量。

【制法用法】先将薄荷煎汤，去渣取汁；粳米洗净煮粥，待粥将熟之时加入冰糖以及薄荷汤，煮沸即可。稍凉后服用，每日 1~2 次。

【功效】适用于风热感冒，症状见于发热恶风、头痛目赤、咽喉肿痛等。也可作为夏季防暑解热之品。尤其对于老年人，在春夏季节服用，可以清心怡神，疏风散热、增进食欲、帮助消化。

【注意事项】薄荷芳香辛散，不宜久煎。

②银翘散《温病条辨》。

【配方】连翘 30g，银花 30g，苦桔梗 18g，薄荷 18g，竹叶 12g，生甘草 15g，芥穗 12g，淡豆豉 15g，牛蒡子 18g。

【制法用法】作汤剂，用水煎服。

【功效】辛凉透表，清热解毒。适用于微恶风寒、无汗或者有汗不畅、头痛口渴、咳嗽咽痛以及脉浮数等表征。

【注意事项】凡外感风寒以及湿热病初期者禁用。

2. 牛蒡子

（1）营养价值　牛蒡子，又称恶实、牛子等，是牛蒡的果实。研究者先后从牛蒡子中提取得到牛蒡子苷、木脂素类、倍半萜木聚糖类衍生物、新牛蒡素乙。分析还发现，牛蒡子细胞壁中含有鼠李糖、半乳糖等单糖，牛蒡子中含脂肪、脂肪酸及少量的生物碱、维生素A、B族维生素等。新鲜牛蒡子含蛋白质、菊淀粉和牛蒡糖，牛蒡根还含有多酚类、醛类及多炔类物质等。

（2）功效　性味辛苦，性寒。归肺经、胃经。具有疏散风热，宣肺透疹，利咽解毒，清肺止渴，清热解毒等功效。可用来主治面肿、便秘、头昏头痛、烦闷、咽喉肿痛、齿痛、乳痈、皮肤瘙痒、咳嗽等病症。

（3）食疗方

①薄荷牛蒡子粥《食疗本草》。

【配方】薄荷6g、牛蒡子10g、粳米适量。

【制法用法】先将牛蒡子单独煮15min，取出牛蒡子，留下汁水备用。将粳米煮成粥，10min后放入薄荷，在粥快好时，放入牛蒡子汁水，煮5min即可。

【功效】可共奏疏风清热，利咽之功，用治外感风热。

【注意事项】白糖可根据个人口味适当增减。

②牛蒡子去脂茶《证治准绳》。

【配方】牛蒡子12g，决明子12g，桂花5g。

【制法用法】锅中倒入350mL水，放入牛蒡子，决明子煮3min至沸。将煮好的药茶汁冲入装有桂花的杯中，即可饮用。

【功效】用于风热感冒，咳嗽痰多、麻疹、风疹、咽喉肿痛、痄腮丹毒、痈肿疮毒。

【注意事项】脾虚腹泻者禁用。

3. 桑叶

（1）营养价值　桑叶，又称冬霜叶，桑叶中营养丰富而均衡，还含有许多功能性因子，蛋白质占桑叶干质量的10.10%，其中必需氨基酸占3.28%，半必需氨基酸占1.84%。最近分析发现桑叶中也含有丰富的N-糖化合物，能有效地抑制血糖值的上升。桑叶中还含有黄酮类化合物、超氧化物歧化酶、香豆醇、有机酸（脂肪酸）、桑叶总多糖等特殊的功能性成分。

（2）功效　桑叶味苦、甘，性寒，归肺、肝经。桑叶有疏散风热，清肺润燥，平抑肝阳，清肝明目，凉血止血的功效。用于风热感冒，肺热燥咳，头晕头痛，目赤昏花。现代药理学研究显示，桑叶具有降血糖、降血脂、降血压、抗衰老、抗溃疡、抗菌、解痉、利尿、促进皮肤组织新陈代谢、抑制皮肤色素沉着等作用。

(3) 食疗方

①桑叶粥《本草求真》。

【配方】鲜桑叶 100g，新鲜荷叶 1 张，粳米 100g，砂糖适量。

【制法用法】先将桑叶洗净后煎煮取汁；将粳米洗净后煮成稠粥，待粥将熟时加入桑叶汁，稍煮片刻。温热食用。

【功效】具有祛风清热的功效，适用于小儿感风热、发热头痛、目赤口渴、肺热咳嗽等。

【注意事项】鲜桑叶买回后一定要先浸泡，以防残留农药，没有新桑叶的话，到中药店买干桑叶也可以，除了味道没那么鲜甜，效果是一致的。

②桑叶菊花饮《温病条辨》。

【配方】桑叶、菊花各 15g。

【制法用法】取桑叶、菊花各 15g，将其洗净后用开水冲泡，加适量白糖饮用。

【功效】适用于感冒初起、头晕头痛、口渴咳嗽、发热症。

【注意事项】本方药轻力薄，若邪甚病重者，为原方加减。且本方药味均系清轻之品，不宜久煎。该饮品可清热解毒。

4. 菊花

(1) 营养价值 菊花，又称家菊、真菊、药菊、甘菊、节华、甜菊花。菊花含腺嘌呤、胆碱、水苏碱、密蒙花苷、木樨草素-7-葡萄糖苷、大波斯菊苷、刺槐素-7-葡萄糖苷、布枯叶素-7-葡萄糖苷以及花色素。花和茎含挥发油，油中主含菊花酮、龙脑、龙脑乙酸酯等。菊花中还含有较多的钙、镁、磷、硫、钾及人体必需的 7 种微量元素，即铜、铁、锌、钴、锰、锶、硒。其中黄菊的钴、铜、锌含量较高，贡菊的锰、锶含量较高，怀菊和亳菊的铁含量高，滁菊的硒含量很高。各种菊花中有害的镉含量均较低，而锰、锌、硒的含量较高。

(2) 功效 菊花味辛甘苦，性微寒，归肺、肝经。菊花具有散风清热、平肝明目之功效，对风热感冒、目赤肿痛、头痛眩晕、眼目昏花等有一定的疗效；具有一定的抑菌作用，尤其对乙型溶血性链球菌、金黄色葡萄球菌、副伤寒沙门菌、痢疾杆菌、大肠杆菌、伤寒沙门菌、铜绿假单胞菌、人分枝杆菌及流感病毒有抑制作用，能明显扩张冠状动脉，并增加血流量，可增强毛细血管抵抗力，菊苷有降压功效，故而对冠心病、高血压等具有一定的疗效。

(3) 食疗方

①菊花茶《食疗本草学》。

【配方】菊花 9g，茶叶 3g。

【制法用法】沸水浸泡，徐徐饮服。

【功效】清利头目，清热利尿。常用于夏热所致的头目不清、精神疲倦，烦热。

【注意事项】脾胃虚寒者慎用。

②菊花甘草汤《食疗本草学》。

【配方】白菊花 120g，甘草 12g。

【制法用法】加水煎服，分3~4次服，饮用。

【功效】清热解毒。常用于疗疮肿痛。

【注意事项】六岁以内的儿童身体各个器官发育还没有成熟，排毒能力较差，不适合食用。

三、扶正解表

扶正解表类食物可以培补正气、解除表邪，主治虚人感冒。适用于表征而兼正气虚弱者。扶正解表类食物多由补虚、解表之品组成。食品中通常含有葱白、淡豆豉、麻黄、薄荷、人参、香菇、核桃仁等。

1. 麻黄

（1）营养价值　麻黄，又称草麻黄，华麻黄。草麻黄茎含生物碱1%~2%，其中40%~90%为麻黄碱，其次为伪麻黄碱及微量的l-N-甲基麻黄碱、d-N-甲基伪麻黄碱、l-去甲基麻黄碱、d-去甲基伪麻黄碱、麻黄次碱；又含儿茶鞣质6%和挥发油，挥发油中含有l-α-松油醇。

（2）功效　麻黄性温，味辛、微苦，有发汗散寒、宣肺平喘、利水消肿的功效，可治疗风寒感冒、胸闷喘咳风水浮肿、支气管哮喘等病症。

（3）食疗方

麻黄雪梨瘦肉汤《食疗本草》。

【配方】雪梨2个，麻黄8g，生姜、盐适量，杏仁12g，瘦肉200g，干红枣5个。

【制法用法】将食材洗净、切块入锅，加入适量清水。大火煲2h再改用小火煲2h，最后加盐调味即可。

【功效】清热降火，润肺止咳。

【注意事项】脾胃虚寒者慎用。

2. 香菇

（1）营养价值　香菇，又称冬菇、香信、香草等，为高蛋白、低脂肪、多糖、多种氨基酸、维生素并存的食品。香菇蛋白含量很高，包括白蛋白、谷蛋白、醇溶蛋白等，以及必需氨基酸，尤其以谷类中缺乏的亮氨酸、赖氨酸为多。香菇还含有香菇多糖，对白血病、食道癌、胃癌、肠癌、肺癌、肝癌有显著疗效。香菇还含有双链核糖核酸，可提高人体免疫力。此外香菇还含有丰富的膳食纤维，可促进胃肠蠕动。

（2）功效　香菇性平味甘，入胃经、肝经，能补脾胃，益气，降血压。常用于治疗脾胃虚弱、食少纳呆、脘腹胀满、四肢倦怠、面色萎黄、形体消瘦等，是预防心血管病、抗病毒的理想保健食品。

（3）食疗方

①香菇馔《家庭药膳食疗方精选》。

【配方】鲜蘑菇或香菇30g（干品减半）。

【制法用法】每日煮食一次，日期不限。

【功效】可防治胃癌及妇女子宫颈癌等；若持续服用，可防止各种癌症术后转移。

【注意事项】水煮时间不宜过长。

②香菇汤《家庭药膳食疗方精选》。

【配方】香菇6~10g。

【制法用法】水煎服，每日分三次服下。

【功效】治小儿麻疹透发不快。

【注意事项】水煮时间不宜过长。

第二节　清热食物

凡是具有清热、泻火、解毒、凉血以及清虚热等作用，有缓解里热症状的食物称为清热食物。清热食物适用于各种里热症。里热症的本质是"阳热内盛"与"阴虚内热"。外感六淫可变为里热证，五志过极、实邪郁滞亦可化火，这均为里实热证。里热证常有发热喜凉，口渴饮冷，面红目赤，烦躁多言，小便短赤，大便干结，舌红苔黄，脉数等证候。根据其病程表现有在气分、血分之异，病位有在脏、在腑之殊，病种亦有温热、暑热、热毒、脏腑热与阴虚内热等病证之分，但就大的方面来说，常可分成"阳盛则热"实热证，"阴虚则内热"虚热证两大类。治疗根据《黄帝内经·素问·至真要大论》的"热者寒之"的原则立法，选用寒凉清热的食品或药材组成清热解毒类方剂。临床根据治法与方剂作用的不同，清热类药膳可分为清气凉营类、清热祛暑类、清热解毒类、清脏腑热类、清退虚热类等5种。

清热食物以粳米、蜂蜜、绿豆、荷叶、金银花、蒲公英、紫花地丁、竹叶、石膏、生地、香薷、藿香、佩兰及西瓜、苦瓜、丝瓜、扁豆、茶叶、荷梗、马齿苋、鱼腥草等为常用组分，代表食疗方有石膏粳米汤、五汁饮、生地黄粥、二根西瓜盅、荷叶冬瓜汤、马齿苋绿豆粥、天花粉粥、竹茹饮、枸杞叶粥、贝母蒸甲鱼等。

由于本类食品多由寒凉原料组成，使用时应注意顾护脾胃。阳虚之体、胃弱之人，应慎用本类食物，以免伤阳损胃。

一、清气凉营

清气凉营食物适用于温热病邪在气分、营分或热盛阴津损伤之症，症见高热烦躁、汗出较多、口渴多饮苔黄、脉洪大滑数，或高热心烦，吐衄发斑，舌绛等。清气凉营食物多由清热凉营之品组成，药食常用粳米、梨、蜜、石膏、竹叶、乌梅等，药膳方如石膏粳米汤、竹叶粥等。

1. 粳米

（1）营养价值　粳米米糠层的粗纤维分子，有助胃肠蠕动，对胃病、便秘、痔疮等疗效很好。粳米能提高人体免疫功能，促进血液循环，从而减少高血压的机会；粳米能预防糖尿病、脚气病、老年斑和便秘等疾病。

（2）功效　粳米性平、味甘，归脾、胃经；具有补中益气，平和五脏，止烦渴，止泄，壮筋骨，通血脉，益精强志，好颜色之功；主治泻痢、胃气不足、口干渴、呕吐、诸虚百损等。

（3）食疗方

①石膏粳米汤《医学衷中参西录》。

【配方】生石膏60g，粳米60g。

【制法用法】上二味，加水煎煮，直到米煮熟烂，去渣取汁，趁热顿服。每日1~2次。

【功效】适用于外感寒邪入里化热，或者温热病邪在气分所导致的壮热头痛、面赤心烦、汗出口渴、脉洪大有力等症状。

【注意事项】表证未解、里证未成者忌用。此外，气虚发热者，或是平素脾胃虚寒的人忌用。

②生地黄粥《二如亭群芳谱》。

【配方】生地黄汁50mL，生姜2片，粳米60g。

【制法用法】生地黄适量，洗净切段，绞汁备用。先用粳米加水煮粥，煮沸数分钟后加入地黄汁与生姜片，煮成稀粥食用。

【功效】清热养阴，凉血止血。适用于周身烦闷不适、五心烦热、头晕目眩、口燥咽干、舌红少苔等症的患者，也适用于热入营血引起的高热心烦或热病后期出现的低热不退等症状。

【注意事项】该食物滋润性凉，适用于热伤阴分证。热病初起或者湿温病不宜使用。

2. 蜂蜜

（1）营养价值　蜂蜜中含有大量的葡萄糖和果糖，可直接被人体肠壁细胞吸收利用。蜂蜜中酸类物质种类丰富，还含有精氨酸、组氨酸和苏氨酸等17种氨基酸。蜂蜜中含有蔗糖酶、还原酶、淀粉酶、磷酸酶、葡萄糖氧化酶等多种酶类物质，其中超氧化物歧化酶（SOD）是一种富含金属离子的具有生物活性的蛋白质，是氧自由基清除剂，具有延缓衰老的功能。

（2）功效　蜂蜜味甘无毒，主治心腹邪气，诸惊痫，安五脏诸不足，益气补中，止痛解毒。

（3）食疗方

蜂蜜五味子汁。

【配方】50g五味子，蜂蜜50g。

【制法用法】用开水将五味子浸泡 2d，再加入蜂蜜 5g 和开水。每天早晚各 1 次。
【功效】治疗支气管炎。
【注意事项】糖尿病患者慎用，过敏体质者慎用，外感发热患者忌用。

二、清热祛暑

清热祛暑食物适用于夏月感受暑热或者暑湿引起的暑温、暑湿证，症见身热心烦、口渴汗出、身重体倦等。清热祛暑食物多由清热祛暑、祛暑益气、祛暑利湿、祛暑解表之品组成，有效成分常包括西瓜翠衣、竹叶、荷叶、藿香等。食品包括绿豆粥、清络饮等。

1. 绿豆

（1）营养价值　绿豆，又称青小豆，古天气菉豆、稙豆，绿豆蛋白质的含量几乎是粳米的 3 倍，多种维生素及钙、磷、铁等无机盐的含量也都多于粳米。

（2）功效　绿豆性味甘、寒、入心、胃经，内服有清热解暑、利尿消肿、润喉止渴、明目降压的作用。

（3）食疗方

绿豆粥《普济方》。

【配方】绿豆 25g，粳米 100g，冰糖适量。

【制法用法】将绿豆、粳米淘洗干净，放入砂锅中，加水适量，用武火烧沸，再用文火继续煮至豆米烂熟；将冰糖汁兑入粥中，搅拌均匀即可。分早晚两次服用，2~3 日为一个疗程。

【功效】清热解暑、清热解毒。适用于暑温所致的身热多汗、烦躁口渴、精神不振、脉数无力等症。夏季饮用有预防中暑的作用。

【注意事项】该食物性质偏凉，适用于夏季暑热症。平素脾胃虚寒者不宜多食。

2. 荷叶

（1）营养价值　荷叶富含多糖（膳食纤维）、多酚、黄酮、氨基酸、微量元素等营养成分，具有抗氧化、抗衰老、清热、降血脂及治疗心脑血管疾病等功能。

（2）功效　荷叶味苦，辛微涩，性凉，归心、肝、脾经。清香升散，具有消暑利湿、健脾升阳、散瘀止血的功效。主治暑热烦渴，头痛眩晕，水肿，食少腹胀，泻痢，白带，脱肛，吐血，衄血（鼻出血）、咯血、便血、崩漏、产后恶露不净，损伤瘀血。

（3）食疗方

荷叶冬瓜汤《饮食疗法》。

【配方】鲜荷叶 1 块，鲜冬瓜 500g，食盐适量。

【制法用法】将荷叶、冬瓜共同放入锅中，加入煲汤并通过食盐调味。饮汤食冬瓜。

【功效】清热祛暑，利尿除湿。适用于暑温、湿热病所导致的发热、出汗不畅、烦闷、头晕头痛、身体酸痛、口渴尿赤，小便不利、舌白腻或微黄腻等症。也可以用于中暑、水肿、消渴、肥胖等辅助治疗。

【注意事项】该食物性质平和，常人受湿暑皆可食用。

三、清热解毒

清热解毒食物通常具有清解火邪热毒的作用，被用于治疗瘟疫、温毒或疮疡等热深毒盛之证。因此，清热解毒食物通常由清热泻火、清热解毒之品组成，其中常将绿豆、金银花、连翘等作为有效成分。食物包括鱼腥草饮、蒲金酒等。

1. 鱼腥草

（1）营养价值 鱼腥草化学成分复杂，除含挥发油、黄酮类、生物碱类、甾醇类外，还含有多种氨基酸、蛋白质、维生素等，具有杀菌、抗炎、镇痛、抗病毒等多种药理活性。

（2）功效 鱼腥草味辛，微寒，具有清热解毒、消痈排脓、利尿通淋的功效。寒能降泄，辛以散结，主归肺经，以清肺热见长，兼具消痈排脓之功，故为治肺痈要药，尤善治肺痈吐脓，痰热咳喘。

（3）食疗方

鱼腥草饮《本草经疏》。

【配方】鲜鱼腥草 250~1000g（或干品 30~60g）。

【制法用法】将鲜鱼腥草捣汁饮服。或干品冷水浸泡 2h 以后煎煮至沸，去渣取汁，频频饮服。

【功效】清热解毒、利水通淋。适用于肺痈，症见身体发热、咳嗽痰多、胸中隐隐作痛、舌红苔黄、脉滑数等。还可以用于肺炎、支气管炎、小儿百日咳等属于肺热痰瘀者。此外，痢疾、淋症患者也可引用本方。

【注意事项】该食物性寒凉，适用于热毒炽盛所引起的肺痈吐痰者。外感初起或者素体虚寒者慎用。

2. 蒲公英

（1）营养价值 蒲公英营养价值极高，其中包括蒲公英素、蒲公英醇、胆碱以及有机酸，除此之外还含有大量的碳水化合物（菊糖）、蛋白质以及微量元素和维生素。

（2）功效 蒲公英味微苦，性寒，归肝、胃经，有清热解毒、消肿散结、利湿通淋的作用。

（3）食疗方

蒲金酒《药酒验方选》。

【配方】蒲公英 15g，金银花 15g，黄酒 600mL。

【制法用法】加入组分后煎至一半，去渣取汁，分两份早晚饭后各一次温饮，药渣外敷患处。

【功效】清热、解毒、消肿。适用于疥疮肿毒初起，症见红肿热痛或身热恶寒、苔薄黄、脉数有力。

【注意事项】该食物苦寒、泻热力强。非热盛之人慎用此品。

3. 马齿苋

（1）营养价值　马齿苋，又称马齿菜、马齿草、马苋、长命菜，含有丰富的二羟乙胺、苹果酸、葡萄糖、钙、磷、铁以及维生素E、胡萝卜素、B族维生素、维生素C等营养物质。可以降低血液中胆固醇的浓度，改善血管壁的弹性，对于防治心脑血管疾病有非常好的作用。

（2）功效　马齿苋味酸，性寒，有清热解毒，利水去湿，散血消肿，除尘杀菌，消炎止痛，止血凉血的功效，可以用于痢疾、肠炎、水肿等夏季常见疾病的防治，外用则有清热消肿、止痒的功效。

（3）食疗方

马齿苋绿豆粥《饮食疗法》。

【配方】鲜马齿苋120g，绿豆60g。

【制法用法】将上述两味煮成粥，分两次食用。

【功效】清热解毒、凉血止痢。适用于热毒炽盛于肠中所致的腹泻、痢疾等疾病。对肺痈、肠痈、乳痈、夏季暑热等也有一定的治疗作用。

【注意事项】该食物性寒，素体虚寒或脾胃虚寒者慎用。

四、清脏腑热

清脏腑热食物具有倾泻脏腑火热、治疗某一脏腑热邪偏盛而产生火热证的食物。如心烦失眠、口舌生疮、舌红脉数或头晕目眩、口赤口苦、耳聋耳肿等。该食物多由清泄肺胃火热、清心利尿、清热止痢的有效成分组成，包括石膏、竹叶、苦瓜、金银花等，食物包括菊苗粥、天花粉粥等。

1. 菊花苗

（1）营养价值　菊花苗，又称玉英。营养价值特别高，不单含有丰富氨基酸和维生素，还含有多种矿物质和黄酮类化合物，更含有一些天然多糖。

（2）功效　菊花苗甘微苦，凉，入肺、肝、胆三经。清肝胆热，益肝气，明目去翳。治头风眩晕，目翳。

（3）食疗方

菊苗粥《遵生八笺》。

【配方】菊花苗30g，粳米100g，食盐适量。

【制法用法】将菊花苗洗净、切碎，加盐适量，放在锅里，加水煮至六、七成熟，再将淘净的粳米倒入一起煮粥。温热服用，分两次食用。

【功效】疏风清热、平肝明目。适用于肝火上炎引起的头痛、眩晕、心烦不寐、目赤肿痛、羞明流泪、舌红苔少、脉弦等症。

【注意事项】该食物性味偏于微苦寒,因此不适合肝肾阴虚引起的头痛、眩晕、目痛等症状。

2. 天花粉

(1) 营养价值　天花粉,又称栝楼根、蒌根、白药、瑞雪、天瓜粉,富含多种氨基酸、糖类(多糖)、蛋白质、多肽、皂苷,具有增强免疫力、抗病毒及降血糖等作用。

(2) 功效　天花粉性寒,味甘,微苦,归肺经、胃经、大肠经,具有解热止渴、利尿、镇咳祛痰之功效。

(3) 食疗方

天花粉粥《药粥疗法》。

【配方】栝楼根15~20g(或者天花粉10~15g),粳米60g。

【制法用法】栝楼根洗净切片煎汁,同粳米煮粥;或者粳米加水煮粥,将熟时加入天花粉,再稍煮至粥熟。候温食用。

【功效】清泄肺胃,生津润燥。适用于热病伤津后所见口渴、多饮、心烦意乱、肺热咳嗽、脉虚数等症状。也适用于一些感染性疾病如大叶性肺炎、急性支气管炎以及牙龈炎等。

【注意事项】该食物性质寒润,脾胃虚寒、大便溏薄忌用。

五、清退虚热

清退虚热食物具有清虚热、退骨蒸的作用。主要适用于温热病后期邪热未尽、阴液已伤所致的暮热早凉、舌红少苔或肝肾、肺肾阴液亏损引起的骨蒸潮热、低热不退、盗汗等。因此,清退虚热食物多由滋阴透热之品组成,通常包括青蒿、鳖甲、地皮骨等,食疗方包括青蒿粥、枸杞叶粥等。

1. 青蒿

(1) 营养价值　青蒿中含有多种倍半萜内酯,如青蒿素为抗疟的主要活性成分,此外,还有青蒿酸、青蒿醇等。另外还含有黄酮类化合物,如槲皮素、中国蓟醇等;此外还含有香豆素类、挥发油类等成分以及豆甾醇、β-谷甾醇和棕榈酸,青蒿中所含的活性成分是青蒿药理作用的基础。青蒿含有挥发油、青蒿素等成分,有明显的降温解热作用,还能帮助排汗,所以,还是防治中暑的良药。

(2) 功效　青蒿味苦、微辛,性寒,归肝、胆、肾经,芬芳清洌,透内内外。具有清热退蒸,清暑截疟,除湿杀虫的功效。主治阴虚潮热骨蒸,外感温热暑湿,头目昏晕,疟疾,黄疸,泻痢,疥癣,皮肤瘙痒。

(3) 食疗方

青蒿粥《中华药膳宝典》。

【配方】鲜青蒿100g、粳米50g、白糖适量。

【制法用法】鲜青蒿洗净后,加水适量,煎煮半小时,取药汁;把粳米洗净,煮粥,待粥熟后倒入青蒿汁，加入白糖搅拌，煮沸即可食用，分顿一日内食用。

【功效】清热祛暑，清退虚热。适用于外感暑热、发热烦渴；或阴虚发热所致的手足心热、烦躁、少寐多梦、盗汗等。

【注意事项】青蒿性味苦寒，因此脾胃虚弱、肠滑泄泻者忌服。

2. 枸杞叶

（1）营养价值　枸杞叶中含有多种对人体有益的成分，包括枸杞多糖、黄酮类、甜菜碱、B族维生素、胡萝卜素、维生素C、蛋白质、氨基酸、多酚类、生物碱及钙、铁、锌、硒等多种元素。

（2）功效　枸杞叶味苦、甘，性凉，归肝、脾、肾经。有补虚益精、清热、止渴、祛风明目的功效，主治虚劳发热，烦渴，目赤昏痛等。

（3）食疗方

枸杞叶粥《太平圣惠方》。

【配方】鲜枸杞叶250g（干品减半），淡豆豉60g，粳米250g。

【制法用法】先用水煎豆豉，去渣取汁，再用豉汁煮米粥，候熟，下枸杞叶，煮熟，以植物油、葱、盐等调味即成。候温食用，每日两次。

【功效】清退虚热、除烦止渴。适用于虚劳发热、心烦口渴、睡眠不佳、盗汗、胸中烦闷不舒、舌尖红、脉细数等。也可用于阴虚引起的目赤昏痛、妇女带下、热毒疮肿等症。

【注意事项】该食物适用于阴虚内热引起的病症，外感发热者慎用。

第三节　化湿食物

水与湿异名同类，水化为湿，聚湿成水，故常水湿并称。湿为阴邪，重浊黏腻，若湿与热合，更是蕴结难解，故临证当渐缓调理，勿求急功。祛湿以清淡为宜，避免油腻过重。化湿食物主要包括薏苡仁、赤小豆、冬瓜、青小豆、茯苓、栀子、大黄、茵陈蒿、滑石等。

一、薏苡仁

1. 营养价值

薏苡仁，又称苡仁、苡米、尿珠子、米仁、起实，含薏苡仁酯、粗蛋白、脂类，还含葡聚糖和酸性多糖CA-1、CA-2及具降血糖作用的薏苡仁多糖A、B、C。脂类中甘油单脂中有具抗肿瘤作用的α-单油酸甘油酯，甾醇酯中具有促排卵作用的顺-阿魏酰豆甾醇、反-阿魏酰豆甾醇和顺-阿魏酰菜油甾醇、反-阿魏酰菜油甾醇等。种子含挥发油。

2. 功效

利湿健脾，舒筋除痹，清热排脓。具有抗肿瘤，抑制骨骼肌收缩和免疫增强等作用。此外，尚有降糖、降脂、镇痛、解热抗炎，诱发排卵和抗骨质疏松等作用。

3. 食疗方

①薏苡仁粥《太平圣惠方》。

【配方】薏苡仁60g，粳米60g，盐5g，味精2g，香油3g。

【制法用法】将薏苡仁洗净捣碎，粳米淘洗，同入煲内，加水适量，共煮为粥。粥熟后调入盐、味精、香油即可。温热食之，日服两次。

【功效】温中利尿、除痹消肿。适用于痛风性关节炎。

【注意事项】粳米不宜与马肉、蜂蜜同食；不可与苍耳同食，否则会导致心痛。

②薏苡仁冬瓜猪肉汤《中华家庭药膳全书》。

【配方】薏苡仁10g，扁豆10g，陈皮5g，冬瓜（连皮）500g，猪肉400g，生姜、精盐适量。

【制法用法】猪肉洗净切块、焯去血水备用。薏苡仁、扁豆、陈皮洗净，冬瓜（连皮）洗净切块，生姜切片。上述用料一同放入砂锅，加适量清水，大火煮沸，小火熬煮1.5h，调入精盐即成。

【功效】具有健脾祛湿的功效，适用于夏季暑湿的保健。

【注意事项】薏苡仁以水煮软或炒熟，比较有利于肠胃的吸收。

二、冬瓜

1. 营养价值

冬瓜，又称白瓜、水芝、白冬瓜、枕瓜，含蛋白质、糖类、粗纤维、钙、磷、铁、胡萝卜素、硫胺素、核黄素、烟酸、维生素C等。

2. 功效

利尿，清热，化痰，生津，解毒。用于肾炎水肿肥胖：冬瓜不含脂肪，糖类和钠的含量也极低，故可用于肾炎水肿及肥胖者。

3. 食疗方

①冬瓜粥《中华家庭药膳全书》。

【配方】冬瓜（带皮）100g，粳米100g，嫩姜丝、葱、盐、味精、香油适量。

【制法用法】冬瓜洗净，削下冬瓜皮（勿丢），把剩下的切成块。粳米洗净放入锅内，加入水适量煮粥。米粥半熟时，将冬瓜、冬瓜皮放入锅内，再加适量水，继续煮至瓜熟米烂汤稠为度，捞出冬瓜皮不食，入适量姜、葱、盐、味精、香油调味即成。随意服食。

【功效】冬瓜还有良好的清热解暑功效。夏季多吃些冬瓜，不但解渴消暑、利尿、还可使人免生疔疮。因其利尿，且含钠极少，所以是慢性肾盐水肿、营养不良性水肿、孕妇水肿的消肿佳品。

【注意事项】脾胃虚寒者慎用。

②冬瓜红豆粥《中华家庭药膳全书》。

【配方】冬瓜 500g，红豆、大米各 25g。

【制法用法】冬瓜洗净切成块，冬瓜、红豆洗净后加水煮成汤，放入大米煮成粥即可。

【功效】利水除湿。

【注意事项】脾胃虚寒者慎用。

第四节 安神食物

养心安神类食物主要有滋阴养血，补益心肝，交通心肾之功效，适用于忧思太过，耗伤心肝阴血，心神失养或虚火内扰神明所致的心神不安证，其发病较缓，表现为心悸心烦、健忘失眠等症，常用养心安神类药食，配以养血，滋阴之品，并以植物类药物为主，如龙眼肉、大枣、猪心、酸枣仁、柏子仁、百合，茯苓等。

一、酸枣仁

1. 营养价值

酸枣仁，又称枣仁、酸枣核，含有 8 种不饱和脂肪酸，两种甾醇、两种三萜化合物，多种氨基酸和微量元素。含有白桦脂酸、白桦脂醇、当药素、黄酮苷、酸枣多糖、酸枣仁皂苷、阿魏酸和维生素 C 等。

2. 功效

养心安神，敛汗。酸枣仁具有镇静催眠的作用，且能镇痛、抗惊厥、降温；酸枣仁可引起血压持续下降，心脏传导阻滞；酸枣仁单用或与五味子合用，均能提高烫伤小白鼠的存活率，推迟大白鼠烧伤性休克的发生，减轻小白鼠烧伤局部的水肿；且酸枣仁对子宫有兴奋作用。

3. 食疗方

①猪心枣仁汤《中华家庭药膳全书》。

【配方】猪心一具，茯神 15g，酸枣仁 15g，远志 6g。

【制法用法】将猪心剖开，洗净，置砂锅内；再将洗净打破的枣仁及洗净的茯神、远志一并放入锅内，加清水适量，先用武火煮沸，撇去浮沫后，改用文火炖至猪心熟透即成。食猪心及汤，食时加食盐少许调味。

【功效】具有补血养心、益肝宁神的功效。适用于心肝血虚导致的心悸、怔忡、失眠者。

【注意事项】适用于心肝血虚导致的心悸、怔忡、失眠者。

②酸枣仁粥《四川中药志》。

【配方】酸枣仁 10g，熟地 10g，粳米 100g。

【制法用法】将酸枣仁置于炒锅内，用文火炒至外皮鼓起并呈微黄色，取出放凉捣碎，与熟地共煎，过滤取药待用；将粳米淘洗干净，加水适量，煮至粥稠后入药汁，再煮 3~5min 即可使用。温热服。

【功效】具有养血安神，清热除烦之功效。主治肝血不足，虚热内扰证。症见虚烦失眠，心悸不安，头目眩晕，咽干口燥，舌红，脉弦细。临床常用于治疗神经衰弱、心脏神经官能症、更年期综合征等属于心肝血虚，虚热内扰者。

【注意事项】本方常用于神经衰弱、心脏神经官能症、更年期综合征等属于心肝血虚，虚热内扰者。

二、茯苓

1. 营养价值

茯苓，又称松腴、松薯、松苓、茯菟，含 β-茯苓聚糖、三萜类化合物、乙酰茯苓酸、茯苓酸、3-β-羟基羊毛甾三烯酸、树胶、甲壳质、蛋白质（β-茯苓聚糖分解酶、脂肪酶、蛋白酶）、脂肪、卵磷脂、葡萄糖、腺嘌呤、组氨酸、胆碱等。

2. 功效

茯苓甘淡平，归脾经，有利水渗湿、健脾补中、宁心安神的功效。可预防轻度胃溃疡，对四氯化碳引起的肝细胞损伤和丙氨酸转氨酶升高具有良好防治效果；能增强小鼠巨噬细胞吞噬功能，使脾脏抗体分泌细胞数明显增多；醇浸剂对家兔有利尿作用；对鼻咽癌、胃癌等恶性肿瘤有治疗作用；对金黄色葡萄球菌、大肠杆菌、变形杆菌均有抑制作用。

3. 食疗方

①茯苓粥《神农本草经》。

【配方】白茯苓（去黑皮取末）15g，粳米 100g。

【制法用法】先以粳米煮粥，半熟即下茯苓末，熟后食用。

【功效】茯苓性甘、淡、平，归心、脾、肾经，可利水渗湿，健脾安神，具有较强的利尿作用，能增加尿中的钾、钠、氯等电解质的排出。此外，还有镇静和降低血糖的作用。可以缓解因肥胖、平日饮食不节导致的痛风，或者局部肌肉、关节轻微的疼痛。另外还兼有美容作用。

【注意事项】清晨空腹服。

②莲子茯苓糕《中华家庭药膳全书》。

【配方】莲子肉（去皮，去心）、茯苓各 500g，麦冬 300g，桂花 20g，面粉 100g，白糖 250g。

【制法用法】将莲子蒸熟,再与茯苓、麦冬一起研成细面;加面粉、桂花、白糖,并搅拌均匀;加水和面,呈糕状,入笼蒸熟;出笼,切块备用。每日 1~2 次,酌量食用,可连用 7~10 天。

【功效】可以治疗长期腹泻,具有美容、安神等很好的作用。

【注意事项】便秘者慎用。

第五节 理气食物

理气类食物是指以疏畅气机、解郁降气、调整脏腑功能以及治疗气滞、气逆证候为主要作用的一类食物。理气类食物大多辛温芳香,具有行气、疏郁、止痛、健胃、止呕、止泻及定喘、止呃等功效。故适用于调理气机,治疗气滞和气逆的证候。理气类食物易于耗气伤阴,故气虚及阴亏者不宜食用。一般的理气食物包括:白菜、萝卜、黄瓜、菜花、芹菜、冬瓜、丝瓜、茭白、金橘、桂皮、八角茴香、莲藕、玫瑰花等。

一、白菜

1. 营养价值

白菜含有蛋白质、脂肪、多种维生素和钙、磷、铁等矿物质,还含有大量的粗纤维,可以促进肠壁蠕动、帮助消化,防止大便干燥,保持大便通畅。白菜既能治疗便秘,又能预防肠癌、硅肺、乳腺癌的发生。

2. 功效

白菜性寒味甘,入胃、肝、肾、肠经。具有养胃生津、宽胸除烦、利尿通便、消食解毒的功效。主治肺胃蕴热、口燥减食、咳嗽多痰、小便不利、消化性溃疡出血、燥热咳嗽、咽炎声嘶等症。

3. 食疗方

①素白菜汤《中华家庭药膳全书》。

【配方】白菜 250g。

【制法用法】洗净切碎,投入沸水中,煮 20min 去生味,调入香油、食盐、味精即成。吃菜喝汤。

【功效】可清热除烦、利尿,缓解烦热口渴、小便不利等症。

【注意事项】脾胃虚寒者慎用。

②白菜姜葱汤《中华家庭药膳全书》。

【配方】白菜（连根茎）120g，洗净切碎，生姜10g，葱白5根。
【制法用法】上述食材同煎煮约1h，调入少许食盐、辣椒粉即成。
【功效】可防治感冒或感冒初起，发热咳嗽等。
【注意事项】脾胃虚寒者慎用。

二、萝卜

1. 营养价值

萝卜，又称白萝卜、莱菔、芦菔。萝卜含葡萄糖、蔗糖、果糖、多种维生素、粗纤维、蛋白质（淀粉酶）、钙、磷、锰、硼、铁等成分，其中维生素C含量比梨、苹果、橘子高8倍以上，特别是所含的胡萝卜素又称维生素A原，可促进血红素增加。萝卜的根含葡萄糖、氢化果胶等；叶含挥发油及维生素A等。萝卜还含有一种能将亚硝酸分解的酸，可使致癌物质亚硝酸分解而失去作用。萝卜中的粗纤维可促进肠蠕动，减少粪便在肠内停留的时间，及时把大肠中的有毒物质排出体外；萝卜中的"吲哚"是抑制肠癌发生的物质；萝卜中的木质素可把巨噬细胞的活力提高2~3倍；萝卜中含有一种名为干扰素诱发剂的物质，这种物质有抑制肿瘤发展的作用。因此，萝卜有很好的防癌抗癌功效，特别是可降低结肠癌的发病率。此外，萝卜中的糖化酶和淀粉酶能分解食物中的淀粉，帮助消化，促进新陈代谢。吃了油腻食物后，可以吃些生萝卜帮助消化。萝卜中的芥子油和萝卜块根的醇提取物对革兰阳性菌较敏感，对预防白喉、咽痛、脑膜炎、感冒有一定作用。萝卜内所含的矿物质是新陈代谢、生长发育必需的物质。

2. 功效

萝卜性凉味辛甘，入肺、胃二经。具有健胃消食、消积导滞、止咳化痰、顺气利尿、清热解毒止血的功效。主治食积饱胀、胸膈满闷、腹痛作胀、咳嗽痰多、咽痛失音、肺燥咳血、消渴口干、热淋石淋、小便不利等症。研究表明，常吃萝卜能抗流感，治疗便秘，降低血脂，软化血管，稳定血压，预防冠心病、动脉硬化、胆石症，克制烟瘾并有抗肿瘤作用。

3. 食疗方

①萝卜炖猪肺《中华家庭药膳全书》。

【配方】鲜萝卜500~1000g，猪肺1具。

【制法用法】先把猪肺套在龙头上，灌满水后再倒出，重复冲洗几次干净，最后倒入锅里烧开浸出肺里的残渣，再洗一遍，另换水煮至酥烂即可。

【功效】能补肺降逆、顺气化痰。可治虚性哮喘。

【注意事项】猪肺多清洗几次。

②萝卜烙饼《中华家庭药膳全书》。

【配方】白萝卜150g，面粉150g，瘦猪肉60g，姜葱油盐各适量。

【制法用法】萝卜洗净擦丝，放盆中备用，葱切葱花；将萝卜丝、葱花、加盐、鸡蛋一起拌匀；再放适量面粉，一起搅拌成面糊，锅中涂少许油，油热后放入面糊摊开，小火煎至两面金黄，改刀装盘即可。

【功效】健胃，理气，消食。

【注意事项】注意掌握火候，不可用大火。

第六节 消食食物

消食类食物是以增强脾胃运化功能、促进食物消化以及治疗饮食积滞证候为主要作用的一类食物。宿食不消所致的胸脘胀闷、不思饮食、嗳气吞酸、恶心呕吐、大便失常等证，均可应用。

一、麦芽

1. 营养价值

麦芽，又称大麦蘖、麦蘖、大麦毛，为禾本科植物大麦的成熟果实经发芽干燥而得。麦芽主要含 α-淀粉酶及 β-淀粉酶、过氧化异构酶等。另含大麦芽碱，大麦芽胍碱 A、B，腺嘌呤，胆碱，蛋白质，氨基酸，维生素 D、维生素 E，细胞色素 C。尚含麦芽毒素，即白栝楼碱。

2. 功效

麦芽甘，平。归脾、胃经。行气消食、健脾开胃、退乳消胀。用于食积不消、脘腹胀痛、脾虚食少、乳汁郁积、乳房胀痛，也可用于妇女断乳。生麦芽健脾和胃通乳。

3. 食疗方

①麦芽茶《中华家庭药膳全书》。

【配方】炒麦芽 30g，茶叶 8 克（炒焦）。

【制法用法】上二味用沸水冲泡 10min，不拘时温服。每日 1 剂。每剂可用沸水冲泡 2~3 次。

【功效】消食健脾，利湿止痢。

【注意事项】因麦芽有回乳作用，故妇人哺乳期忌用。

②麦芽山楂茶《中华家庭药膳全书》。

【配方】炒麦芽 10g，炒山楂片 3g，红糖适量。

【制法用法】以上药置杯中，加开水约 250mL，加盖 20min 后代茶温饮。1 日 2~3 剂。

【功效】伤食呕吐，脘腹胀满，嗳腐吞酸，食后即吐，吐出不化宿食，其味酸臭。舌苔白腻，脉滑。

【注意事项】因麦芽有回乳作用，故妇人哺乳期忌用。

二、山楂

1. 营养价值

山楂，又称南山楂、小叶山楂、红果子。含绿原酸、咖啡酸、山楂酸、齐菊果酸、槲皮素、金丝桃苷、表儿茶精等。

2. 功效

山楂味酸、甘，性微温。开胃消食、化滞消积、活血散瘀、化痰行气。用于肉食滞积、症瘕积聚、腹胀痞满、淤阻腹痛、痰饮、泄泻、肠风下血等。

3. 食疗方

①山楂五味子茶《中华家庭药膳全书》。

【配方】取山楂 15g，罗布麻叶 6g，五味子 5g。

【制法用法】水煎加入冰糖，制成茶饮。

【功效】降血压。

【注意事项】胃酸过多者慎用。

②山楂肉干《中华家庭药膳全书》。

【配方】山楂 100g，猪瘦肉 1000g，菜籽油、芝麻油、生姜、葱等调料。

【制法用法】将生姜去皮，清洗干净之后，切成片状备用。起锅，在锅中加入适量的清水。将山楂加入锅中，略微焯烫一下。然后将山楂从锅中捞出，放在碗中，沥干水分备用。把锅清洗干净之后，重新加入适量的清水。等水烧沸之后，将猪瘦肉放入锅中。等猪瘦肉煮到六成熟的时候，将其从锅中捞出。放凉之后，把猪瘦肉切成 5cm 长的条状。接着把切好的肉放入一个干净的碗中，在里面加入酱油、生姜、葱、料酒、花椒。搅拌均匀之后，放在旁边。静置 1h 左右，把肉腌制一下。起锅，把锅放在火上，在里面加入适量的菜油。等油烧热之后，先将腌制好的猪肉沥干水分，放入锅中。等猪肉被炸成黄色之后，将其从锅中捞出。把锅中大部分的油都倒出来，只留下少量的底油。等底油烧热之后，把焯烫过的山楂放入锅中略炸。接着把猪肉再次倒入锅中，反复翻炒。用小火将锅中炒干之后，在锅中放入香油、味精、白糖调味。翻炒均匀之后，出锅装盘，就可以开始享用这道美食了。

【功效】适量消食化积，活血散瘀。

【注意事项】胃酸过多者慎用。

第七节 止咳化痰食物

一、胡萝卜

1. 营养价值

胡萝卜富含糖类、脂肪、挥发油、胡萝卜素、维生素 B_1、维生素 B_2、花青素、钙、铁等营养成分。其中，胡萝卜素进入人体后，经肝脏和小肠作用，可转变为维生素 A，能够养肝明目，治疗夜盲症。胡萝卜还有消食、祛痰的作用。

2. 功效

胡萝卜味甘，性平。归脾、肝、肺经。健脾和中，滋肝明目，化痰止咳，清热解毒。为果、蔬、药兼用之品，有价廉"小人参"之称。

3. 食疗方

①胡萝卜粥《中华家庭药膳全书》。

【配方】胡萝卜250g，粳米100g。

【制法用法】胡萝卜250g，洗净切片，粳米100g，同放锅内共煮粥，调味。

【功效】治脾胃虚弱、食欲不振、高血压、夜盲症。

【注意事项】无。

②胡萝卜羊肉汤《中华家庭药膳全书》。

【配方】胡萝卜250g，羊肉300g，淮山30g，生姜20g，蜜枣5个。

【制法用法】羊肉洗净切块，下油起锅用姜少许爆香；胡萝卜洗净，切片；淮山、蜜枣洗净，与羊肉，生姜一齐放入锅内，加清水适量，武火煮沸后，文火煮2h调味佐膳。

【功效】治气血不足、头晕眼花、视物昏花。

【注意事项】适量服用。

二、百合

1. 营养价值

百合鳞茎含秋水仙碱等多种生物碱及淀粉、蛋白质、脂肪等。卷丹的花含蛋白质、脂肪、淀粉、还原糖、维生素 B_1、维生素 B_2、泛酸、维生素 C，并含 β-胡萝卜素等。

2. 功效

百合味甘，微寒。归肺、心经。具有润肺止咳，清心安作用神的作用。主治肺燥咳嗽，肺虚久咳，痰中带血；温热病后，余热未尽，神思恍惚，虚烦失眠。

3. 食疗方

①百合枇杷藕羹

【配方】鲜百合 30g，枇杷 30g，鲜藕 10g，桂花 2g。

【制法用法】藕切成片，枇杷去核，与鲜百合加水同煮，熟时用淀粉勾芡成羹。食用时调入桂花。

【功效】清热润肺，生津止渴。

【注意事项】脾虚胃寒的人群、风寒导致咳嗽不止的人不宜食用。

②百合猪肉汤《中华家庭药膳全书》。

【配方】猪瘦肉 200g，百合 50g，盐适量。

【制法用法】猪瘦肉洗净切小块，百合泡发，一起放入锅里，加水慢炖，至到肉酥烂，加盐调味即可。

【功效】养血安神，清热润肺，能治疗因肺结核、神经衰弱引起的气促、干咳、低热等症。

【注意事项】脾虚胃寒的人群、风寒导致咳嗽不止的人群不宜食用。

第八节　其他食物

一、葡萄酒

1. 营养价值

葡萄酒除酒精外，还含有可被人体直接吸收的氨基酸、矿物质、维生素，可调整结肠的功能的单宁，能消除或者对抗自由基的抗氧化剂。

2. 功效

葡萄酒性温，味辛，入肝、脾、心经，具有增进食欲，兴奋强壮，消除疲劳，止血利尿的功效。主治：食欲不振，手足无力，精神困倦，失眠，小便不畅。可缓和紧张，安定情绪，促进肠胃绒毛消化吸收，预防感冒头痛、心脏病、高血压、血管栓塞等。此外，葡萄酒还可使血液保持弱碱性，使皮肤保持柔嫩有弹性，具有美容养颜的作用。

3. 食疗方

①洋葱红葡萄酒《中华家庭药膳全书》。

【配方】洋葱 1 个，红葡萄酒 1 瓶（约 500mL）。

【制法用法】洋葱洗净，剥去薄膜。把里面的白色洋葱一瓣瓣剥下来或切成片状，尽量不要沾到水。如果沾到水分，要擦干并充分晾干。玻璃罐先用滚水烫过杀菌，沥干后再放入洋葱片，最后添加约 500mL 的红葡萄酒。将盖子封好，放进冰箱冷藏，约 3d 后即可饮用。睡前喝 30~50mL。

【功效】主治失眠。

【注意事项】肝肾功能不全者慎用。

②西瓜葡萄酒《中华家庭药膳全书》。

【配方】西瓜 1 个，葡萄干 1 碗。

【制法用法】将西瓜近瓜蒂部切下一块备用。将洗净控干水分的葡萄干倒入掏松的瓜瓤里，将切下的一块盖在原处，糊以泥巴封住，放置阴凉处，待 10d 以后除去泥巴，揭掉盖子，倾出液汁，即为含微量乙醇的西瓜葡萄酒。

【功效】清热利湿，开胃健脾。主要适用于膀胱癌排尿不畅或兼有水肿者。

【注意事项】肝肾功能不全者慎用。

二、茶叶

1. 营养价值

茶叶中的营养成分：

（1）茶多酚类　包括儿茶类、黄酮类、黄酮醇类、酚酸类、花色苷类、羟基—基烷醇类等 40 余物质，其含量约占干物质总量的 15%~40%。

（2）茶色素类　包括叶绿素、茶黄素、茶红素、β-胡萝卜素等，约占干物质总量的 15.36%~33.42%。

（3）茶多糖　是一类组成复杂且变化较大的混合物，是一种酸性蛋白，并结合有大量矿质元素，其含量约占干物质的 2.34%~5.13%。

（4）茶皂素　为五环三萜类化合物的衍生物，其含量只占干物质总量的 0.07% 左右。

（5）蛋白质与氨基酸　蛋白质约占干物质总量的 20%~30%，但是只有 10% 左右可溶于热水。在茶叶中构成蛋白质的主要氨基酸共有 30 余种，约为干物质总量的 2%~5%，其中茶氨酸约占氨基酸总量的 50%，精氨酸约占 13%，天冬氨酸约占 9%，谷氨酸约占 8.7%，其余约占 13%。

（6）生物碱　包括咖啡碱、可可碱、茶碱，约占干物质总量的 3%~5%，其中咖啡碱占有 2%~4%，可可碱与茶碱占 1%。

（7）矿物元素　茶叶中的矿质元素相当丰富，磷、钾含量最高，钙、镁、铁、锰、铝次之，铜、锌、钠、硫、硒、氟则微量。

2. 功效

茶叶性微寒，味甘、苦，入心、肺、胃经，具有清热、消食、利尿、收敛、止痢、解毒的功效。现代医学研究表明茶叶具有助消化、提神醒脑、降血脂、利尿、消肿、抗菌消炎、降血压、防高血压等作用。

3. 食疗方

①川芎糖茶《中华家庭药膳全书》。

【配方】川芎6g，绿茶6g，红糖适量。

【制法用法】川芎6g，绿茶6g，红糖适量，用清水一碗半煎至一碗，去渣饮服。

【功效】有祛风、止痛作用，适用于风寒头痛。血虚头痛等。

【注意事项】糖尿病患者慎用。

②菊槐绿茶饮《中华家庭药膳全书》。

【配方】菊花、槐花、绿茶各3g。

【制法用法】取一茶杯，放入菊花、槐花、绿茶，冲入沸水，加盖，闷泡5min即可。

【功效】阴虚体质，可治外感风热之目赤肿痛、多泪等。

【注意事项】菊花性凉，气虚胃寒、食少泄泻者慎服。槐花比较甜，糖尿病人最好不要多吃。同时，过敏性体质的人和孕妇也应谨慎食用槐花。

古籍选读

《黄帝内经·素问·宣明五气》：五味所入：酸入肝，辛入肺，苦入心，咸入肾，甘入脾。是谓五入。五气所病：心为噫、肺为咳、肝为语、脾为吞、肾为欠、为嚏，胃为气逆、为哕、为恐，大肠、小肠为泄，下焦溢为水，膀胱不利为癃，不约为遗溺，胆为怒，是为五病。

注释：五味酸、辛、苦、咸、甘所入的分别是肝、肺、心、肾、脾。五脏之气失调后所发生的病变：心气失调则噫气；肺气失调则咳嗽；肝气失调则多言；脾气失调则吞酸；肾气失调则为哈欠、喷嚏；胃气失调则为气逆为哕，或有恐惧感；大肠、小肠病则不能泌别清浊，传送糟粕，而为泄泻；下焦不能通调水道，则水液泛溢于皮肤而为水肿；膀胱之气化不利，则为癃闭，不能约制，则为遗尿；胆气失调则易发怒。这是五脏之气失调而发生的病变。

小结

本章介绍了我们日常饮食中九种不同性味的食物分类，并具体介绍了每种性味中多种食物的营养价值、功效以及相关的有效食疗方剂。通过对本章内容的学习，大家可以理解食物性味的概念，了解不同食物性味的特点，以及根据其特点配制的不同功效的食疗方剂。在此基础上，通过对食疗概念的深入理解，大家进一步了解中国传统医学理念，并以此为契机，对中国传统文化的弘扬作出一定的贡献。

思考题

1. 你对食疗理念的理解是什么？
2. 什么是食物的性味？不同性味各有什么功效？
3. 举例说明不同食材的性味在一剂食疗方中的作用。
4. 中国医药学是一个伟大的宝库，应当努力发掘，加以应用。中医药作为我国伟大的民族瑰宝，一直讲求"食药同源"，许多食物即药物，二者并无绝对的分界线。古代医家将重要的"四性""五味"理论运用到食物中，认为每种食物也具有"四性""五味"。请大家列举日常生活中常见的药食同源的食物，并简单介绍其功效和作用。

第六章
食疗药膳的制作工艺

学习目标

1. 了解药膳是如何出现及其种类是如何丰富发展起来的；
2. 熟悉现下如何对药膳进行分类；
3. 掌握药膳原料炮制的目的和方法；药液制备的流程；
4. 了解药膳制作的特点及要求；药膳中药食结合的方式；药膳的成形及调味；
5. 能够根据不同药材、食材的特点，灵活选择炮制的方法；能够对药膳制作过程进行分析和评价，找出药膳制作过程中的不足，并结合相关专业知识进行改进；
6. 学以致用，提高生活质量和健康水平，传承和弘扬中医食疗文化。

药膳是指在中医药理论指导下，利用食材本身或者在食材中加入特定的中药材，使之具有调整人体脏腑阴阳气血生理机能以及色、香、味、形特点，适用于特定人群的食品，包括菜肴、汤品、面食、米食、粥、茶、酒、饮品、果脯等。药膳起源于远古时期"药食同源"的观念，历史悠久，不仅是中医药学与我国传统烹调经验相结合的产物，更是中华民族对人类饮食文化的独特贡献。药膳区别于普通膳食的最大特点是其具有防病治病、保健强身、延年益寿等功效，但如果把药膳制作简单等同于药材和食材一起烹调至熟，可能会导致药膳功效降低，甚至引起相反的作用，这便失去服用药膳的初衷了。要想让药膳发挥其应有的功效，从原料的炮制（即对原料的加工准备）开始到最后药膳的成形与调味，每一个药膳制作的环节都应认真严格地按照一定的要求和规范来进行，这样才能得到功效好且色、香、味、形均佳的药膳，真正做到"良药可口，服食方便"。学习药膳制作的相关知识，并将其应用到日常生活中，对提高人们生活质量和健康水平，传承中医食疗文化，建设和谐社会和小康国家具有重要的意义。炮制是对药膳原料做哪些处理？某些药材的有效成分易挥发，怎样避免这样的有效成分在制作过程中损失？滋补药膳为什么要用"炖"而不用"炒"？药膳能用盐、味精、生姜、桂皮等调味品进行调味吗？……这些问题，在本章中都能找到答案。让我们开启本章的学习之旅吧！

第一节　药膳的分类

中华药膳寓医于食，源远流长。在我国，自文字出现以后，甲骨文与金文中就有了"药""膳"二字。我国最早的医学典籍《黄帝内经·素问》所记载的汤液醪醴，是以稻米为原料制成，用于身体虚弱人群，而《灵枢》部分所记载的半夏秫米汤，则用于治疗失眠。《后汉书·列女传》中有"母恻隐自然，亲调药膳，恩情笃密"的字句，是首次将"药膳"二字合起来使用。东汉末年著名医学家张仲景（被后世尊称为"医圣"），广收医方，其所著的《伤寒杂病论》不仅创造性地确立了临床辨证施治原则，还记载了采用饮食调养（如当归生姜羊肉汤、甘麦大枣汤等）来配合药物治疗，突出了饮食调养和预防的作用，开创了食物与药物相结合来治疗病证的先例。汉代以前虽然食疗药膳知识较丰富，但不系统，所以属于理论奠基时期，对于后来食疗药膳学的发展，具有重要的影响与指导意义。

食疗药膳学真正形成于晋至唐时期。东晋葛洪所著的中医治疗学专著《肘后备急方》就记载有很多食疗方剂，如生梨汁治咳嗽，小豆汁治疗腹水等。南北朝时期的陶弘景著有《本草经集注》，载药730种，分玉石、草木、虫兽、果、菜、米食、有名未用7类，其中有大量的药用食物，如蟹、鳝鱼、阿胶、百合、生姜等日常食物及较罕用的食物达百余种，并较深入地提出药食禁忌。唐代医药学家孙思邈（被后世尊称为"药王"）在其所著的《千金要方》第二十六卷"食治"专篇中论述了食疗在医药中的地位，并提出"夫为医者，当须先洞晓病源，知其所犯，以食治之，食疗不愈，然后命药"，即把食疗作为治病的首选对策，足见他对食疗的重视。该篇还收载药用食物160余种，分为果实、菜蔬、谷米、鸟兽四大门类，并详述每种食物的性味、毒性、功效、宜忌等。唐代食疗学家孟诜在前人对药膳研究的基础上撰成《补养方》，后由张鼎增补改编，并更名为《食疗本草》，这是现存最早的一部食疗学专著。该著作共涉及200余种食疗品，并对其功效、调制都做了叙述，对食疗药膳的发展起了较大的推动作用。

唐代昝殷所撰《食医心鉴》收录许多食物治病之方，并且详细记载了用量、服法。唐代另一重要著作《外台秘要》中也有许多食疗药膳方剂，书中尤其详细叙述了关于食物禁忌。至此，关于食疗药膳，既有理论，又有实践的专著，标志着食疗药膳学成为一门独立的学科，并为食疗药膳的全面发展打下更坚实的基础。

食疗药膳学于宋至清时期全面发展。宋代官修的《太平圣惠方》中专设"食治门"，收录了大量的药膳方，且药膳是以粥、羹、饼、茶等形态制作。元代忽思慧所撰的《饮膳正要》，是我国乃至世界上最早的饮食卫生与营养学专著。该书论述了养生之道，特别是饮食与健身的辩证关系；同时，也详细记载了药膳制作、营养疗法、各种食忌、食物相反中毒等。明代高濂所撰的《遵生八笺》是一部内容广博的养生专著，书中依据药膳加工工艺的不同将其分十余类，如汤品类、熟水类、面粉类等。清代章穆所撰的《调疾饮食辨》是饮食治疗和养生论述较为详尽的专著。该书将食物原料按属性分为总类、谷类、菜类、果类、鸟兽类、鱼虫类等六大类，约600余种，书中还叙述了食物的性味、食疗作用及禁忌。以上都表明了食疗药膳学发展到了一个新的阶段。

随着中医药学的发展和各地食品制作方法的不断总结，到了现代，药膳的种类更加繁多。在此，在前人研究的基础上，根据药膳的成品形态、制作工艺以及功效等方面，将药膳进行以下分类。

一、根据药膳的形态和制作工艺分类

药膳虽为特殊的膳食，但也需要具有一定的色、香、味、形，以满足人们视觉、嗅觉和味觉的需要。根据药膳成品形态特点和制作工艺的不同，一般常分为8大类，如表6-1所示。

表6-1 药膳的形态和制作工艺分类

形态类型	基本原料	主要的制作工艺类型	成品示例
粥食	具有药用价值的粮食，或由粮食和具有一定功效的食物或药材合制而成	经熬煮制成半流质状食品	绿豆粥、山楂粥、人参粥、杜仲粥等
米面食	米、面粉，配以一定功效的药材	蒸、煮、烙、炸、烤等	参枣米饭等
菜肴	蔬菜、肉类、蛋类、水产类等，配合一定比例的药材	煨、炖、炒、蒸、炸、烤等	天麻鱼头、紫苏鳝鱼、虫草全鸭等
汤羹	（1）汤 药、食原料和水；（2）羹 肉、蛋、乳、海味等，配以一定功效的药材	（1）汤 将原料用水煎煮，然后去渣取汁，一般多为一煎而成；（2）羹 经熬、炖等加热方法制成较稠厚的液体	葱枣汤、双荷汤；归参鳝鱼羹、猪蹄通乳羹、山药乳肉羹等

续表

形态类型	基本原料	主要的制作工艺类型	成品示例
饮品	（1）鲜汁 新鲜的植物果实、茎、叶和块根； （2）露 芳香性植物药材或食材； （3）茶 由含茶或不含茶的药物或食物作为原料； （4）速溶饮 药物和食物的干品，糖粉或适宜的黏合剂； （5）药酒 食物、药物、酒； （6）浓缩精汁 可食用的药物原料	（1）鲜汁 洗净后经捣烂、压榨所得的汁液，一般为单饮，也可调加适量的水或酒。 （2）露 经水蒸气蒸馏法制得的含有挥发油的水溶液。 （3）茶 原料经粉碎、混合而成的粗末制品（有些原料不经粉碎也可），饮用时以沸水冲泡、温浸或加水略煎煮，去渣取汁即可。 （4）速溶饮 用药物和食物的干品经煎煮，去渣取汁或用其鲜品液汁，再经浓缩、干燥，加入糖粉或适宜的黏合剂制成颗粒，饮用时用沸水冲化即可。 （5）药酒 浸泡法或酿制法制备。①浸泡法：又有酒、醴、醪之分。酒是只用白酒浸泡原料而制得的澄明液体。醴除用酒浸渍原料，还添加糖。醪则是除了药材和糖以外，还含有酿酒所产生的酒渣成分，即浊酒。②酿造法：用糯米等与其他食物或药物同煮，加酒曲发酵制成。 （6）浓缩精汁 将药物原料用一定的方法提取、分离后制成的有效成分含量较高的液体	雪梨汁、鲜藕汁、鲜荷叶汁、白萝卜汁、鲜芦根汁、鲜麦冬汁等； 杏仁露、银花露、枇杷露； 菊花茶、决明子茶、姜糖茶等； 大、小蓟速溶饮、柑橘速溶饮等； 枸杞酒、木瓜酒、杨梅醴、五加皮醴、薏苡仁醪、菊花醪等； 人参精汁等
零食	（1）糖果 以白糖、红糖、饴糖等为主要原料，配以药材粗粉、药汁等； （2）蜜饯和糖渍食品 有一定功效的植物干、鲜果实或果皮，配以药液、糖、蜜	（1）糖果 糖料经过加水熬炼至较稠厚时，将药物加入制成混合固体食品； （2）蜜饯 经煎煮、腌制而成	丁香姜糖、止咳梨膏糖、薄荷糖；蜜饯山楂、糖渍陈皮等

续表

形态类型	基本原料	主要的制作工艺类型	成品示例
点心	糖、米、面粉、鸡蛋、食用油等，配以药物粉末或药汁	按普通糕点的制作方法，一般为蒸、烙、烘烤等	茯苓饼、八珍糕等
其他（除上述之外的一些品类）	（1）糊 富含淀粉的食材细粉 （2）蜜膏 由药材和食物组成	（1）糊 食材细粉经过炒、炙、蒸、煮等加工后，制成的干燥品，食用时开水冲调成糊状即可； （2）蜜膏 将药材和食物一起加水煎煮，去渣，取汁浓缩后，加蜂蜜或蔗糖制成的稠厚状半流体制剂	藕粉、酥油茶、杏仁粉、芝麻核桃糊等； 秋梨膏、乌发蜜膏等

二、根据药膳的功效分类

药膳是在中医学理论体系的指导下，由药食结合制成的特殊食品，具有祛病防病、养生保健的作用。现根据药膳的功效将其归纳为以下几类。

1. 治疗与辅助治疗类

此类药膳是针对病人的病情而制作，具有治疗或辅助治疗的效果。病人通过长期服用达到治疗疾病的目的，尤其适宜慢性病患者。按具体功效可进一步分为：解表类（如生姜粥）、清热类（如绿豆粥）、温里祛寒类（如干姜粥）、泻下类（如蜂蜜决明茶）、化痰止咳类（如杏仁粥）、理气类（如姜橘饮）、理血类（如三七蒸鸡）、补益类（如当归生姜羊肉汤）等（详见第五章）。

2. 康复类

此类药膳主要针对由于疾病和损伤造成的机体功能障碍，需要将机体尽可能恢复正常或接近正常水平的人群。在疾病或损伤恢复过程中，由于阴血不足、脏腑失于濡养而致的血虚证候，可选用糖渍鲜龙眼等；由于脏腑功能衰退的气虚证候，可用归参山药糊等（详见第四章）。

3. 养生保健类

此类药膳是供给无病但体质偏弱的人食用，或是供给想要强身、健美、益寿的健康人食用。它主要是通过提高机体免疫力，协调组织器官的功能，从而达到增强体质、养颜塑身、益寿延年等目的。如补肾聪耳的杜仲腰花，益智健脑的山药乌鱼卷，清肝明目的决明子菊花饮，润肤养颜的玉竹烩三丝，塑身降脂的荷叶鸡丝蒸冬瓜，延年益寿的十全大补酒。

第二节　药膳原料的炮制

炮制，原本是指用烘、炮、炒、洗、泡、漂、蒸、煮等方法加工中草药制成药物的过程。药膳是由药材与食材相配而成，药膳原料的炮制其实就是将中药的炮制工艺和食物的准备过程相结合，对药膳原材料进行加工准备，这与单纯加工中药也有些不同。

一、炮制的目的

在制作药膳之前，必须对所用的药物和食物原材料进行炮制，使其符合烹调、制作的需要，最终能够得到功效好且色、香、味、形均佳的药膳。炮制的具体目的如下：

1. 除去非食用部分，并达到卫生洁净度

药材和食材通常都带有非食用部分，如泥沙、毛、根、皮等，制作药膳前必须严格地除去这些不能食用的杂质，并清洗，最终使原材料达到一定的卫生洁净度。

2. 消除或减低药材的毒副作用

药膳的安全性非常重要，必须在烹调制作前对具有毒副作用的药材进行炮制加工，以消除或减轻其毒副作用。如柏子仁具有养心安神，润肠通便的效果，但生柏子仁服食后易引起腹泻，可将柏子仁炮制除去油脂制成柏子仁霜，消除其副作用。

3. 选取具有目标功效的部分，减少非目标功效的影响

很多药材和食材的不同部位具有不同功效，如制作补脾止泻的药膳时，应只选取莲肉部分，而莲子心虽可食用，但其功效却是清热泻火。因此，制作药膳前要严格选取与药膳功效最相宜的原材料部位，减少其他部分造成的影响，这样才能更好地发挥药膳的功效。

4. 转变药材和食材性能，满足目标功效需要

经过炮制，同一种药材或食材可转变其性能。如生地黄性寒，清热凉血，养阴生津，而炮制成熟地黄后则性微温，滋阴补血，益精填髓。生花生性平，炒熟后则性温。因此，应根据药膳功效需要，对所用药材或食材进行炮制，使其性能转变。

5. 增强原料的功效，提高药膳效果

某些未经炮制的原料功效不强，需要通过炮制增强其功效。如茯苓经乳制后可增强滋补作用，香附醋制后易入肝解郁。

6. 避免有效成分损失，保证药膳质量

为了避免某些原料的挥发性有效成分在制作药膳过程中损失，采用现代分离纯化技术对这些药材和食材的有效成分进行提取分离，并制成一定的剂型，即药液。因为每毫升药液相当于一定克数的药物,所以在烹调药膳时,将药液以毫升计量投入使用,从而达到用量准确、保证药膳质量稳定的目的。制成药液还便于批量生产,适应工业化生产需要。如将十全大补汤中的当归、白术、肉桂用蒸馏法制成芳香水;金银花用蒸馏法制成金银花露等。

7. 矫臭矫味,增加药膳鲜美

某些药材和食材本身具有令人不喜的滋味和气味,如鲜竹笋的苦涩味,羊肉的膻味等,但经过炮制便能消除,使最终的药膳更加鲜美。

二、炮制的方法

1. 净选

选取药材和食材中待使用部分,除去非药用和非食用部分(即杂质),以达到药膳的要求。根据药材、食材的不同情况,可选用不同的净选方法(表6-2)。

表6-2 针对不同药膳原料情况的净选

操作方法	针对的原料情况	示例
挑选或筛选	原料带有泥沙及其他等非食用的杂质	如拣除天麻、三七的泥沙等
刮	原料表面的粗皮和附生物	如杜仲、肉桂刮去粗皮,鱼刮去鱼鳞等
火燎	药物、食物表面具有绒毛或须根。将原料在火焰上快速烧燎,刮去受热焦化的表面绒毛或须根,而原料内部不受影响	如鹿茸火燎后刮去绒毛,禽类燎去细毛等
去壳	硬壳果类和具有蹄壳的动物,除去硬壳,便于准确投料与食用	如白果、核桃、板栗、花生等去壳取净仁,而动物类原料去蹄爪等
碾	原料外表为非药用部分,或需将药材、食材干燥后碾成粗粒或细粉	如刺蒺藜、苍耳子炒碾去刺;人参、怀山药碾成细粉

2. 水制

用液体对药膳原料进行加工处理。由于许多原料的有效成分能溶于水,若处理不当,易造成有效成分损失,故应根据原料的不同性质特点,选用适当的水制方法(如快洗即可的就不要浸泡),以保证药膳品质。常用的水制法有洗、泡、润、漂、焯等(表6-3)。

表6-3 按不同药膳原料的性质特点选用的水制方法

具体操作方法	所用液体	针对的药膳原料性质特点	示例
洗	清水或温水	原料表面附着泥土或其他不洁物	绝大多数原料都必须清洗,且经过本法处理后,再经其他炮制方法处理成所需要的规格

续表

具体操作方法	所用液体	针对的药膳原料性质特点	示例
泡	水	质地较坚硬的原料需要软化，以便于进一步加工；注意避免泡的时间过长，有效成分流失而降低功效	一般质坚硬体粗大的原料宜久泡，体细小的原料宜短泡；春冬气温低时宜久泡，夏秋气温高时宜短泡
润	水、乳汁（如牛乳、羊乳）、米泔水、药汁、米汤、碱水（饱和石灰水或用5%碳酸钠溶液）	需要软化但却不宜浸泡的原料；米泔水能消除原料的燥性，药汁能使原料具有某些药性	清水润燕窝、温水润发银耳等；牛乳润茯苓等；米泔水润苍术等；吴茱萸汁润黄连等；米汤润天冬等；碱水润发鱿鱼等
漂	水	某些有毒性或异味的药材、食材；用盐浸渍的原料	冬季每日换一次水，夏季则宜换2~3次，一般漂3~10d；漂半夏、漂鲜竹笋等
焯	沸水、适量料酒	原料需要除去种皮；动物原料需要余去血水，使药膳味鲜汤清；动物原料需要去腥膻味	如杏仁、扁豆去皮等；如鸡、鸭、肉类去血水等；牛、羊肉去腥膻味等

3. 切制

对于经过净选、水制后的药膳原料，应根据其质地以及膳肴要求，切制成一定规格的片、块、丁、节、丝等，或按需要制成一定的形状，以备用于药膳制作。对切制有以下两方面的基本要求。

（1）满足烹调的要求　根据烹调方法的不同来决定切制的形状、大小、长短、厚薄。

（2）满足药膳菜肴造型美观的要求　不论切制什么形状，都应粗细均匀、厚薄一致、长短相等、整齐统一。另外，切口处不能藕断丝连，相互粘连在一起。药膳原料经过上述净选、水制、切制等各项准备过程后，还需按要求进行后续的炮制，以获得良好的味与效。

4. 炒制

将药材、食材放入锅内，加热，并不断翻动至所需的火候程度。依据是否添加辅料以及火候程度，通常可分为下列几种炒制方法（表6-4）。

表6-4 药膳原料炒制方法的比较

炒制方法	添加辅料的情况	炒制过程、火候及时间控制	示例
清炒法	不加辅料	通过控制炒的时间和火候来炒至黄、香、焦。 （1）炒黄 文火加热，炒至表面呈淡黄色或比原色稍深，质地松脆为度，便于粉碎或煎出有效成分，并可矫正异味。 （2）炒香 用文火炒至有爆裂声或有香气 （3）炒焦 用中火翻炒至外黑存性为度（即使原料表面部分炭化，而里层部分还能尝出原有的气味）	炒黄如炒鸡内金，用文火炒至酥泡卷曲，有腥气溢出； 炒香如炒芝麻、花生、黄豆等； 炒焦如糊米、焦山楂等
麸炒法	麦麸	先将麦麸在锅内翻炒至微微冒烟，再加入药材或食材，急速翻动，炒至表面呈微黄或较原色稍深为度。取出后筛去麦麸，冷却后收存。此法可减少原料中的油脂或过于燥烈的性味，增强健脾益胃功效	如炒川芎、白术等
米炒法	大米或糯米	将大米或糯米与原料一起放入锅内，同炒，使全部原料均匀受热，以米炒至黄色为度。此法可增强健脾益胃功效	如米炒党参等
盐炒或砂炒法	盐或河砂	先将油制过的河砂或盐倒入锅内炒烫，再加入原料，炒至表面鼓起、酥脆为度，筛去盐或砂即可。本法能使骨质、甲壳、蹄筋、干肉或质地坚硬的原料去腥气或变得酥松，易于烹调	如盐酥蹄筋、砂酥鱼皮等

5. 煮制

通过煮制可消除药膳原料的刺激性或涩味，减少其毒副作用引起的不良反应。另外，通过将原料与其他辅料同煮，能起到转变原料性能的作用，便于二次炮制或烹调。

一般需按照药材、食材的不同性质以及炮制的要求，将原料与辅料（或只用原料）一起置于锅中加水同煮。如鱼翅、鱼皮，先煮沸 10min 后，再焖 3~4h；如煮制远志时，加甘草同煮，煮至水干，除去甘草后取出干燥即得。

煮制时有两点需要注意：

（1）煮制时限　应根据原料的情况决定煮制时间的长短，一般煮至中心无白色或刚刚透心。

（2）煮制加水量　一般水量应没过原料表面。此外，还需根据煮制需达到的程度来控制用水量。如需收干浓汁的，总体用水量不宜太多，需煮透心的，总体用水量不宜过少。

6. 蒸制

将药材、食材置于适当容器内，蒸至透心或所要求的程度。另外，某些新鲜药材或食材经过蒸制，能起到避免在干燥过程中发生霉变，便于保存的作用。若以此为目的进行蒸制，一般蒸至冒汽透心，如蒸鲜白果、鲜女贞等。

7. 炙制

将原料与液体辅料共同加热翻炒，使辅料渗进原料内部的制作方法。根据添加的液体辅料不同，一般可分为以下几种炙制方法（表6-5）。

表6-5　药膳原料炙制方法的比较

炙制方法	添加的液体辅料	药膳原料炙制过程及程度控制	示例
蜜炙法	炼蜜	炼蜜与原料拌匀，加热炒至不粘手，一般呈深黄色带光泽为度。蜜炙可增加润肺作用	蜜炙甘草、蜜炙黄芪等
酒炙法	食用白酒和黄酒（用酒比例按原料情况而定）、适量清水	液体辅料与原料拌匀，待酒被吸干，再倒入锅内，缓缓加热，用文火炒至变色为度。酒炙可增强药材功效	如酒炙白芍
油炙	食用植物油	取食用植物油放入锅内加热，再加入原料，同炒至酥脆为度。油炙有利于原料打碎和烹调，或增强其功效。油炙时需注意以下几点：①油量一般应淹没原料；②炙前应检查原料是否干燥，若受潮需先烘干，否则不易炸透；③投料时油温不宜过高，一般在冷油或温油时投入；④火不宜过旺，并不断翻动，保持受热均匀，否则会外焦内不透	增强疗效如油炙淫羊藿；利于粉碎如油炙三七、蛤蚧等

续表

炙制方法	添加的液体辅料	药膳原料炙制过程及程度控制	示例
盐炙法	盐水（食盐用适量清水溶解至澄清，所加水量不宜过多，以能被原料吸干为度）	盐水与原料拌匀后放置，待盐水被吸尽，晾至微干，倾入锅中，加热炒至外表微黑为度；也可先将原料炒至一定程度时，再喷淋盐水炒干。入肾类药材通过盐炙能增强功效	如盐炙杜仲
药汁炙	辅料煎汁或化成汁（根据原料的不同要求来制作）	辅料汁将原料浸透后，再按具体要求分别用炒制、蒸制、煮制、浸漂等方法处理。药汁炙可改变原料性能，增强功效，或保持原料颜色，使药膳美观	如药汁炙黄精，以黑豆熬汁；如药汁炙梨，以白矾化汁
醋炙	米醋	将净选或切制后的原料，加入一定量的米醋拌匀，待醋被吸干，置锅内，用文火炒至规定程度，取出摊凉或晾干，筛去碎屑。也可先将净选后的原料（树脂类），炒至表面熔化发亮，或炒至表面颜色改变，有腥气溢出时，喷洒一定量米醋，炒至微干，出锅后继续翻动，摊开晾干。醋炙有以下三个目的：①降低毒性，缓和药性；②引药入肝，增强活血止痛作用；③矫臭矫味	降低毒性，缓和药性，如醋炙甘遂等；引药入肝，增强活血止痛作用，如醋炙延胡索等；矫臭矫味，如醋炙乳香等

三、药液的制备

药液是指在烹调药膳时所用的特殊液体类原料。正如前文所述（详见本章第一节），制备药液，可以避免某些原料的有效成分在制作药膳过程中损失，并且使用时能达到用量准确、保证药膳质量的目的。药液的制备流程主要分为提取、过滤、浓缩和精制 4 步，以下将分别介绍。

1. 提取

提取是指在一定的条件下，用适当的溶剂（溶液）处理原料，使欲分离的有效成分充分溶解到溶剂（溶液）中的过程。用于药液制备的提取溶剂（溶液）应满足以下几点要求：

(1) 稳定性　所使用的溶剂（溶液）要有良好的稳定性，不能与原料中的成分起化学反应。

(2) 选择性　所使用的溶剂（溶液），能最大限度地提取出目标有效成分，而尽可能不提或少提非目标成分。绝对的选择性很难实现，在实际制备过程中，一般在可用的溶剂（溶液）范围内选择相对选择性更优者。

(3) 安全性　所使用的溶剂（溶液），应对人体无毒无害。需要注意的是，在现代分离纯化技术中常用的石油醚、苯、氯仿、乙醚等有机溶剂，虽然具有选择性强的优点，但有毒性，故不能用于药膳中。

(4) 经济性　溶剂（溶液）的使用要注意经济易得。

在药液制备中常用的提取溶剂（溶液）为水、酸性水、碱性水和乙醇。提取时，应按原料的不同性质，选择适宜的溶剂（溶液）来提取其有效成分。常用的提取溶剂（溶液）特点如表6-6所示。

表6-6　药液制备过程中常用的提取溶剂（溶液）

常用的溶剂（溶液）	提取特点
水	一种极性溶剂，对细胞的穿透力较强，故提取效率高，但选择性不强。水可用于提取原料中亲水性的成分，如无机盐、糖类、鞣质、氨基酸、蛋白质、有机酸盐、生物碱的盐类及多数苷类等。需要注意以下两点：①某些含较多淀粉、果胶等成分的药材，水提后常常过滤困难，尤其用沸水提取时，药材中的淀粉可被糊化，增加过滤的难度。②不可为追求高提取率，而一味增加用水量，因为水太多一方面会增加后续浓缩的难度，另一方面会溶出更多的杂质，给进一步分离纯化带来麻烦。此外，水提液容易染菌，发霉变质
酸性水	可提取生物碱、内酯等
碱性水	可提取有机酸、黄酮、内酯等
乙醇	亲水性有机溶剂，选择性较好，对细胞的穿透能力较强，提取效率高，易回收，不易发霉变质。但成本较高，易燃。亲水性的成分除蛋白质、部分多糖等以外，大多能在乙醇中溶解。难溶于水的亲脂性成分，在乙醇中的溶解度也较大。因此，可根据目标成分的性质，配制不同浓度的乙醇溶液进行提取，如95%的乙醇可提取挥发油类成分，20%~30%的乙醇可提取水溶性成分。乙醇可提取游离生物碱及其盐、苷类、挥发油、内酯等类成分

最常用的提取方法有煎煮法、渗漉法、蒸馏法和回流法。提取时要根据各种药材的不同性质和所含有效成分的差异，选用不同的方法（表6-7）。

表6-7 药液制备过程中常用的几种提取方法的比较

提取方法	采用的溶剂（溶液）	提取装置	特点	注意事项
煎煮法	水	搪瓷、陶瓷、铝制品或不锈钢等材质的容器。常用蒸汽加热设备为提取罐	将原料适当粉碎或切片，加水煎煮提出有效成分。操作简便、经济、提取率高，此法为最常用的提取方法。由于水选择性不强，不需要的杂质等也同时被提取出来。当淀粉、果胶等多糖被浸出后会造成过滤和精制的困难。 煎煮法又分直火加热和蒸汽加热两种： ①直火加热 顾名思义，适于小型药膳制备。 ②蒸汽加热法 利用锅炉产生的高压蒸汽来加热煮沸，从而提取有效成分。 可通过调节蒸汽量来控制温度，并能减少灰尘污染，比直火加热的清洁卫生程度要好。此法适于工业化生产	①不宜用铁制材质的锅来煎煮；②不宜用此法提取挥发性成分或遇热易被破坏的有效成分；③煎煮前宜先加冷水浸泡，利于有效成分的溶出；④煎煮液容易染菌腐败，应及时加工处理
渗漉法	不同浓度的乙醇、酸性水或碱性水	由渗漉器（筒）和接收瓶组成。渗漉筒多为金属、搪瓷或玻璃材质。应根据原料粗粉的膨胀性来选不同形状的渗漉器	采用溶剂通过渗漉筒浸出原料的有效成分。提取效率高，节约溶剂，是较常用的提取方法	①不宜用挥发性很强的溶剂。②渗漉筒中原料装填的松紧程度要恰当且均匀。③在渗漉过程中，应不断补充溶剂，并保持没过原料（粉）表面一定高度，且再补液过程中要防止液流的冲击。④应根据原料质地坚硬程度或溶剂浓度的高低来控制适宜渗漉速度

续表

提取方法	采用的溶剂（溶液）	提取装置	特点	注意事项
蒸馏法	水蒸气	由水蒸气发生器、烧瓶、冷凝管、接受瓶所组成	利用水蒸气加热原料，使所含的挥发性有效成分随水蒸气一起蒸馏出来。常用于挥发油的提取或芳香水的制备	①蒸馏装置中各接口处要严密，不能漏气；②水蒸气发生器盛水量不能超过其容积的3/4；③安全玻璃管应插到发生器的底部；④弯曲玻璃管应通入距蒸馏瓶底部2~3mm处，以使蒸馏物受到充分搅拌；⑤蒸馏瓶应倾斜成35~45°角，原料装入量不能超过容积的一半；⑥蒸馏中断或完毕时，须先打开"T"形管，拆除发生器与烧瓶连接，然后关火，否则瓶内液体会逆流入水蒸气发生器内
回流法	有机溶剂	由烧瓶、冷凝器、水浴锅组成	采用有机溶剂进行加热来提取原料中的有效成分。提取效率高，速度快，溶剂用量较省。此法常用于提取易挥发的有效成分或防止溶剂的挥发	①装置接口处要严密；②烧瓶内溶剂量不能超过其容量的2/3；③水浴锅内的加水量应稍高于烧瓶内药液面；④除特殊规定外，回流时间一般是沸后2~3h；⑤回流用的冷凝器一般选用球形或蛇形；⑥可加入沸石（多孔的瓷块）防止爆沸；⑦一般采用间接加热的方法，多用水浴

最后，提取时还有一些需要注意的事项：

若已知原料的有效成分，可根据有效成分的特性进行提取；若是尚不清楚有效成分的原料,一般常用水为溶剂进行提取。

含挥发性成分较多的药材,应先提取出挥发性成分,而其水溶液和残渣再与其他药材或食材一起用其他方法处理。

如含生物碱、苷类等易溶于醇成分的原料,可用不同浓度的乙醇,再结合渗漉法或热回流法等进行提取。

2. 过滤

过滤是借助过滤介质,实现混悬液中的固液分离,滤除沉淀,获取澄清药液的技术过程。根据推动力产生条件的不同,常用于药液制备的过滤方法分为常压过滤法和减压过滤法。应根据药液量、性质、浓度以及过滤要求,选择适宜的过滤介质、过滤装置和过滤方法。过滤方法的分类及各方法的特点如表6-8所示。

表6-8 药液制备过程中过滤方法的分类及各方法的特点

类型	推动力的产生条件	过滤介质	滤器	特点
常压过滤	存在液位差,重力推动	纱布	漏斗(量少时)、滤袋或滤包(量大时)	此法多用于原料提取液的首次过滤;设备简单,操作方便易行,但滤速较慢,分离效果较差,难以大规模连续使用
减压过滤	通过抽真空增加过滤介质上下方之间的压力差,推动液体通过过滤介质	滤纸	布氏漏斗	需配备抽真空系统(真空泵或抽气管),并且在抽滤瓶与抽真空系统之间应装一个安全瓶;此法滤速较快,分离效果较好,生产中广泛应用

如药液滤速过慢,或不易过滤澄清,可加入助滤剂帮助过滤。常用的助滤剂有滑石粉和纸浆。滑石粉吸附性较大,能吸附细小颗粒,对挥发油、胶质也有较好的分散作用,有助于滤液澄清。纸浆能吸附某些色素,与药物的有效成分一般不起作用,制取方便。助滤多用于减压过滤。

3. 浓缩

浓缩是低浓度溶液通过除去溶剂(包括水)变为高浓度溶液的过程。从药材或食材提取所得的液体,一般都具有体积大,而有效成分含量低的特点,需要经过浓缩提高浓度,才便于精制。常用于药液制备的浓缩方法有两大类:蒸发浓缩法和蒸馏浓缩法。浓缩方法的分类及各方法的原理、特点和适用情况如表6-9所示。

表 6-9　药液制备过程中浓缩方法的分类及各方法的原理、特点和适用情况

大类	浓缩原理	小类	特点	适用情况
蒸发浓缩法	通过加热使药液中的水分挥发	直火蒸发	直接用火加热，温度高，蒸发快，但锅底易发生焦煳与炭化，尤其是浓缩黏度较大的提取液到一定程度时，焦煳与炭化更为严重。为防止焦煳和炭化，除不断搅拌外，可结合水浴蒸发使用	适用于所含的有效成分不挥发，且加热不被破坏的提取液；因蒸发过程中不回收溶剂，故常用于水提取液和浓度极低的有机溶剂提取液
		水浴蒸发	即用水浴间接加热，此法避免了直接用火加热时会出现的焦煳和炭化，但蒸发速度慢（因水浴温度上限是固定的），故可先用直火加热蒸发，后期改用水浴蒸发	
		蒸汽蒸发	受热均匀，蒸发速度快，不易焦化，常用的蒸汽蒸发设备有蒸汽夹层锅等	
蒸馏浓缩法	将药液装入蒸馏器内加热，使溶剂汽化，通过冷凝回收溶剂，同时浓缩药液。常用于有机溶剂作为提取剂，通过回收有机溶剂可降低成本	常压蒸馏	在正常大气压下进行蒸馏	适用于有效成分受热不易被破坏
		减压蒸馏	在降低蒸馏器内液面压力情况下进行浓缩。因蒸馏器内气压降低，液体的沸点也随之降低，故在较低受热温度下，溶剂就能蒸发，且蒸发速度加快。此法加热温度较低，加热时间短，浓缩效率高	适用于溶剂沸点较高，但有效成分遇高温易被破坏的提取液

4. 精制

药材或食材的提取液中，除了含有效成分外，还含有无效成分或有害物质等杂质，必须在使用前除去这些杂质。对药液的精制就是向经过适当浓缩后的提取液加入一定量的某种溶剂，充分搅拌后，低温静置一段时间让杂质充分沉淀，然后过滤去除杂质沉淀，使药液中只保留有效成分的过程。精制处理视具体情况而定，一般 1~2 次，有时需反复多次。一般较常用的精制方法有水提取液加乙醇沉淀法和乙醇提取液加水沉淀法。

第三节　药膳的制作工艺

药膳的制作就是在中医学、烹饪学和营养学等理论的综合指导下，严格按照药膳配方，将药材与食材相配，并遵循药膳制作的要求，以饮食烹调技术制作具有一定功效又美味的食品的过程。

一、药膳制作的特点

普通膳食都偏重于追求诱人的色、香、味、形，但药膳不同于普通膳食，它是药借食力，食助药威，人们通过食用药膳而达到防病治病、保健强身、延年益寿的目的。因此，药膳的制作，除了应具有一定的色、香、味、形之外，最重要的是保持和发挥药膳原料的营养和功效。若制作过程中处理不当，会削弱甚至丢失药膳原料原有的功效。因此，在选料、烹调、调味等药膳制作的各环节都有自身的一些特点。

1. 选料的特点

普通膳食原料的选择和组合是在保证提供营养与能量的基础上，尽可能满足人们不同口味的需要。然而，药膳原料的选用与搭配，必须是在中医理论指导下，根据用膳者的病证和体质状态，针对性地选料与配伍。例如，即便是对体弱多病这一病证的调理，还需视用膳者体质特点来选用或补气血，或调阴阳，或理脏腑的药膳原料和配方。

2. 药膳的烹调特点

除了对药膳原材料进行科学的炮制外，在烹调过程中，还要尽可能避免药膳原料有效成分的损失，以保证和发挥药膳原料的营养和功效。故药膳烹调有以下两方面特点。

（1）**药膳的形式**　药膳是从药物的汤剂演变而来，所以药膳形式常以汤为主。通过炖或煮，使药材、食材的有效成分溶于汤中，如复原汤、当归生姜羊肉汤、银耳鸽蛋汤等。目前，汤类约占现有的药膳品种的50%。

（2）**药膳的烹调方法**　以炖、煮、蒸、焖为主，使原料中的有效成分最大限度地溶解出来，增强药膳功效。且滋补类的药材和食材多属甘、温、平类，适宜较长时间的炖煮。

3. 药膳的调味特点

药材的性味与功效具有一致性，各种药材的味是其功能组成的一部分。因此，一般情况下，药膳原料经烹调后，应尽量保持其原汁原味，不宜用调味品改变其本味。但有一些特殊情况，可以对药膳进行调味，如一些具有腥、膻味的原料，如牛、羊、鳖、鱼等，按品种用一定的调味品进行矫味，而燕窝、海参等本身无明显滋味或味淡的原料，也可用调味品适当增味。

但要特别注意，有些调味品本身就具有相应的药用性味功能，例如生姜、茴香、桂皮、花椒等辛香类调味品，它们不仅具有浓烈的香味，且性多为辛甘温热类，具有行气活血、辛香发散的功效。应将它们视为药效成分，依据辨证施膳的理论，在药膳烹调中按一定的原则和方法有针对性地选用。如烹调针对偏阴虚燥热，以滋阴养血为主要功效的药膳时，应尽量少用辛香类调味品。如烹调温阳、活血及补脾胃等类的药膳，可选用辛香类调味品。此外，有些药膳需要经油、盐、味精、糖汁等调味后才能为人们乐于食用，如这些调味品，可在临上桌前再使用进行适当的调味。

二、药膳制作的要求

制作药膳，除了应遵循普通膳食制作的基本要求，如精细选料，良好的烹调技艺，调味适当可口，符合相关食品卫生法律法规要求，清洁卫生等之外，还有一些特殊要求。中国药膳研究会于2010年7月23日正式发布了《中国药膳制作及从业资质基本要求》，这是我国首个药膳制作规范标准，该标准规定了药膳制作原料、产品以及制作机构、从业人员资质的基本要求。《中国药膳制作及从业资质基本要求》的发布，标志着我国药膳制作和生产将从无序走向规范。现将药膳制作相关的一些要求总结如下。

1. 对进入药膳的中药材、饮片的要求

进入药膳的中药材、饮片应属《中华人民共和国药典（2020年版）》所载。应使用《卫生部关于进一步规范保健食品原料管理的通知》（卫法监发［2002］51号）所规定的"既是食品又是药品的物品"和"可用于保健食品的物品"。使用属于"可用于保健食品的物品"中的药材时，药膳企业须按有关规定履行报批手续，餐饮业使用须在药膳指导师指导下配制和使用；若使用不属于上述范围所规定的药材，应在药膳指导师指导下配制和使用。不得使用卫法监发［2002］51号文件规定的"保健食品禁用物品"及《中华人民共和国药典》标示有毒性的药材。

所用单味中药饮片人均每次量应不超过《中华人民共和国药典》规定的每日最大剂量。进入药膳的中药材、饮片应来源于合法经营企业。

2. 对药膳配方的要求

药膳配方应由药膳指导师或药膳师指导和制作。配方的组成、作用应符合中医药理论，不得有配伍禁忌。

3. 对从事药膳制作人员的要求

药膳所用的原料是药材和食材，而药膳的制作技术又是中药的炮制工艺和食物烹调相结合产生的。因此，只有具备中医药知识并精于烹调技术的人员，才能按照既定的要求和方法，对药膳原料进行选料、加工准备以及烹调，从而保证药膳的功效。《中国药膳制作及从业资质基本要求》规定药膳从业人员分为药膳指导师、药膳制作师和药膳制作师，均需专门机构认证。如药膳制作师应具备中级以上厨师资格，具备与药膳相关的中医药知识，具备严格按照药膳配方制作药膳的能力，具备在药膳制作过程中对药膳原料、制作工艺、技术水平以及成品质量的监督、指导、规范的能力，同时应熟悉国家有关食品卫生、安全的法律、法规和相关规定，必须持证上岗。而药膳制作师应具备初级以上厨师资格，具备一定的药膳相关知识，具备能够按照药膳配方或者在药膳指导师、药膳师指导下的实际操作能力，同时应了解国家有关食品卫生、安全的法律、法规和相关规定。

4. 保证功效兼具色、香、味、形

具有防病治病、保健强身、延年益寿等功效是药膳区别普通膳食的最大特点。如前所述，在制作药膳的整个过程中，保持其功效是非常重要的。然而，如果药膳给用膳者的感觉是在"用药"而不是"用膳"，势必会影响食欲，致使用膳者食用较少甚至拒绝食用，此时药膳不仅不能发挥其功效，反而连普通膳食的提供营养和能量的作用都达不到。因此，药膳的制作，既要注重其功效，又要兼具诱人的色、香、味、形，充分激发用膳者的食欲，使用膳者爱吃并且能坚持食用一段时间，如此，药膳的作用才能得到真正发挥。

5. 对药膳原材料的综合利用

很多药材和食材的不同部位是具有不同功效的，所以在药膳的制作中，应根据质量和功效的要求，严格选取原料中与功效最相宜的部位。然而，原料剩余的具有其他功效的部分，可以考虑制成其他样式的药膳，做到物尽其用。这样，既保证药膳的质量，又充分利用原材料，降低了成本。

三、药膳中药食结合的方式

药膳所呈现出的感官感觉很重要，这会直接影响用膳者的食欲。可以想象，令人毫无食欲的药膳，很难保证用膳者坚持食用，药膳的功效也得不到充分发挥。因此，药膳原料中的药材与食材如何结合才恰当，不仅要考虑性味、功效，还要考虑结合后所呈现的感官感觉。根据是否将药材作为"膳"的一部分展现于用膳者面前，可将药食结合的方式分为两大类：见药的药膳和不见药的药膳（即隐药于食）。

1. 见药的药膳

本身色形气味很好的药材，以及比较名贵的药材，如人参、冬虫夏草、田七、天麻、枸杞等，能带给用膳者良好的感官感觉，且这些药材与食材能采用同种方法烹调，那么就可以直接将药材和食材同时进行烹制，然后一同呈现于用膳者面前。这种药食结合的方式相对比较简便，但在烹调过程中应注意两点：①按药膳配方准确投料，按既定的工艺进行烹制，保证药膳质量和功效；②整形调味，达到较好的色、香、味、形效果。

2. 不见药的药膳（即隐药于食）

有些药材色形气味不佳，或者药膳原料由较多种类药材组成，这两种情况不宜将药材本身呈现于药膳中，否则会给用膳者的感觉是在"用药"而不是"用膳"，势必影响食欲。因此，在制作这类药膳时必须将药物"隐藏"于食物中，但食用后却有功效。这种"隐药于食"的方法可让用膳者免受药材的影响，达到药膳的目的。根据药膳中的药材与食材能否采用同种烹调方法，可将"隐藏"药的方式分为两类。

（1）药食可同烹　可将药材制成粉末，再与食材共同烹制；也可将药食共同烹调，待药性进入食物或汤内之后，将药渣除去，仅留食物供人们食用，如十全大补汤、乌发汤等。

（2）药食不可同烹，需分制　药食分制是指药材与食材不宜采用同种方法进行烹调，故先对药材的有效成分进行提取，然后再按一定的要求把药液与食物组合在一起制成药膳。例如药膳杜仲腰花，腰花宜用"炒"，但药材杜仲在短时间的炒制过程中难以充分释放出药性，因此先将杜仲提取成药液，再按用量调拌腰花炒制。药食分制的流程简单总结如下：

①药液的提取：根据各种药材的不同性质和所含有效成分的差异，选用不同的提取方法（详见本章第二节）。通过提取药液，能达到用量准确、质量稳定的目的，同时也能适应药膳食品工业化生产的需要，如制作药膳罐头和药膳保健饮品。

②药食组合成膳：根据药液加入食物的时机不同，可分为3种组合方法：第一种是先用药液将食物煮至六成熟，然后再用特定的烹调方法（如卤制）将其一起制成药膳，如丁香鸭、陈皮鸡等。第二种是在烹调食物过程中，加入药液一起烹调成膳。如杜仲腰花、首乌肝片等。第三种是先将食材烹调成膳，然后再加入药液调匀而成。如十全大补汤（此汤也可采用药食共烹后去除药渣的方法制作）等。第三种组合方法中因只需对食物单独进行烹调，不受药材的限制，所以依照食物需要的烹调方法进行烹调即可。

四、药膳的制作方法

随着中医药学的发展和各地食品制作方法的不断总结，目前，药膳的种类非常丰富，按制作过程特点主要可分为热菜类、凉菜类、粥类、饮品类和面点类，下面将分别介绍每一大类的制作方法。

1. 热菜类药膳的制作方法

不论是家庭烹调，还是聚餐、宴请，热菜是必备菜肴，所以热菜类是药膳用得最多的种类。热菜的制作主要有炖、煮、熬、煨、蒸、炒、炸、烧、焖等方法，各方法的特点如表6-10所示。

表6-10 热菜类药膳制作方法的特点

制作方法	制作过程特点	制成药膳的特点	示例
炖	将原料同时或先后入锅，加入清水，放入调料，先置武火上烧开，撇去浮沫，再改文火炖至熟烂	质地软烂，原汁原味；此法是制作滋补药膳最常用、最简单的一种方法	八宝鸡汤、复元汤等
煮	将原料一起放在较多量的清水或汤汁中，放入调料，先用武火煮沸，再用文火煮熟。煮比炖的时间短	口味清鲜，能突出主料滋味，色泽也美观	银耳鸽蛋汤等
熬	将原料经炮制后，置于锅中，加入清水，用武火煮沸后改用文火，熬至汤汁稠浓。熬比炖的时间更长	汁稠味浓；此法适于含胶质多的原料	银耳羹等
煨	将药物与食物置于锅内，加入清水、调料，用文火或余热进行较长时间加热，慢慢将原料煨至软烂	汤汁浓稠，口味醇厚	枣蔻煨肘等
焖	先将原料用油炝加工后，改用文火加盖焖至酥烂	酥烂、汁浓、味厚	参芪鸭条、枣杏焖鸡等
烧	先将食材经过煸、煎、炸的处理后，进行调味调色，然后再加入药材和汤或清水，先用武火烧开，后用文火焖透，烧至味入、食熟、汤汁稠浓即可。注意掌握好所加的汤或清水的用量，一次加足，避免烧干或汁多	汁稠味鲜	红杞活鱼等
卤	将经过初加工后的食材，先按一定的方式与药材结合后再放入卤汁（用肉汤、绍酒、八角、桂皮等制成的汁水）中，用中火加热，使卤汁渗透原料，直至成熟。卤制可作为单独烹制方法，也可作为凉菜前期加工方法	味厚气香	丁香鸭等
熘	原料调味后经炸、煮、蒸或上浆滑油等初步加热后，再以热油煸炒辅料，加入主料，然后倒入兑好的芡汁快速翻炒至熟。熘法必须勾芡	清亮透明，质地鲜嫩可口	黄精熘羊肉等

续表

制作方法	制作过程特点	制成药膳的特点	示例
爆	将原料经初步热处理后，先用热油锅煸炒辅料，再放入主料，倒入芡汁快速翻炒至熟。爆法必须急火旺油，短时间内加热，迅速出锅	脆嫩鲜香；此法多用于动物性原料	灵芝爆兔肉等
蒸	将原料经炮制加工后，装入一定的器皿，加入调味品、汤汁或清水（或不加汤水），置蒸笼或蒸锅上，利用水蒸气加热至熟或熟烂。蒸制的种类见表6-11	可保持形状和色泽的美观	银杏蒸鸭、田七蒸鸡等
炒	因炒法是于急火上快速加热至熟，烹制时间短，汤汁少，成菜迅速，不利于药材充分释放出药性，所以一般先将药材提取成一定比例的药液，然后再加到食材中一起炒制。注意芳香性的药物大多采用在临起锅时勾汁加入，以保持其气味芬芳。炒法种类见表6-12	鲜香入味，或滑嫩，或脆生	杜仲腰花、首乌肝片等
炸	将锅中置入较多量的油（一般用油量比要炸的原料多几倍），武火加热，原料直接投入热油中加热至熟或黄脆。炸可作为单独烹制方法，也可为其他烹制法准备半成品。炸法种类见表6-14	味香酥脆	怀药肉麻元、山楂肉干等

表6-11 药膳蒸制种类的比较

蒸制的种类	制作过程特点	示例
粉蒸	药材和食材拌好调料后，再包米粉上笼蒸制	荷叶粉蒸鸡（粉蒸与包蒸相结合）
包蒸	药材和食材拌好调料后，用菜叶或荷叶包好上笼蒸制	
封蒸	药材和食材拌好调料后，装在容器中加盖用湿棉纸封严上笼蒸制	虫草全鸭
扣蒸	药材和食材拌好调料后，整齐有序地排放在合适的特定容器内上笼蒸制（其法分明扣与暗扣，明扣为面形朝上排列，暗扣为面形朝下排列），蒸好后再翻扣在汤碗或盘中	天麻鱼头
清蒸	又称清炖，与隔水炖法相似。将药材和食材放在容器内，加入调料、少许白汤或清水后上笼蒸制	三七鸡

续表

蒸制的种类	制作过程特点	示例
汽锅蒸	将药材和食材调配好后，放在一种特制的陶土汽锅内蒸制。此种锅的底部中心有一汽柱，直通锅内，蒸汽由汽柱冲入锅内的原料中，由于上面有盖子，一方面蒸汽作为热量传递的媒介，另一方面蒸汽与原料结合后的生成物又随水汽凝沉于锅中。本法有利于保持原汁和药性	虫草汽锅鸡

表6-12 药膳炒法种类的比较

炒法	制作过程特点	示例
生炒	生炒的原料不上浆，先将药材和食材投入热油锅中炒至五六成熟时，再放入配料一起炒至八成熟，加入调味品，迅速颠翻几下，断生即好	生煸枸杞
熟炒	先把原料加工成半生不熟或全熟后，再切成片、块，放入热油锅煸炒，依次加入药材、辅料、调味品和汤汁，翻炒几下即成，本法所制药膳鲜香入味	解暑酱色兔
滑炒	将原料切制成一定的形状如丝、丁、片、条，用食盐、淀粉、蛋清等调匀上浆后，放入武火热油锅里迅速划散翻炒，兑汁投料，急火速成。本法所制药膳滑嫩香鲜	杜仲腰花
干炒	将原料经刀工切制后，再调味拌渍（不用上浆），放入八成热的油锅中翻炒，待水汽炒干微黄时，加入调料同炒，汁尽起锅。本法所制药膳干香脆嫩	枸杞肉丝

炒法基本都需要用到油，但要认识到油脂也具有自身的性味，这些性味会对药膳的功效产生影响。因此，制作药膳时，作为辅料添加的油脂的功效也应该被考虑进去，这样药膳才能发挥它真正的功效。下面列出了一些油类的性味和功效（表6-13）。

表6-13 炒药膳所用油类的性味和功效

油类	性味	功效
豆油	辛、甘、温	润肠、驱虫解毒
菜籽油	辛、甘、温	润肠、解毒消肿
花生油	甘、平	润燥滑肠去积
芝麻油	甘、平、微凉	补肝益肾、强身健体、润燥滑肠，亦有通乳作用
玉米油	甘、平	降压、降血脂

续表

油类	性味	功效
向日葵籽油	甘、平	补虚损、补脾润肠、止痢消肿、化痰定喘、平肝祛风、抗衰老、预防血管硬化
茶油	甘、凉	清热化湿，杀虫解毒
椰子油	辛、微温	祛暑气、治疥癣、冻疮
猪油	甘、凉	补虚扶弱、生津润燥、清热解毒
酥油	甘、微寒	补五脏，益气血
羊脂	甘、温	补虚、润燥、祛风、化毒
鸭肪	甘、平	治风虚寒热、水肿

表 6-14 药膳炸法种类的比较

炸法	制作过程特点	示例
清炸	将食材生料或半熟料加酱油、绍酒、食盐、调料和药汁拌渍后，入油锅炸。一般清炸的原料都不挂糊。本法所制药膳外脆内嫩	山楂肉干
干炸	将原料加调料拌渍后，经过挂糊再入油锅中炸熟	龙眼纸包鸡
软炸	将食材切成块、片、条等较小的形状，用调料、药粉调浆挂糊后，放入五六成热的温油锅里炸，温度不宜过高过低，以免发生烧焦或脱浆的现象，且炸至外表发硬时用漏勺捞出，待油温升高后再炸一次。本法所制药膳略脆鲜嫩	软炸怀药兔
酥炸	将食材加工后，在外挂上蛋清和药粉调糊后，入油锅炸至深黄色发酥为止。本法所制药膳香酥肥嫩	怀山肉麻丸

2. 凉菜类药膳的制作方法

凉菜类药膳是直接用生料，或用已制熟的原料，再经过一定的加工后冷食的菜品。很多凉菜（特别是动物类药膳原料）需要经过蒸、煮、卤等热菜加工方法进行前期加工后方能制作，如凉拌卤猪心需先卤熟后再制成凉菜。凉菜的制作主要有拌、炝、腌、冻等方法，各方法的特点如表 6-15 所示。

表 6-15 凉菜类药膳制作方法比较

制作方法	制作过程特点	制成的药膳特点
拌	将药膳原料的生料或已凉后的熟料切制成所需形状，再加入调味品拌和制成。可分为生拌、熟拌、温拌、凉拌等	清凉爽口，能理气开胃

续表

制作方法	制作过程特点	制成的药膳特点
炝	将原料切制成一定形状,经加热处理后,加入各种调味品拌渍,或再加热花椒炝成药膳。可分为普通炝与滑炝	口味或清淡,或鲜咸麻香
腌	将原料浸入调味汁中,或以调味品拌匀,腌制一定时间,排除原料内部的水分,使原料入味。可分为盐腌、酒腌、糟腌等	特点是清脆鲜嫩,浓郁不腻
冻	将含胶质较多的原料投入调味品后,加热煮制达一定程度后停止加热,待其冷凝后食用。原料必须含较多胶质,否则难以成冻	晶莹剔透,清香爽口

3. 粥类药膳的制作方法

粥类药膳也是药膳的一个重要组成部分,这些药粥是按照配方要求选用一定的中药材与米谷类食材搭配制成。这类药膳的特点是制法简单,服用方便,易于消化吸收,对于生病初愈、身体衰弱者是很好的调养品,有的药粥还能起到治疗或辅助治疗的功效。粥类药膳品种繁多,功效各异,根据原料不同的结合方式,粥类药膳可分为以下几类(表6-16)。

表6-16 药粥原料不同结合方式比较

原料结合方式	制作过程特点	示例
生药饮片与米谷同煮	能直接食用,形、色、味均佳,且宜于与米谷同煮的生药,如红枣、百合、怀山药、薏苡仁、龙眼肉等,可直接与米谷食材同煮成粥	莲实粥、薏米莲子粥
药材粉末与米谷同煮	一些药材虽宜于与米谷同煮,但质地较硬难以煮烂,如茯苓、贝母等,可先将这类药材制成粉末,再与米谷食材同煮成粥	茯苓粥
药材粉末不与米谷同煮	一些药材可食用但不宜久煮,如荸荠等,可先将这类药材制成粉末,待粥煮成后,把药粉撒进粥里,边撒边搅,撒完、搅匀后即可	荸荠粥
药材提汁与米谷同煮	形、色、味不佳,且不宜直接食用或不宜直接与米谷同煮的药材,如川芎、当归等,可先将药材榨汁或煎煮取汁,再与米谷食材同煮成粥	麦冬粥、参苓粥、竹叶粥
药材提汁,但不与米谷同煮	先将药物榨汁或煎煮取汁,待粥煮成后,将药汁掺入粥内搅拌均匀即可	生地黄粥
汤汁类与米谷同煮	将动物乳汁,或肉类汤汁与米谷同煮成粥	如鸡汁粥、乳粥

4. 饮品类药膳的制作方法

饮品类药膳是以药物、水或酒为主要原料加工成的，含有药物有效成分且具有某种功效的液态食品。目前，药膳饮品包括药茶、保健饮料及药酒等，它们的制作特点见表 6-17。

表 6-17　各类药膳饮品的制作特点

药膳饮品类型	制作过程特点	饮品特点
药茶	将药物与茶叶相配，置于杯内，冲以沸水，盖闷片刻后即可饮用；或将药材榨汁或煎煮取汁，药汁当茶饮；或将药物加工成细末或粗末，分袋包装，临饮时以开水冲泡即可	清香醒神，养阴润燥，生津止渴
保健饮料	先将药材用煎煮、蒸馏等方法提取药液，再经过滤、精制，然后加入糖或蜂蜜等兑制而成	能生津养阴，润燥止渴
药酒	以白酒、黄酒为提取剂，用浸泡法、渗滤法或其他适宜的方法处理相应的药材，再经静置、澄清、过滤而成的饮品。有的在澄清后会加入冰糖或蜂蜜调味	酒可起到促进药力的作用

5. 面点类药膳的制作方法

可先将药材制成粉末或提取成药液，再将药粉或药液与面粉一起揉和，然后按面点制作方法加工即可。这类药膳既可作为主食，如做成包类、饺类，也可作为点心类零食，如饼类、酥类、糕类。

五、药膳的成形与调味

药膳虽是一种特殊的食品，若没有诱人的色、香、味、形来增强用膳者的食欲，即使功效再好，也不能令人坚持食用，就不能发挥应有的功效。特别是滋补保健一类的药膳，是需要用膳者长时期食用的，这样才能达到滋补保健的目的。因此，在药膳的制作过程中，成形与调味对药膳最后呈现的感官感觉是十分重要的。

药膳成形取决于 3 个关键环节，即烹调前的基本形状、烹调中的加工形状及烹调后的成品形状，这三个环节是彼此紧密关联的。在制作前就要先构思药膳的基本形状，然后将原料切制成所需的形状（详见第六章第二节），这个环节刀法工艺最为重要，如动物材料的开剖方式，切片的厚薄、丁的大小等，直接决定了药膳基本形状。到了烹调环节，要考虑药膳制成后的形状，并有意识地在烹调过程中向这一形状过渡。如蒸全鸡要对整只鸡进行定形，色泽鲜艳的药材如枸杞，要掌握好火候和烹调时间，最大限度的保持其形色。最后一个环节是在前两个环节塑造的形状基础上再进一步辅助整形，主要包括装盘、勾汁、上色、亮油、定形。如装盛药膳的器皿形状、色泽是否与药膳所呈现的形状、色泽搭配协调等。总之，通过药膳成形三个环节的精心制作，赋予药膳视觉之美。

药膳的调味主要是从药材的"味"来考虑，而各种药材的味是其功能组成的一部分。因此，药膳的调味重点在清淡，应尽量保持药材和食材的原汁原味。需要注意的是在原料炮制时，要保持原料洁净、新鲜和气味，禁止使用霉变腐坏的原料，这是保证药膳天然原味以及调出更好味道的关键。有一些特殊情况，需要进行矫味或增味，也要在辨证施膳理论指导下，按一定的原则和方法来使用调味，不可只追求口味的满足，否则便会导致药膳功效降低，甚至引起相反的作用，这就失去服用药膳的初衷了。

古籍选读

《饮膳正要·卷二·食疗诸病》（元）："生地黄鸡治腰背疼痛，骨髓虚损，不能久立，身重气乏，盗汗，少食，时复吐利。生地黄（半斤），饴糖（五两），乌鸡（一枚）。右三味，先将鸡去毛、肠肚净，细切，地黄与糖相和匀，内鸡腹中，以铜器中放之，复置甑中蒸炊，饭熟成，取食之。不用盐醋，唯食肉尽却饮汁。"

"甑"是我国古代的蒸食用具，为甗（音"演"）的上半部分，与鬲（古代炊具，样子像鼎，有三个中空的足，便于炊煮加热）通过镂空的箅（竹制蒸架）相连，用来放置食物，利用鬲中的蒸汽将甑中的食物煮熟。此文详细记录了对药膳原料的炮制，药食结合方式以及"蒸"这一热菜类药膳的制作方法，并且体现了滋补类药膳的烹调和调味特点，即适宜较长时间的烹调，使原料的有效成分最大限度地溶解出来，保持其原汁原味。此外，文中还提到了应该食用药膳的哪一部分才有效果。由全文可见，要使药膳发挥应有的功效，离不开精心的炮制，规范的制作以及正确的食用。

小结

本章主要介绍了药膳的分类，药膳原料的炮制，药膳制作的特点和要求，药膳中药食结合的方式，药膳的主要制作方法以及药膳的成形与调味。本章学习的重点是：药膳的分类；与普通膳食制作相比，药膳制作自身的特点及要求；药膳中药食结合方式的分类；药膳成形的三个关键环节及对药膳调味的原则。本章学习的难点是：药膳原料炮制的目的和方法；药液制备的目的及工艺过程；各类药膳制作的主要方法及制作过程特点。

思考题

1. 什么是药膳？可按哪些依据对药膳进行分类？各类药膳的特点有哪些？

2. 什么是药膳原料的炮制？为什么要对药膳原料进行炮制？

3. 药膳原料的炮制方法有哪些？并以某一类炮制方法为例，阐述如何根据不同药材、食材的特点来选择适宜的药膳原料炮制方法。

4. 什么是药液？为什么要制备药液？药液的制备流程分为哪几步？

5. 在药液制作中常用于提取的溶剂（溶液）有哪些？

6. 阐述药液制备过程中几种常用提取方法的不同之处。

7. 阐述药液制备过程中两种过滤方法的不同之处。

8. 阐述药液制备过程中两类浓缩方法的不同之处。

9. 阐述与普通膳食制作相比，药膳制作有哪些自身的特点及要求。

10. 阐述药膳中的药材与食材应如何结合才恰当。

11. 简述药膳的制作方法有哪些及各方法的制作过程特点。

12. 药膳成形有哪三个关键环节？对药膳调味的原则是什么？

13. 查阅典籍及文献，了解某一药膳制作工艺的演变过程，并结合本章所学知识，对制作的演变给予评价。

14. 收集家里常用药膳制作工艺，尝试通过查阅相关书籍和文献，对其制作工艺进行评价，如有不足之处，请对其进行改进。

15. 将本章所学知识与日常生活中膳食制作经验相结合，为家人或朋友制作一道适合他们的药膳，并记录对方服用药膳的体验。通过这一过程，体会精益、专注和创新的"工匠精神"，提高家人或朋友的生活质量和健康水平。

第七章
不同情况下的饮食调理措施

学习目标

1. 了解不同季节和特定环境下的人体生理特点及饮食调理方式；
2. 熟悉不同人群的营养需要及食物选择搭配；
3. 掌握特殊工种人群工作环境的特点及营养需要；
4. 能基于传统中医概括的不同体质特点，针对不同体质制定合理的饮食方式；
5. 通过本章的学习，掌握四时养生及不同人群的食养特点。

食物是人体生命活动中的重要物质，食物中的营养与人类健康密切相关。一个人生命的整个过程都离不开营养物质。人在胚胎阶段时必须从母体中吸取所需要的物质，孕妇的营养不仅影响胎儿的正常发育，也为孩子一生的健康打下重要基础。婴幼儿和青少年的合理营养，对身体和智力发育都起着决定性作用。而合理的营养对中老年人来说，可保持生命的持久活力，延缓机体的衰老过程，达到延年益寿的目的。对患者来说，合理营养可增强机体对疾病的抵抗力，促进身体早日康复。因此，营养不仅与人类生长发育、智力、延寿、康复和下一代的成长有关，且对民族兴旺和国家强盛具有重要意义。

中国食疗学具有悠久的发展历史。中医认为应根据人体状况选取食物，是饮食调养的基本原则。如体胖者宜多食粗粮与蔬菜，少食肉类，切忌食物精细。体弱者宜多摄入精细食物和适当食补。体偏寒者宜多摄入温热性食品而忌多摄入寒凉食物。易上火、气血热实者应多食寒凉滑润食品而忌食辛热燥涩食物。儿童在成长发育时应饮食全面丰富，但不宜食用大补食物。妇女经期忌食过冷过热过于油腻的食物，宜多吃平和的食品。

从季节与气候等环境因素来说，食疗总的原则是饮食得当以助体内阴阳之平衡。居住在温湿环境的群体，宜食辛凉、辛燥之品，忌食收敛、黏滞的食物。地处高寒地区的人群，宜食味厚温热食物，忌寒凉之品。春季宜食助生发之气者，夏季宜清淡为主，秋季宜食爽滑平和之物，冬季宜食甘温补益者。

"养生之道，莫先于食"，饮食是人类维持生命的基本条件，通过调整饮食来补养器官功能。而要使人活得健康愉快、充满活力和智慧，则不仅要满足于吃饱肚子，还要考虑饮食的合理调配，保证人体所需的各种营养素的摄入平衡且充足，且能被人体充分吸收利用，促进身体健康和疾病康复。

第一节 不同季节的饮食调理

《黄帝内经·素问·四气调神大论》提到，"夫四时阴阳者，万物之根本也。"春夏两季，天气由寒转暖，由暖转热，是人体阳气生长之时，故应以调养阳气为主；秋冬两季，气候逐渐变凉，是人体阳气收敛、阴精潜藏于内之时，故应以保养阴精为主。"春夏养阳，秋冬养阴"是因时养生的基本法则。《千金方·食治方·序论第一》也提出"春七十二日省酸增甘以养脾气，夏七十二日省苦增辛以养肺气，秋七十二日省辛增酸以养肝气，冬七十二日省咸增苦以养心气，季月各十八日省甘增咸以养肾气"的四季饮食养生重要原则。

一、春季食养及食养原则

1. 春季生理特点

春归大地之时，阳气开始生发，万物生机勃发、欣欣向荣。人体之阳气也顺应自然，向上、向外升发。因此，春季人们饮食须注意调动体内阳气，使之逐渐旺盛起来。凡有耗伤阳气及阻碍阳气的情况皆应避免。此外，春季多风，《黄帝内经》里说"风者，百病之长也"。春季养生，要注意避免受到风邪的侵袭。风邪犯人，先及肺卫，或从皮毛而入，或从口鼻而入。养生之要，在于顾护肺卫之阳气，从而减少疾病的发生。

2. 春季食养原则

（1）助阳升发　春季食养也应注重适当摄取有助于阳气升发的食物，凡具有温热之性的食物都有助阳之力。如一些辛味食物，葱、蒜、韭、蓼、蒿、芥等。但春为少阳之时，只宜助阳，不宜大温大热，因此不宜摄入羊肉、狗肉等食物。另外，从中医角度而言，春季阳气上升易上火，可多摄入清淡可口、益气养阴的食物，如胡萝卜、莲藕、荸荠、百合、银耳、蘑菇、鸭蛋等。另外，木耳、香菇、蘑菇等食用菌类亦可健脾益胃、扶助元气，适合春季食用。

（2）减酸益甘　中医认为酸味有收敛作用，春季应少食酸味食物，以免影响阳气升发。其次春季肝气旺，肝旺克脾土，影响脾胃对饮食的消化和吸收。因此可适当进食米粥、大枣、蜂蜜、花生、山药、马铃薯之类滋补脾胃的食物及具有清肝养脾功用的黄绿蔬菜、豆制品和各种瘦肉，少吃过酸或过于油腻的肥肉及糯米等不易消化的食品。另需多饮水，增加循环血容量，利于养肝和代谢废物的排泄，降低毒物对肝的损害。

（3）温凉适宜 早春气温较低，饮食应少吃如瓜类果蔬等性寒之物和冷饮等冷食。晚春气温日渐升高，饮食宜微于清凉，可适当饮用绿豆汤、赤小豆汤以及绿茶，防止体内积热。

（4）适补营养 春天人们活动日趋活跃，增加对营养物质的需要，应适当食用如鱼肉、鸡肉、鸡蛋、豆浆、牛乳、牛肉、红薯、黄豆、核桃、芝麻等为人体提供充足的营养。饮食合理搭配可将富有营养的食物共同烹制，如猪脊骨炖海带、菠菜烩猪肝、莴笋炒肉片、紫菜蛋汤等。此外，春季可多进食绿色时蔬，有助于疏肝养气，如菠菜、芹菜、莴笋、西蓝花、茼蒿、香椿、韭菜、蒜苗等。春季各种野菜更是不可多得的天然保健品，如荠菜、马齿苋、蕨菜、马兰头等。

二、夏季食养及食养原则

1. 夏季生理特点

一年四季中，夏季是一年里阳气最盛的季节，气候炎热。对人体来说，此时是新陈代谢旺盛的时期，人体阳气外发，伏阴在内，气血运行相应旺盛。中医认为，夏防暑热，长夏防湿。暑为夏季的主气，独发于夏季，故暑热伤人多损及津液，可见心烦口渴、唇干口燥、大便干结、小便短黄等症。湿为长夏之主气，湿热结合，湿可伤阳，热可伤阴，因此饮食上需注意调理。

2. 夏季食养原则

（1）饮食清淡 夏季气温高，出汗多，饮水多，胃酸易被冲淡，消化液分泌相对减少，消化功能减弱致使食欲不振。如果过食肥甘油腻则致困胃伤脾，影响营养的消化吸收。因此，夏季饮食宜清淡，选择绿豆、白扁豆、荔枝、莲子、荞麦、大枣、甘蔗、梨、豆浆以及猪肚、猪肉、牛肉、牛肚、鸡肉、鸭肉、鸽肉、鹌鹑肉、鲫鱼、甲鱼、蜂乳、蜂蜜、牛乳等性质平和或偏凉的食物。

（2）多吃酸苦 夏季酷暑炎热、湿气较重，苦味食物既能清泄暑热，又可燥湿健脾，因此可适当多吃一些苦味食物，如苦瓜、苦菜等，尤其是苦瓜，其能调和脾胃，对中暑、胃肠道疾病有一定的预防作用。味酸食物能收能涩，夏季汗多易伤阴，食酸能敛汗止泻。如柠檬、山楂、李子、蔓越莓、蓝莓、覆盆子、酸乳等，利于生津止渴、除烦解暑、清热泄水、排毒通便。

（3）少食生冷 夏季要少吃生冷食物，少饮冷饮，生冷食物多属寒性，寒与湿互结，就会使脾损胃耗，导致泄泻、腹痛症发生。

(4) 长夏化湿　湿为长夏主气，因此湿气重，易侵入人体；而天热，人体饮水多，外湿入内，使水湿困脾，脾胃运化功能就会发生障碍。因此，长夏可常吃能健脾、利水渗湿的食物，脾健而运化功能恢复，便可行其水湿。

(5) 营养补充　高温下人体组织蛋白分解多，排泄快，应增加蛋白质的摄取。可选择富含优质蛋白的鱼、瘦肉、蛋、乳及豆类食品。另外，新陈代谢速度加快导致维生素缺乏，可补充富含各种维生素的新鲜蔬菜水果。蔬菜类，如冬瓜、黄瓜、丝瓜、苦瓜、番茄、茄子、芹菜、生菜、芦笋、茭白、百合、藕等。水果类如西瓜、山竹、草莓、枇杷、圣女果、猕猴桃、甜瓜等。

三、秋季食养及食养原则

1. 秋季生理特点

从秋季的气候特点来看，此时由热转寒，即"阳消阴长"的过渡阶段。人体的生理活动，随"夏长"到"秋收"而相应改变。正如《黄帝内经》里说"秋冬养阴"。所谓秋冬养阴是指在秋冬养收气，为来年阳气生发打基础，不应耗精而伤阴。

此外中医学认为，燥为秋季的主气，称为"秋燥"，往往出现皮肤与口角干燥、口舌生疮、咳嗽、毛发脱落等现象。燥邪伤人，易伤人体津液，出现口干、唇干、鼻干、咽干、舌干少津、大便干结、皮肤干燥甚至皲裂等症。而肺为娇脏，性喜润而恶燥，如肺失津润，轻则干咳少痰，重则肺络受伤而出血。且肺中津亏后，因无液以下济于大肠，因而使大便干结难解。

2. 秋季食养原则

(1) 甘润养肺　燥为秋季之主气，燥又多伤肺阴，故秋天食养应选择甘润养肺、滋阴润燥类食品，既不可过热，又不能太凉，总以不伤阳、不耗阳为度。饮食多以养阴清热、润燥止渴、清心安神为主，如芝麻、核桃、蜂蜜、香蕉、橄榄、百合、银耳、鳖肉、鸭蛋、豆浆、乳品等。此外许多新鲜水果和蔬菜也具有清热解毒、润燥生津、止咳化痰、益胃消食之功效，如梨、葡萄、大枣、石榴、柑橘、甘蔗汁、柿子、萝卜、荸荠等。

秋季要少食葱、姜、蒜、韭、椒等耗气辛辣之品，多食敛气固脱的涩味、酸味食品，如核桃、糯米、蜂蜜、酸乳等。秋季还应重于养阴护阳，可适量吃一些带有温补性的牛肉等，以滋阴壮阳、温补血气、增强体质抵抗力，起到润泽脏腑、养颜护肤的效果。

(2) 少辛增酸　仲秋宜少辛增酸。酸甘化阴，宜进食带有酸味的食品，如葡萄、石榴、苹果、芒果、杨桃、柚子、猕猴桃、柠檬、山楂等。另外，应少吃辛辣的食物，以防助"燥"为虐，化热生火，加重秋燥。

(3) 调适寒温　秋季饮食宜调适好寒温，早秋饮食不可太过温热，晚秋则不宜太过寒凉。初秋时要注意适当减少冷饮以及寒凉食物的摄入，对各种瓜类宜少食，以防损伤脾胃阳气。根据"秋宜平补"的原则，选择一些性质平和的食物，如鱼、瘦肉、禽蛋、乳制品、豆类以及山药、大枣、莲子等。晚秋随着气温逐渐下降，要注意少食性味寒凉的食品，并忌生冷食物。

(4) 兼顾脾肾　为预防冬季多发的咳喘等呼吸系统疾病，除注意选食具有补肺益气功效的食物外，还可适当食用健脾益胃、温肾固阳的食物，如核桃肉、生姜、芡实、大枣、花生等。脾胃健运，入冬就可放心进补。

四、冬季食养及食养原则

1. 冬季生理特点

冬季寒气主令，寒为冬季之主气，寒为阴邪，最易伤人阳气。所谓"冬三月，此谓闭藏"，是一种能量蓄积的过程。因此，冬季养生的基本原则是要顺应体内阳气的潜藏，以敛阴护阳为根本。而阳气虚体质的人更易受到寒邪损伤，因此冬季养生常需防寒就暖，保护阳气。合理调整饮食，保证人体必需营养素的充足，对提高耐寒能力和免疫能力十分必要。

2. 冬季食养原则

(1) 冬令进补　冬季主"藏"，是进补的最佳时期。人体肾"主封藏"，冬季饮食应注重养肾，以助肾藏精气。因此，可适当食用具有温补作用的食物，如狗肉、羊肉、牛肉、鹿肉、鸡肉、海参、虾、韭菜、糯米、龙眼肉等。但注意不可一味温补，以防燥热伤阴，可选择一些性质较为平和的食物，如鲍鱼、甲鱼、猪肉、鸭肉、黑豆、木耳、山药、大枣、黑芝麻、莲子、芡实等，也都具有很好的补益作用。

(2) 减咸增苦　冬季饮食应少食咸味饮食，适当增加苦味饮食以养心气。冬季为肾经当令之时，咸入肾，苦入心，肾水太旺易克心火，为防止心火不足，在冬季应减酸增苦。另外，苦味食物性质多偏凉，也可防止冬季饮食温燥易上火。

(3) 少食生冷　冬天气候寒冷，如果过食寒凉生冷食物，必会损伤脾肾之阳，造成中气下陷、形寒肢冷、下利清谷，有损肾之藏精作用。

由人体在不同季节的生理特点与食养原则，结合四季食谱举例说明（表7-1）。

表7-1　四季食谱举例

季节	早餐	午餐	晚餐
春季	面包（面粉125g） 甜牛乳（牛乳250g，白糖15g）	大米 150g 煎鱼（带鱼50g，植物油15g，酱油、味精、盐适量） 菠菜蛋花汤	花卷（面粉100g） 小米粥（小米50g） 炒肉绿豆芽（瘦猪肉50g，绿豆芽150g，韭菜）

续表

季节	早餐	午餐	晚餐
夏季	果酱面包（面粉100g，果酱15g） 牛乳（牛乳250g，白糖13g）	二米饭（大米100g，小米50g）；炒小白菜（小白菜150g，瘦肉50g，植物油10g，精、盐适量）苏菠汤（大头菜100g，番茄100g，马铃薯50g，牛肉50g，植物油5g，味精、盐适量）	炸酱面（挂面150g，豆瓣酱50g，鸡蛋50g，植物油15g，味精、盐适量） 拌黄瓜干豆腐丝（黄瓜100g，胡萝卜75g，海带10g，干豆腐25g，香油5g，味精、盐适量） 猕猴桃（100g）
秋季	面包（面粉100g） 甜牛乳（牛乳200g，白糖13g） 煎鸡蛋（鸡蛋50g，植物油5g）	二合面发糕（面粉50g，玉米面50g） 大米粥（大米50g） 菠菜汆丸子（牛肉50g，菠菜150g，香油5g，团粉、味精、盐适量） 海带萝卜丝汤（海带10g，萝卜100g，虾皮10g，香油2g，味精、盐适量）	芝麻烧饼（面粉100g，植物油5g，芝麻、味精、盐适量） 油菜熘豆腐（油菜200g，豆腐50g，植物油8g，味精、盐适量）；菠菜肉丝面片（面粉50g，瘦猪肉50g，菠菜50g，植物油5g，味精、盐适量） 橘子（150g）
冬季	面包（面粉100g） 甜牛乳（牛乳200g，白糖5g） 酱猪肉（猪肉25g）	发糕（玉米面150g，大枣10g，红糖15g） 熘白菜片（白菜150g，猪肉30g，鲜蘑菇50g，海米5g，植物油5g，味精、盐适量） 豆腐脑（200g）	米饭（大米150g） 炒芹菜（芹菜150g，胡萝卜10g，植物油10g，味精、盐适量） 炒马铃薯片猪肝（马铃薯50g，胡萝卜50g，猪肝50g，植物油8g，味精、盐适量） 酸菜汤（酸菜100g，冻豆腐50g，粉丝10g，海米5g，香油2g，味精、盐适量） 蜜梨（150g）

第二节 不同人群的饮食调理

一、小儿食养

1. 小儿生理特点

小儿时期是指出生到 12 岁，这段时期是人体发育之始，其生理特点一是生机蓬勃，发育迅速；二是脏腑娇嫩，形气未足。肺气、脾气、肾气都未成熟。肺气不固，易受外邪；脾气不足，容易食滞；肾气不足，生长发育受限。因此小儿时期对营养物质需要全面均衡但又不宜过度喂养以伤脾胃。

2. 小儿食养原则

母乳是婴儿阶段最好的食物，世界卫生组织建议，儿童 6 个月以内应接受完全的母乳喂养；6 个月~2 岁阶段母乳可作为补充食物。中医学自古以来也提倡新生儿以母乳喂养为宜，明代万全《幼科发挥·调理脾胃》记载"乳母者，儿之所依命者也，盖乳者血所化也，血者水谷之精气所生也"。

小儿逐渐添加辅食后，饮食应以易于消化吸收为原则，辅食从流质到半流质再到固体。适时增加细、软、碎、烂等种类丰富的膳食，逐渐向食物多样性过渡，如粥、软饭类，有助于强健小儿脾胃之气；但不可过早哺食，易损伤尚未健全的脾胃。

需要全面而均衡的营养。《景岳全书·小儿则》指出："小儿饮食有任意偏好者，无不致病，所谓爽口味多终作疾也，极宜慎之"。谷类食物是人体能量的主要来源，膳食应以谷类为主，并适当注意粗细粮的搭配。应鼓励多摄入蔬菜和水果。蔬菜水果不仅提供了丰富的维生素和矿物质，且其中大量膳食纤维，刺激肠胃蠕动，帮助消化，还能锻炼小儿咀嚼肌，增加牙齿坚固度。增加优质蛋白质的摄入（如蛋类、鱼虾肉、瘦畜禽肉等），以保证生长发育中各种营养素的需要。如动物蛋白中促进生长发育的赖氨酸含量较高；肉类中铁的利用较好；鱼类特别是海产鱼还含不饱和脂肪酸利于儿童神经系统的发育。保证充足的乳制品摄入，小儿摄入充足的钙有助于增加骨密度，从而延缓其成年后发生骨质疏松的年龄。肾气对人的生长发育有极为重要的作用，小儿肾气未充，因而要适当固肾补肾，如可食用动物的肝及核桃仁、黑芝麻等。另摄入适量动物肝脏，补充维生素 A 和优质铁质。

二、女性食养

1. 经期特点及食养原则

月经来潮期间,机体出现一系列变化,如抵抗力下降、情绪易波动等。经期失血还会使体内铁元素丢失明显,如超过生理界限又不能及时补充,甚至可能出现贫血。

(1) 初期常会感到腰痛、不思饮食,可多吃开胃、易消化的食物,如枣、面条、薏苡仁粥等。中医认为,血得热则行,得寒则滞。辛辣生冷的食物易引起盆腔血管收缩而引起经血量过少甚至突然停止,故应少吃如梨、香蕉、荸荠等。饮食以温热为宜,并适当补充有利于"经水之行"的食品,如羊肉、鸡肉、红枣、豆腐皮、苹果、薏苡仁、牛乳、红糖、益母草、桂圆等。

(2) 有些女性月经中期经量过多,多由气虚、血热、血瘀等原因所致。饮食中需注意选用祛瘀、凉血、补肾、健脾等法。血瘀出血者宜选用木耳、山楂、藕节等活血化瘀的食物;血热者宜选用鲜藕、芹菜、黄花菜等清热止血之品;气血虚者宜选用黄豆、山药、大枣、莲子、猪肝、瘦肉等补气养血之品,但注意不宜过补。忌食辛辣刺激、温热性食物,以免助热,加重病情。

(3) 月经后要滋阴养血,补充之前流失的气血,可以煲一些滋补的汤,如乌鸡加枸杞、红枣汤、山药排骨汤等。同时在此期间也可多吃一些"黑色"的食物,如黑木耳、黑豆、黑鱼、泥鳅等含铁丰富,易被人体吸收利用。

2. 妊娠期特点及食养原则

妊娠早期由于血聚于下,冲脉气盛,肝气上逆,胃气不降,常出现不同程度的恶心、呕吐,经过20~40d,症状多能自然消失。妊娠中期胃纳渐增,进食增多。妊娠后期胎儿增大,阻碍气机升降,气机不利,血运受阻;加之孕妇行动不便,活动量减少,可见便秘等现象。

(1) 妊娠早期(第0~12周) 孕妇的营养关系到腹中胎儿的营养和发育。营养供给不足,影响胎儿发育;饮食过多,会带来消化不良等一系列问题,对胎儿的成长不利。妊娠早期饮食尽量诱人,主要是使孕妇能进食、少吐。部分孕妇妊娠反应较重,可以少食多餐,饮食清淡,多吃蔬菜水果。此外胎儿脑部发育早在孕期第7周已开始,孕妇还需多摄入富含DHA的海产品和富含胆碱的花生、全麦面包、莴苣、菜花等以促进胎儿脑部发育。

(2) 妊娠中期(第13~27周) 妊娠中期3个月,胎儿每天增重10g,发育明显加快,孕妇摄入各类营养物质含量应有所增加。该期间胃纳渐增,进食增多,除以各种谷类及豆类食物为主食健脾益气外,还可适当食用一些可健脾益胃、滋补肾精的食物,如鸡肉、鱼类、蛋、乳、黑豆、龙眼肉以补益精血,滋养胎元。此外食物搭配上,以甘温益脾、甘咸补肾之品为主,做到营养全面而均衡;慎选或避免苦寒滑利、辛辣温燥之品。

(3) 妊娠后期(第28~40周) 妊娠后期常会出现水肿、便秘等现象,此时饮食"宜淡不宜咸",多吃一些润肠通便的食物,如粗粮、青菜、水果等并根据孕妇的营养状况来调整饮食。

3. 产褥期特点及食养原则

产妇产后全身各器官复原一般需要 6~8 周，该阶段称产褥期，俗称"坐月子"。产妇多具有虚瘀夹杂的特点，瘀血不尽，不宜过早补益，且瘀血蓄积在内，易致恶露淋沥不尽，与风、寒邪结合为病。因此在饮食上亦应注意食用一些可以补虚、活血的食物，如贻贝、乌鸡、马齿苋、油菜等，以调理气血，促进恶露排出。

此外，产妇产后除要有足够的营养素补充分娩时的消耗，还要哺乳婴儿。另外，由于产后卧床较多，活动减少，腹肌和盆底肌松弛，肠蠕动减弱，易发生便秘，因此产妇营养需要注意以下几点：

（1）高蛋白、高热量及低脂肪的饮食　产妇无论从自身恢复还是哺乳都需要有充足的蛋白质，富含蛋白质的食物有瘦畜肉、禽肉鱼、蛋、乳、贝类及豆类等。

产妇每日所需热量与男性重体力劳动者相当。但产后 2~3d 内需要摄入既易于消化，又可补充较多热量的流质、半流质食物，如红枣小米粥、鸡蛋面汤、牛乳、豆腐脑、鸡蛋羹等。产后热量主要来源于蛋白质、脂肪及碳水化合物。如瘦猪肉、牛肉等动物性食品和坚果类食品，如核桃、花生、芝麻、松子等。红糖也是补充热量的佳品，且有行血、活血、散寒作用，还利于消除子宫淤血。

（2）高矿物质含量的饮食　产褥期胎儿对母体的钙需求较大，此时应摄入充足的含钙食物，如加醋骨头汤、虾皮、鱼肉、乳及乳制品、鸡蛋、豆腐等，也可采用钙制剂作为辅助来源。此外，多晒太阳，有利于钙的吸收与利用。

此外，产妇在分娩过程中失血量较大，铁元素有所丢失，因此需要补充蛋黄、动物肝脏、红糖、芝麻、豆制品、瘦肉、黑木耳、芝麻酱、绿叶菜、牡蛎等富含铁的食物。

（3）维生素及水分　产褥期维生素的合理摄入具有积极作用，如 B 族维生素具有护肝功效，维生素 C 促进伤口愈合，同时也利于铁的吸收。B 族维生素和维生素 C 可通过乳腺转移至乳汁，因此婴儿也可从乳汁中获得这些维生素，但维生素的转换率很低，如补充过少，满足不了婴幼儿正常生长发育需要，因此乳母膳食中的 B 族维生素和维生素 C 的摄入量要求非常充足。此外，维生素 A 摄入不足是产褥期常见的膳食营养问题，维生素 A 是一类具有视黄醇生物活性的物质，对维持正常的视觉功能具有重要意义，产妇摄入不足会影响新生儿视力发育，且还会对免疫功能、生长发育、细胞增殖分化、造血及代谢等造成一定影响。产褥期食谱举例见表 7-2。

表 7-2　女性产褥期食谱举例

餐点	饮食
早餐	鸡汤面（挂面 100g，鸡肉 50g，黄花菜 10g，花生 25g，香油 3g，调料、盐适量）
点心	米酒（糯米 50g，白糖 10g）

续表

餐点	饮食
午餐	番茄炒蛋（鸡蛋 100g，番茄 150g，植物油 5g，盐适量）；豆腐汤（豆腐 50g，100g，虾皮 5g，植物油 5g，味精、盐适量）；软饭（大米 100g）
午点	牛乳（牛乳 250g，白糖 10g）
晚餐	排骨汤米粉（米粉 150g，排骨 100g，小白菜 150g，胡椒粉、味精、盐适量）；西瓜（500g）

4. 哺乳期特点及食养原则

母乳不仅是婴幼儿最佳食品，还是营养品、保健品、免疫制品。《类证治裁》说："乳汁为气血所化，而源出于胃，实水谷之精华也。"产后乳汁充足与否、质量如何，与哺乳期女性脾胃盛衰及饮食营养密切相关。

因此，哺乳期应慎食寒凉之物以免损伤中焦脾胃；饮食上宜多食甘温，如鸡肉、羊肉、牛肉、糯米、龙眼肉等，以资气血生化之源。此外哺乳期女性的营养不仅为泌乳提高物质基础，也是产妇恢复健康的重要前提条件，合理而充足的饮食营养非常重要，哺乳期饮食需要注意以下几点：

（1）哺乳期首先要满足充足的能量需求，衡量乳母摄入能量是否充足，可根据泌乳量和母亲体重来判断。一是泌乳量能否满足婴儿需要，二是母亲体重较未孕前下降为能量摄入不足，过重则表示能量摄入过多。

（2）哺乳期需保证充足的优质蛋白，如乳母每天摄入的蛋白质应保证 1/3 以上来自动物性蛋白质。此外可多摄入豆制品如豆腐、豆腐干、千张等植物性蛋白质。

（3）脂肪是婴儿中枢神经系统发育及促进脂溶性维生素吸收所必须的，故乳母膳食中应有适量的脂肪。乳母还应多吃深海鱼类，以增加 DHA 的摄入。

（4）其次哺乳期间还需摄入充足矿物质。如乳母可因缺钙而患骨质软化症，因此需补充乳及乳制品、鱼、虾皮、豆类和深绿色蔬菜等，必要时可适当补充优质的钙制剂。同时，由于维生素 D 几乎完全不通过乳腺，须多晒太阳或补充鱼肝油等以满足维生素 D 的需要。此外，锌与婴儿生长发育及免疫功能等有密切关系，还能提高乳母对蛋白质的吸收利用，哺乳期煮汤或炒菜可加木耳、黄花、蘑菇、海带、紫菜等菌藻类食物，对补充钙、铁、碘、锌、硒等微量元素很有好处。

（5）水溶性维生素如维生素 C 和 B 族维生素能通过乳腺分泌，且多能自动调节其在乳汁中的浓度。维生素 B_1 能促进食欲和乳汁分泌，但膳食中缺乏则导致乳汁缺乏，严重时可引起婴儿脚气病。因此，主食应做到粗细搭配，如加入燕麦、荞麦、玉米、小米以及赤豆、绿豆等。其次，蔬菜和水果中的纤维素，果胶和有机酸等成分，可增进食欲，防止便秘，促进乳汁分泌，是乳母不可缺少的食物。

（6）乳汁分泌不足会影响到婴儿的营养与健康，因此，产妇应多食用一些可以促进乳汁分泌的食物，如猪蹄、羊肉、牛肉、鹿肉、鲍鱼、豌豆、丝瓜、莴苣、芫荽等，皆有通乳、下乳的功效。

哺乳期可参照表7-3饮食。

表7-3　女性哺乳期食谱举例

餐点	饮食
早餐	挂面卧鸡蛋（挂面100g，鸡蛋50g，油菜50g，植物油2g，味精、盐适量）
午餐	肉丝炒花菜（猪肉75g，花菜100g，胡萝卜50g，植物油6g，味精、盐适量）；肉末白菜豆腐汤（猪肉25g，大白菜100g，豆腐100g，虾皮5g，植物油2g，味精、盐适量）；二米饭（大米100g，小米100g）
午点	牛乳200g，猕猴桃50g
晚餐	红烧鸡块（鸡肉50g，马铃薯50g，植物油8g，酱油、味精、盐适量）；千层饼（面粉100g）
夜宵	大米绿豆粥（大米100g，绿豆20g，红糖10g）；卤蛋（鸡蛋50g）

5. 围绝经期特点及食养原则

围绝经期是指妇女绝经前后的一段时期（从45岁左右开始至停经后12个月内的时期）。女性在该期间易出现烘热面赤、汗出、精神倦怠、烦躁易怒、头晕目眩、耳鸣心悸、失眠健忘、腰背酸痛、手足心热，或伴有月经紊乱等与绝经有关的症状。主要由于肾气渐衰、冲任亏损、天癸将竭、精血不足，阴阳失去平衡，故出现肾阴不足、阳失潜藏，或肾阳虚衰、经脉失于温养等阴阳失调之象。

围绝经期女性饮食需要注意以下几点：

（1）饮食以调补脏腑阴阳气血为原则，补肾为主，佐以宁心安神、养阴舒肝之品。宜食用贻贝、墨鱼、海参、芡实、核桃仁、黑芝麻、桑葚、猪肾、羊肾、羊骨、猪骨、莲子、百合、茉莉花、月季花等食物。

（2）饮食清淡，少食辛辣刺激之品，如辣椒、咖啡、烟、酒、浓茶等。

（3）围绝经期女性应控制饮食，首选低热能、低碳水化合物及低脂肪的食物。控制脂肪摄入，减少摄入含胆固醇高的鱼子、鸡皮、鸭皮等食物。可摄入含有较高不饱和脂肪酸的鱼肉等，是防治动脉硬化、冠心病的理想食品。烹调时建议多用植物油，植物油所含饱和脂肪酸比例较低，可以减少血液中低密度脂质蛋白（俗称坏胆固醇）的增加，有效降低动脉硬化发病率。

（4）保证维生素的摄入，尤其是硫铵素和烟酸，如杂粮、糙米及豆类食品，硫胺素有一定的镇静作用，烟酸可扩张血管，对降低血压有利。另外可多摄入海带、紫菜、香菇、木耳、洋葱、大蒜等有利于降低血脂的食物。

6. 减肥瘦身及食养原则

肥胖是由于过食、缺乏体力活动等多种原因导致体内膏脂堆积过多，致体重超过正常范围。中医认为肥胖有虚实之不同，实主要在于胃热、痰湿；虚主要是脾气亏虚、运化不足而致水谷精微积为痰湿，无论本于虚还是本于实，最终都导致膏脂堆积。

祛湿化痰为瘦身的基本食疗原则，纠正不良饮食行为，进食定时定量，细嚼慢咽，不吃零食及夜宵。控制饮食总热量，多吃蔬菜、水果，限制高糖、高脂食物的摄入。根据不同证型的肥胖，有不同的食疗方法，需注意以下几点：

（1）胃热火郁型肥胖　阳明火热内郁，耗伤津液，表现为形体肥胖，大便不爽，尿黄，或有口苦口干，喜饮水。食疗方法以清胃泻火为主，推荐冬瓜、兔肉、荸荠、黄瓜、海蜇等食材。

（2）痰湿内盛型肥胖　痰湿内盛，困遏脾运，阻滞气机所致，表现为形体肥胖，身体沉重，可伴头晕口干。食疗方法为化痰利湿，理气消脂，推荐鲤鱼、赤小豆、荷叶、山楂、陈皮、薏苡仁等食材。

（3）气郁血瘀型肥胖　气郁不畅，血行不利所致，表现为肥胖懒动，面晦唇暗，肢端色泽不鲜，甚或青紫，女性月经不调、量少甚或闭经。食疗方法为理气解郁，活血化瘀，推荐菊花、玫瑰花、陈皮、红花、山楂等食材。

（4）脾虚不运型肥胖　脾虚气弱，运化无力，水湿内停所致，表现为肥胖臃肿，神疲乏力，或有四肢轻度浮肿，饮食如常或偏少。食疗方法为健脾益气，渗湿利水，推荐茯苓、薏苡仁、赤小豆、鸡肉等食材。

（5）脾肾阳虚型肥胖　脾肾阳虚，气化温煦失职所致，表现为形体肥胖，易于疲乏，可见四肢不温，喜食热饮。食疗方法为补益脾肾，温阳化气，推荐川椒、虾、肉桂、龙眼肉等食材。

7. 增白养颜及食养原则

中医认为，皮肤长皱纹、干涩，皮肤黑等，是饮食失节、气血失调、肾虚等原因所致。采取滋阴补肾、生精健脾、调和气血、保证机体的充分营养，才能从根本上使面色白嫩润泽，防止早衰。因此，结合食物的性味归经，可根据皮肤的特点选用适当食物，长期注意健康合理饮食，是美肤养颜最行之有效的方法。

根据营养学理论，凡食物中酪氨酸含量低、脂肪含量低而维生素 C、维生素 E、柠檬酸含量高的食物都具有美白养颜作用。一般认为，蛋白质、脂肪含量高的食物，多见于肉禽类，中医辨证属温热性食物；而维生素、果酸含量高的食物，多见于蔬菜类、鲜果类，中医辨证属寒性食物。黄褐斑中医辨证属阴虚火旺，肝郁气滞，瘀血内阻，食物中具养阴清热活血作用的都具有祛斑防斑的作用。如水果中柠檬、草莓、猕猴桃等维生素 C 含量高，有健胃，美肤白面之功效。桃子具有生津润肠，活血消积，益气血，润肤色的作用。黑豆有滋阴补肾，补血活血之功效。丝瓜具祛风通络，清热解毒，化痰，利水养颜之功效。

8. 温经通脉

葡萄是活血化瘀的水果之一。每天喝 3 杯紫葡萄汁可降低血小板的凝集力 40%，类似阿斯匹灵的溶栓、抗凝血和溶纤维作用。尤其葡萄皮中所含的类黄酮物质，对预防心脑血管病有一定作用。中医认为山楂性温、味酸，可入血分，具有活血行气化瘀的功效，是血瘀型痛经患者的食疗佳品。柠檬中含有大量的柠檬酸与钙离子，这两种物质结相合可形成可溶性化合物，能够有效缓解钙离子，促进血液凝固，防治高血压和心肌梗死。

三、男性食养

1. 补肾壮阳及食养原则

肾脏是排泄水分、代谢产物、毒素和药物，保留人体所需物质，以维持体内水、电解质和酸碱平衡的重要器官。

饮食养肾原则如下。

（1）控制蛋白质摄取　蛋白质摄入过多会制造较多的代谢废物，增加肾脏负担。在保证基本摄取量的前提下，多吃瘦肉、鸡蛋、牛乳、鱼肉、黄豆其中富含的优质蛋白质更有利于肾脏的保养。

（2）坚持低脂饮食　高脂肪食物会诱发高血压、高血脂、高血糖，容易引起血管硬化，使肾功能下降甚至导致肾病。

（3）限制钠的摄取　体内钠离子过多易造成血压升高、水肿、腹腔积液、肺腔积液，导致心力衰竭，不利于肾脏的保养。含钠较多的食物有盐、熏肉、腌菜泡菜、酱油、醋、味精、番茄酱、香肠、火腿等。蔬菜、谷物、水果中含钠较少。另外，可根据自身肾的虚实和偏阴偏阳来通过饮食调补。肾精亏，肾阴不足者，可多食牛髓、猪髓、羊肾、鱼鳖、枸杞、黑芝麻等。养肾食物举例如下：

山药：有良好的补益脾肾作用。长期患有肾炎的病人多有脾肾气虚的表现，山药补脾益肾，慢性肾炎患者应多吃。

栗子：有补脾健胃、补肾壮腰的功效，最适宜有腰痛表现的肾功能不佳者食用。

此外，多喝水多排尿可促进体内毒素的排除，预防结石的形成和尿道感染的发生，利于肾脏保养。

2. 益精固本及食养原则

益精固本，即补益精血，固本培元，而固本即为巩固根本。中医认为，肾和脾胃是生命根本，固就是通过对肾和脾胃进行保养和调理，并通过补肾健脾来补充和恢复元气、提高身体机能。因此，固本应以"调理气血、补肾健脾"为主。

（1）枸杞　枸杞是强精固肾、固本培元、抗衰老的药食养用物品。据现代医学研究，枸杞含有多种必需氨基酸，能使身体强壮。内服补益精气、强盛阳道。

（2）山药　山药有健脾益肺、强精固肾的功效。煎汤服用或调制山药粥，能补肾益精、固涩止遗，经常食用可防治阳痿、早泄、遗精、腿软。

（3）莲子　莲子有补皮涩肠、养新固肾的功效。现代医学研究，莲子中含有莲子碱、莲子糖等成分，钙、磷、铁的含量也相当丰富，是收敛强壮的健康食品，常吃能够治脾久泻。

（4）蛤蜊　蛤蜊能促进性腺和甲状腺机能活化、益精固肾、造血强肝，具有防止老化，强化性机能的功效。

（5）雀肉　雀肉及麻雀肉有壮阳益精的功效。能治肾虚、腰痛、阳痿、早泄、不育症等疾病。

（6）鹿肉　鹿肉性温和，有补脾益气、温肾壮阳的功效。中国传统医学认为鹿是属于纯阳之物补益肾气之大是所有肉类中之首。

另外，多食用具有护肾利尿作用的食物，如动物肝脏、瘦肉、胡萝卜、冬瓜、番茄、柑橘、柿子、干果类等。同时，注意调节食物的酸碱性，在生活中有意识地多食用一些偏碱性的食品，如牛乳、豆制品、魔芋、萝卜、马铃薯、莴苣、南瓜、西瓜、香蕉、苹果、柿子等。

四、老年人食养

1. 老年人生理特点

老年人生理有三个特点：

（1）脏腑亏虚　衰老与五脏亏虚密切相关。如心气虚会影响血脉运行及神志，出现失眠、健忘、多梦等症。肺气衰，不耐劳作，易出现慢性咳嗽、气喘、感冒等症。老年人脾胃功能逐渐减弱，营养的摄取受到影响。年老肝肾不足，易出现下肢无力、关节肿痛、骨质增生、骨质疏松、耳鸣眼花等。

（2）阴阳虚衰　体内阴阳平衡失调，会加速衰老。

（3）精气神耗　中医学认为，精、气、神为人之"三宝"。老年人易气血虚弱，如气虚就会出现神疲乏力、少气懒言、面色无华、自汗出、易感冒等。血虚不能养神，就会表现为精神不振、面色萎黄、语言无力、表情冷漠、反应迟钝、记忆减退、思维迟缓、身体瘦弱、四肢无力。

2. 老年人食养原则

（1）饮食多样　老年人饮食宜保持多样化，老年人宜合理饮食不可偏嗜，能量的摄入量与消耗量以维持正常体重为宜。

（2）饮食清淡　老年人饮食需清淡，多吃蔬菜水果，少食肥甘厚味之品，如肥肉、动物内脏、甜食等，饮食过于肥腻，易加重脾胃负担。可选择选择优质蛋白，如蛋、乳、肉、鱼、豆制品等。饮食切忌过咸，摄入钠盐过多，易造成高血压进而影响心肾功能。

（3）温热熟软　老年人宜适温而食，过食温热易损伤食道及胃黏膜，诱发癌症；过食生冷可伤及脾胃阳气。此外，老年人宜多吃容易消化的熟食，如各种粥类等。

（4）少食多餐　老年人脾胃功能减弱，运化能力较差，饮食宜少食多餐。

（5）补充矿物质　老年人对钙的吸收能力下降，同时体力活动减少又可降低钙在骨骼中的沉积，以致骨质疏松症及股骨颈骨骨折比较多见。因此，应适量摄入牛乳、虾皮、海带、小鱼、豆制品、绿叶蔬菜等。此外，老年人对铁的吸收利用能力下降，造血功能减退易出现缺铁性贫血。动物性食品铁吸收率较高，且维生素 C 可促进铁的吸收，应选择猪肝、禽肉和鱼类等补铁食物，同时还应食用富含维生素 C 的蔬菜水果，以利于铁的吸收。

（6）补充维生素　老年人由于体内代谢和免疫功能降低，对各种维生素的摄入量应充足，以促进代谢、保持平衡及增强抗病能力。如多摄入维生素 A 以维持正常视力、增强免疫功能。老年人户外活动减少，由皮肤形成的维生素 D 量降低，易出现维生素 D 缺乏而影响钙、磷吸收及骨骼矿质化。因此，需适当的户外锻炼或额外补充维生素 D。维生素 C 可促进组织胶原蛋白合成，保持毛细血管弹性，防止老年血管硬化，并可扩张冠状动脉，降低血浆胆固醇及增强机体免疫功能。同时维生素 C 又具有抗氧化作用，可防止自由基损害，因此老年人膳食中应充分供应维生素 C。

3. 老年人食养特殊性

（1）养心安神食养　心为神之居，血之主，脉之宗，在五行属火，起着主宰生命的作用。心血不足，则出现心悸失眠、还多梦、易惊、健忘。养心安神的食物可补心气，益心智，镇静止惊，增强记忆力。虽然中医临床分型有心阳虚、心阴虚、心血虚、心气虚，但在食疗药膳中，由于都是性质平和，只要有心慌心跳、失眠健忘的症状就可以使用。养心安神的食物举例如下：

莲藕：鲜藕含有大量的碳水化合物和丰富的钙、磷、铁及淀粉，多种维生素和蛋白质。熟藕则具有通气、健脾和胃、养心安神的作用。以水煮服或稀饭煮藕吃疗效最好。

小米：《本草纲目》指出小米治反胃热痢，煮粥食，益丹田，补虚损，开肠胃。其功用在于"健脾、和胃、安眠"。小米富含易消化的淀粉，进食后能使人产生温饱感，可促进人体胰岛素的分泌，进一步提高脑内色氨酸的数量，让人有安神之感。

莲子：历代本草著作都认为莲子可以延年益寿。莲子有良好的养心安神、清心除烦的作用，中医认为夏季养心吃莲子最好。

（2）益智健脑食养　基于解决人口老龄化所出现的越来越多的认知障碍性问题的需要，脑的营养保健日益受到关注。科学研究证实，多种营养素或食物成分在大脑中枢神经的结构和功能中发挥着重要作用。

蛋白质合成是脑发育的重要标志，蛋白质缺乏将影响脑发育。氨基酸与脑功能密切相关，其中色氨酸和酪氨酸属于人体必需氨基酸，是几种重要神经递质的前体。色氨酸几乎存在于所有的蛋白质食物，酪氨酸可提高认知能力。

膳食中的脂肪酸摄入可能与认知功能相关。研究发现饱和脂肪、胆固醇和痴呆及认知损伤间呈正相关，而不饱和脂肪酸与其呈负相关。长链多不饱和脂肪酸如 DHA 可促进神经元的生长和分化，提高记忆力。脑功能活动所需的能量主要靠血糖氧化供给，血糖浓度下降会损害认知功能，葡萄糖是维持脑功能的主要能源物质。

微量元素，锌与脑功能关系密切。流行病学资料表明，老年性痴呆患者的血清锌含量明显降低。铁是神经发育必需的微量元素，铁缺乏可导致学习能力受损。硒是机体抗氧化系统组成成分谷胱甘肽过氧化物酶的必需成分，适当补硒可提高谷胱甘肽过氧化物酶的活力，从而提高机体抗氧化能力。人体中重要的抗氧化酶超氧化物歧化酶有两种，一种含锰，一种含铜和锌，适当补充可提高机体免疫力。

此外，植物化学物对脑功能的影响已成为营养学研究的新目标，对维持脑功能方面具有积极的作用。如植物多酚，其主要膳食来源为水果、蔬菜及植物性饮料。如黄酮类化合物可延缓神经细胞衰老，白藜芦醇可诱导阿兹海默病形成的淀粉样蛋白凋亡。类胡萝卜素具有清除自由基的功能。黄酮类广泛存在于茶叶、莓类果实、洋葱、苹果、红酒、咖啡等。

（3）补精益气食养　男人步入老年阶段后，身体的各个方面都开始走下坡路，气血渐衰，精力也大不如前，除锻炼和良好作息外，还可每天吃点辣木籽、椰枣、黑豆和山药等来调养身体，排毒补精气，让身体气血和精力旺盛，不输年轻人。

黑豆：黑豆富含微量元素，能够对抗衰老、降血压，也含有丰富的粗纤维，有助于消化，预防便秘。根据《本草纲目》记载，黑豆性味甘，具有活血、清热解毒、滋养健血等功效。

山药：山药具有益肾气、健脾胃、止泄泻、化痰涎、润皮毛的作用，还能滋补健身、补精益气、减肥美容、延缓衰老，对治疗多种疾病，调养身体有很有帮助。

（4）抗衰老食养　衰老是指机体发育成熟后，组织器官逐步发生退行性改变，并最终走向老化的过程。中医认为精、气、神三者的状态标志着一个人的健康，如三者虚衰，则是衰老的征象。

中医衰老机制主要包括肾虚衰老和脾胃虚弱衰老等学说。肾虚衰老学说认为肾为先天之本，人体生长、发育、衰老以至死亡的过程就是肾气逐渐充实、隆盛、衰少乃至衰竭的过程。肾精不足，不能充养骨髓，则步态不稳，骨质疏松，齿动牙脱；髓不能充养脑髓，则脑转耳鸣；精不能养发，则须发早白甚则脱落。脾胃虚弱衰老学说认为脾胃为后天之本，为气血生化之源，脾气的盛衰，影响人的消化和吸收以及营养、废物的排泄，气血的化生。两者之间密切相关，对人体能否健康长寿有着至关重要的作用。

老年人食养需注意以下几个方面。老年人正气衰减，脏腑功能不及壮年，既需要良好的营养，又需要注意防止损伤脾胃。《黄帝内经》中说："饮食自倍，肠胃乃伤"。在饮食的量和味方面要"无使过之"，要有节制，切勿太过。其次，饮食应定时。"不时，不食"，这是孔子的饮食习惯，即不到该吃饭的时候，就不吃东西。此外，老年人饮食要清淡，勿过食肥膏肥腻，日常生活中顾护脾胃，使脾气充盛、运化功能健全，对防止衰老和养生保健有着重要意义。老年人饮食还需多样化,《黄帝内经·素问》中说:"五谷为养,五果为助,五畜为益,五菜为充,气味合而服之,以补精益气。""五味各走其所喜,谷味酸,先走肝,谷味苦,先走心,谷味甘,先走脾,谷味辛,先走肺,谷味咸,先走肾。"而甘味食品多热性,酸、苦食品多寒性,咸味食品多寒凉,应注意饮食中的寒热,注意定时定量均衡的饮食。

因此老年人饮食需如《养生录》中谈到的养生"六宜",食益早些、食宜暖些、食宜少些、食宜淡些、食宜缓些、食宜软些。从膳食结构而言,少吃脂肪、以鱼代肉、以蜂蜜代糖、高钾低钠、不吃或少吃精细食粮、多吃新鲜蔬菜和水果(表7-4)。

表7-4 老年人四季食谱举例

餐点	春	夏	秋	冬
早餐	面包(面粉75g);牛乳(250g);煮鸡蛋(40g)	果酱馒头(面粉50g,果酱20g);绿豆粥(大米50g,绿豆25g,白糖5g)	馒头(面粉50g,果酱20g);甜牛乳(牛乳225g,白糖5g)	香菇菜包(面粉100g,青菜100g,香菇15g,冬笋20g,香油2g、味精、盐适量);牛乳(250g)
午餐	米饭(大米125g)花菜肉片(花菜200g,瘦猪肉50g,植物油7g,味精、盐适量);菜心木耳粉丝汤(菜心100g,黑木耳2g,粉丝20g,香油5g,葱、味精、盐适量);苹果(100g)	米饭(大米125g);青菜肉片(青菜200g,猪肉50g,植物油10g,味精、盐适量);丝瓜蛋汤(丝瓜100g,鸡蛋50g,虾皮20g,香油5g,味精、盐适量)	米饭(大米125g);炒苋菜(苋菜200g,植物油7g,味精、盐适量);炒素(素鸡60g,茭白50g,青椒50g,植物油7g,味精、盐适量)	米饭(大米125g);青椒肉片(猪肉50g,青椒100g,黑木耳2g,植物油7g,姜、味精、盐适量);酸辣菜(卷心菜150g,胡萝卜50g,香油2g,辣椒油2g,白糖、醋、味精、盐适量)
晚餐	米饭(大米125g);素什锦(小香干50g,油面筋10g,香菇15g,笋20g,胡萝卜50g植物油7g,味精、盐适量);紫菜虾米汤(紫菜2g,虾米20g,香油5g,味精、盐适量)	米饭(大米100g);清蒸带鱼(带鱼50g,植物油5g,葱、姜、料酒、盐适量);焖扁豆(扁豆200g,黑木耳2g,植物油10g,味精、盐适量)	米饭(大米125g);蘑菇肉片(蘑菇50g,牛肉50g,植物油7g,盐适量);芹菜拌干丝(芹菜200g,豆腐干25g,香油2g,盐适量)	米饭(大米125g);葱油鲫鱼(鲫鱼75g,植物油7g,葱、酱油、盐适量);紫菜鹌鹑蛋汤(鹌鹑蛋50g,紫菜2g,植物油5g,味精、盐适量)
晚点	豆浆(200g)	牛乳(250g)	香蕉(100g)	橘子(100g)

五、特殊人群食养

特殊环境和特殊作业都可影响人体营养代谢，引起人体对某些营养素的特殊需要和对饮食安排的特殊要求，这就提出了特殊人群的营养的问题。

1. 接触有毒化学物质人群营养

有毒有害化学物质种类繁多，包括重金属铅、汞、镉等，卤烃类四氯化碳、三氯甲烷、氯化氢等，芳香类苯、苯胺、硝基苯等，有机磷及有机氯等杀虫剂以及矽尘、煤尘、棉尘等。在不同职业环境中，这些化合物可干扰、破坏营养物质在体内的代谢，危害人体健康。合理的营养措施，可通过对酶活性的调节来增加机体的解毒能力，提高机体对毒物的耐受和抵抗力。值得注意的是，从业人员脱离有毒化学物质接触环境后，机体靶器官由于受到毒物的损害尚未恢复正常生理功能，因此曾经或已接触过有毒化学物质的人员需继续提供合理营养。

（1）良好的蛋白质营养状况，既可提高机体对毒物的耐受能力也可调节肝微粒体酶活性至最佳状态，增强机体解毒能力。尤其是含蛋氨酸充足的优质蛋白质，可提高谷胱甘肽还原酶的活性，增加机体对铅及其他重金属、卤化物、芳香烃类毒物的解毒作用。

（2）维生素C具有良好的氧化还原作用，能清除毒物代谢时所产生的自由基，保护机体免受大多数毒物造成的氧化损伤。其还可提供活泼的羟基，有利于毒物解毒进程的羟化反应，对大多数毒物有解毒作用。维生素C还可使氧化型谷胱甘肽再生成还原型谷胱甘肽，继续发挥对毒物的解毒作用。

（3）膳食中脂肪的供热比大于30%时，脂溶性毒物有机氯、苯以及铅、饱和烃类、芳香烃类等在肠道的吸收及在体内的蓄积就会增加。但磷脂作为肝内质网生物膜的重要成分，其适量的补充又有助于提高混合功能氧化酶的活性，加速生物转化及毒物的排出。因此，在平衡膳食的基础上，针对不同毒物有目的地对营养和膳食加以调整，对职业人群极为重要。

2. 电离辐射作业人群营养

电离辐射有的来自天然存在的各种电离辐射源，即天然本底照射，如宇宙射线以及土壤和水中含有微量的放射性物质；有的来自工作环境，即职业性照射，如核电站、核动力船、核素矿的生产环境以及一些诊断与治疗的设施等。机体受电离辐射后会产生一系列极为复杂的化合反应，使一些营养素受到影响。

首先该群体人员能量供给要满足能量消耗的需要。蛋白质尽量选用有放射防护作用的蛋白质，如牛乳、肝脏、瘦猪肉、脱脂的大豆蛋白及胶原蛋白等。脂肪选用富含必需脂肪酸的油脂及防护电离辐射损伤效果较好的油脂，如花生油和橄榄油。碳水化合物供给量应占能量的60%~65%，其中可包括一些防护效果较好的果糖。

部分国家现已有防电离辐射损伤的保护性膳食在早餐或午餐时供给，其由主食、肉、鱼、肝、蛋、牛乳、发酵牛乳、卷心菜、马铃薯、番茄、水果及动植物油组成。中国学者提出卷心菜、蜂蜜、杏仁、银耳等有良好的防护作用。

3. 噪声振动作业人群营养

据测定，60dB 的噪声即能抑制胃的正常活动，80dB 噪声使胃肠收缩力减弱、消化液分泌量减少和胃酸度下降。噪声可使机体代谢增高，而维生素 A 或抗坏血酸缺乏时，可使耳蜗细胞发生变化而影响听力。在 85dB（A）条件下工作 7h，血清中镁含量和尿中镁排出量均增加，缺镁会增大对噪声的敏感性。近来还发现体内缺铁可导致听毛细胞功能障碍，从而导致感觉神经性耳聋。

噪声与振动环境中作业人员的膳食应保证各种营养素之间的配比适当，控制脂肪摄入，特别是要控制动物性脂肪和胆固醇摄入。此外，还要供给充足的维生素及矿物质，选用富含维生素及铁的食物，如瘦猪肉、猪肝、绿叶菜等。

4. 采矿作业人群营养

采矿作业是指如煤矿、金属及非金属开采等，作业环境特点是不见阳光、潮湿，空气不流通；受到噪声、振动和放射性物质的危害；空气中有大量粉尘和有害气体；因此全面采取有效预防措施，包括营养措施，对保障矿工的身体健康，减少疾病发生具有重大意义。

对于采矿作业者应供应充足的能量和各种营养素。劳动强度和持续时间是劳动过程中能量消耗的主要决定因素。矿工能量需要一般按男性重体力劳动者的推荐摄入量（RNI）计，每天摄入量应保证在 3200kcal，劳动强度大和作业持续时间长的矿工，可增加到 4000kcal。矿工每日应补充优质蛋白质，动物性及大豆蛋白质占蛋白质总量的 1/3～1/2，含蛋氨酸、色氨酸蛋白质有利于预防和治疗硅沉着病。脂肪是重要的能量来源，有较强的饱腹作用，且可改善食物的感官性状，刺激食欲，矿工可适当提高脂肪摄入量。

矿工从事大强度劳动，大量出汗消耗了大量微量营养素，如不及时补充会引起机体水盐代谢紊乱，出现食欲不振、恶心等症状，甚至休克。另外随着汗液流失的 B 族维生素、烟酸和维生素 C 对预防和治疗硅沉着病和提高机体免疫功能有一定效果。矿工膳食需要配给足量的富含维生素 C、B 族维生素和各种矿物质的蔬菜水果，如番茄、青椒、白菜、油菜、鲜枣、甜瓜、桃、山楂等。

矿工作业日照时间少，光线暗，需要暗视力强，应注意从膳食中供给一定量维生素 A 和维生素 D，如胡萝卜、菠菜、动物肝脏、瘦肉、牛乳、水产品和蛋类等。

5. 飞行人员营养

飞行人员的营养保障对提高人体对飞行环境的适应能力，确保飞行安全、提高飞行效率具有重要意义。飞行活动飞行人员能量消耗较高，因此须供给足够的能量，但进食过多或过少，甚至空腹飞行也可降低高空和加速度习服能力。

因此膳食中三大产能营养素比例适当才能发挥最大营养效能。一般主张飞行前和飞行中的膳食采取高碳水化合物、低脂肪和最适蛋白质的原则，碳水化合物占总能量不宜过高。飞行前的食物应量少质精，粗杂粮、干豆类等含纤维较多，在胃肠道内易被细菌分解发酵，产生气体，容易引起高空胀气。而飞行期间维生素的消耗量显著增加，所以必须供给满足生理功能所需的各种维生素。

在非飞行日，飞行人员的食物应多样化，达到平衡膳食。飞行日膳食必须注意选择食物和加工方法，以防止在胃肠内形成过多的气体而加重高空胀气，一般选择易于消化的食物如动物性食品。食物烹调时，多采用蒸煮炖，少煎炸。切忌饮食不要太快防止吞入过多的气体。

6. 航海人员营养

随着舰船设备机械化、自动化程度的提高，舰船人员的能量消耗逐渐下降，能量供给量也在下降。因此应提高优质蛋白摄入（如动物性蛋白），控制脂肪和蔗糖的摄入。

由于航海环境中多种因素的影响，维生素消耗增加，应注意供给充足的维生素、特别在低纬度区域航行或长期航行中要增加水溶性维生素和矿物质的供给量，必要时可通过供给饮料来补给这些矿物质。潜艇长期在水下航行时，要补给维生素 D。

另外潜水期间压力增大，避免供给过多脂肪，以免使血脂升高而溶解过多的惰性气体。潜水前摄入富含碳水化合物而脂肪和蛋白质较少的食物是一种安全选择。若在水下作业时间较长，中间应供给一次食物可快速补充能量和水分。另外保证膳食中动物内脏、蛋类、牛乳、水果和叶菜类食物的供应，适量增加能量密度大的食物，如巧克力、强化麦乳精等。潜水前 2h 内严禁过分饱食，过饱不仅造成潜水作业中消化道的负担，还会由于寒冷及体位多变，致胃内容物逆食管而上，进入口腔影响水下呼吸，甚至造成意外事故。潜水作业期间饮食不要给予容易产气的食物，如豆类、萝卜、韭菜、芹菜、黄豆芽、汽水和啤酒等。潜水后在减至常压后 10d 内除供给能量充足的平衡膳食外，仍应继续补给维生素，以消除高压环境对维生素代谢的影响。

7. 运动员营养

膳食营养与运动员的竞技能力和健康状况息息相关。合理营养有利于代谢过程的顺利进行和器官功能的调节，对运动员功能状态、体力适应、运动后的恢复和伤病防治都具有良好作用。因此，合理营养是保证运动员良好健康状态和运动能力的基础，在进行全面科学的运动训练的同时，必须考虑运动员合理营养问题。

由于运动员的营养素代谢和营养需要与一般重体力劳动者不同，且不同项目运动员在不同的训练周期，体内的物质代谢过程也显著差异，因此，在保证平衡膳食的基础上，根据不同运动训练时的生理生化改变，合理安排运动员的膳食营养，正确使用营养补充剂，可帮助运动员取得最佳的训练效果、竞技能力和比赛成绩，同时保证良好的健康状态。

（1）食物的数量和质量应满足需要　运动员的膳食适合高碳水化合物、低脂肪、适量蛋白质和充足水分，并含有丰富的矿物质和维生素。

（2）食物应当多样化，保证营养平衡　食物组成应有谷类食物（包括米、面和适量的粗杂粮和薯类）、蔬菜和水果，乳和乳制品，肉、鱼、禽、蛋、水产，豆和豆制品以及烹调用油和白糖等食物。能量不足或过多时，可用主食、油脂或甜食等进行调节，保证充足的蔬菜水果、乳和乳制品，以及适量的肉类食品。

(3) **重视补液** 由于运动出汗量大，汗液中含一定量电解质，大量水分丢失和汗液电解质丢失增加是运动员水和电解质代谢的主要特点。因此，运动员应注意补液。注意少量多次补液，避免一次性大量补液造成胃肠道和心血管系统负担加重。运动前和运动中不要用含咖啡因饮料，咖啡因饮料饮用过量涉及兴奋剂问题，且会引起脱水；运动中不要使用含糖浓度高的饮料，以免引起胃不适和胃排空延迟。补液可选择富含水分、电解质和能量饮料。

8. 脑力劳动者营养

(1) 脑力劳动者应注意补充脑组织活动需要的能量，构成脑细胞的磷脂或不饱和脂肪酸，参与调节脑细胞兴奋或抑制的蛋白质、维生素 A 和微量元素等为重点。蛋白质脑力劳动者在记忆、思考过程中要消耗大量蛋白质，同时脑组织在代谢中也需要大量蛋白质进行组织更新。膳食中提供优质、充足的蛋白质是保证大脑皮质处于较好生理功能状态的重要前提。脑力劳动者应经常有计划地食用含有不饱和脂肪酸的食物。人脑所需要的脂类主要是脑磷脂、卵磷脂和不饱和脂肪酸，其有补脑作用，能使人精力充沛，工作和学习效率提高。n-3 系脂肪酸对神经系统更为重要，如 EPA、DHA 缺乏时对脑功能影响较大。

碳水化合物分解成葡萄糖后进入血循环成为血糖，后者是膳食中提供脑组织活动的唯一能源。大脑对血糖极为敏感，如果血糖降低，脑的耗氧量也下降，轻者感到疲倦，重者会发生低血糖反应昏倒。血糖浓度下降时，较早对于认知行为就产生影响和损害。

磷是组成脑磷脂和卵磷脂的重要成分，参与神经信号传导和细胞膜的生理活动，能提高脑的记忆力和集中注意力。钙能调节神经递质的释放、神经元细胞膜的兴奋性，对脑的记忆力和注意力也具有促进作用。锌、铁是人体必需的微量元素，其与脑发育密切相关，缺铁和缺锌使儿童注意力分散、智商低，成人缺铁也影响脑的功能。

水溶性维生素及某些脂溶性维生素（维生素 A、维生素 D、维生素 E）可直接或间接对神经组织和细胞的多种代谢产生影响。在人体试验和动物实验中，水溶性维生素严重不足时，可使记忆受损。

(2) 脑力劳动者碳水化合物供能的适宜比例为 55%~65%。碳水化合物的主要来源是谷类，即米、面、杂粮等，脑力劳动者须保证碳水化合物供给充足，不可忽视谷类摄入，尤其是早餐不可少。脑力劳动者蛋白质供能的适宜比例为 12%~15%。注意选用优质蛋白质，如大豆、乳、蛋或鱼、瘦牛肉、羊肉、虾等，最好每日能搭配这些食品 3 种以上。脑内最多的脂类为卵磷脂，它构成并维护脑细胞膜及各种细胞器膜的完整性。含磷脂丰富的食物品种有很多，除大豆、蛋黄外，花生米、核桃仁、松子、葵花籽、芝麻等也富含卵磷脂。每天保证 500g 蔬菜和 200g 水果的摄入。

9. 驾驶员营养

驾驶员的工作，无论在脑力还是在体力，都是一项高强度、高难度的劳动，加上振动和噪声的刺激作用，驾驶员体内物质分解代谢加强，能量消耗比平时增加，因此膳食中应供给充足能量。

首先保证足量的碳水化合物是预防低血糖的重要措施，由于大脑对血糖水平极为敏感，如果血糖降低，脑的耗氧量下降，会加速驾驶员疲劳，因此坚决杜绝驾驶员"空腹驾车"的行为。其次供给高蛋白质膳食可补充机体在不良环境因素刺激下蛋白质的消耗，提高驾驶员对噪声和振动的抵抗能力和适应能力。此外，蛋白质对驾驶员接触的汽油和汽车尾气中的苯、铅等有害物质也具有一定防护作用。此外膳食中某些特殊的氨基酸对部分有害因素也具有防护作用，如含硫氨基酸（蛋氨酸）是体内谷胱甘肽和硫酸的来源，后者为苯和铅等物质的生物转化所必需；而由噪声和振动刺激引起神经系统兴奋，使脑中产生氨量增多，需要更多的谷氨酸进行解毒转运。

另外，膳食中应限制饱和脂肪酸和胆固醇的摄入，适当增加多不饱和脂肪酸的比例。对于进行紧张脑力劳动的驾驶员，不饱和脂肪酸、脑磷脂和卵磷脂具有补脑的作用。另外，一些矿物营养素也能保障大脑高速运转，如磷不仅是组成脑磷脂、卵磷脂的主要成分，且还参与神经纤维的传导活动，影响着人的反应敏捷程度；钙能调节神经递质的释放，维持神经元的兴奋性；钾在维持神经肌肉的应激性方面起重要作用。还有一些矿物元素对保障驾驶员的正常生理功能及良好工作能力十分重要，如锌、铁、硒可提高机体免疫力，增强防病能力；钾、钙、镁还具有降低血压的作用，可在膳食中应增加其摄入量。

由于驾驶员能量消耗增加，与能量代谢有关的 B 族维生素和烟酸也相应增加，且这些维生素还有保护神经系统的作用。另外如维生素 A 缺乏会导致夜盲症、眼干燥症等，直接影响驾驶员的操作能力，也应注意在膳食中适量添加。

第三节　不同生活环境的饮食调理

一、地理环境与膳食

高温环境下，人体容易耗气伤津，中医认为，脾胃为后天之本，气血生化之源。在暑气之下，首先受到损伤脾胃之气。胃是人体的"仓廪之官"，主"受纳、腐熟"，而脾则主"运化"，只有脾胃合作，共同"运化水谷精微"，才能最终形成气血。除了容易"伤气"之外，高温环境人体还容易"伤阴"。中医认为高温环境下出汗，汗液属阴液的一种，而脾胃只有得到阴液的滋养，才能发挥正常的受纳和运化功能。而阴液受损可导致胃阴不足，也会影响食物的消化吸收。当脾胃之气受损，胃的受纳功能和脾的运化功能都会变差，人自然觉得吃不下饭。因此高温环境下饮食需注意开胃健脾，滋养胃阴。

1. 高温环境下的营养与膳食

通常把35℃以上的生活环境或32℃以上的工作环境称为高温环境，而相对湿度大于80%、环境温度大于30℃的环境也可视为高温环境。

高温下，消化道血流量减少相应引起唾液、胃液、胆汁、胰液、肠液等消化液分泌减少，因此蛋白酶、淀粉酶等也相应减少，且热环境下体温调节和饮水中枢兴奋而摄食中枢受抑制的原因，致使消化功能减退，营养素消化吸收利用降低。高温还能引起大量汗液排出和体液丢失，导致血液浓缩和血容量减少。

（1）高温环境对营养素代谢的影响　如果体温上升则能量代谢增加，能量需要量增加。高温环境下，机体由于失水和体温增高均可引发蛋白质的分解代谢增加，故大量出汗可引起含氮物质丢失。另外，汗液中最多的矿物质是钠，钠离子对维持体液的渗透压和体液平衡，维持肌肉的正常收缩和酸碱平衡有重要作用。汗液中钾丢失量仅次于钠，容易导致血钾偏低，出现负钾平衡。缺钾使机体耐热能力下降，这可能是引起中暑的原因之一。大量出汗还会加重微量元素和水溶性维生素缺乏，尤其对已经出现缺乏的儿童、老年人、孕妇、病人等人群在高温环境下要特别注意补充。

（2）高温环境下的营养需要　高温环境下生活的人群，食欲较差，故要逐步分次增加饮食，尽可能提供足够能量和营养素。补充水和无机盐。水的补充以保持体内水的平衡。高温环境下人群参照其劳动强度及具体生活环境建议的补水量范围补水，如中等劳动强度、中等气象条件时日补水量需3~5L；强劳动及气温或辐射热特别高时，日补水量需5L以上。补水以少量多次为宜，以免影响食欲。高温饮料可选用白开水、茶水、汽水及其他无盐饮料。当出汗量较多时可选用盐开水或含盐饮料。深色蔬菜水果含钾、维生素B_2、维生素C和胡萝卜素较多，豆制品，海带含钙丰富，动物肝脏、血液、瘦肉等动物性食物含铁丰富且吸收率很高，含锌高的食物有动物肝脏、鸡肫、牛肉、牡蛎、鲱鱼等，高温环境下的饮食可适当补充这些食物，另外水果中的有机酸可刺激食欲并有利于食物胃内消化。

因高温环境下机体分解代谢速度加快及氨基酸从汗液的丢失，蛋白质摄入量亦适当增加，由于高温作业人群食欲下降，建议补充优质蛋白质，如动物性食物鱼、禽、蛋、肉及豆制品。

2. 低温环境下的营养和膳食

低温环境指环境温度在10℃以下的外界环境，主要由气候地理因素和特殊作业条件所形成。前者见于我国多数地区冬季，尤其是气温低又缺少取暖设施的场所；后者指低温作业，即在生产劳动过程中，其工作地点平均温度等于或低于5℃的作业，包括职业性接触低温、南极考察、冷库作业等工作环境。在低温环境中胃酸分泌增加，胃液的酸度增强，胃排空减慢，食物在胃内的消化过程较为充分。膳食调查发现寒冷环境可使食欲增加，机体在寒冷环境中对能量需要量增加，且喜好能量多、脂肪多的食物，喜进热食。

（1）低温环境对营养素代谢的影响　低温环境下人体能量消耗增多，其膳食中应适当增加产能营养物质的供应量。在低温环境下，以碳水化合物供能为主逐步转变为以脂肪供能为主。低温环境下人体蛋白质代谢有所增加。研究表明，食用高蛋白质膳食者在寒冷环境中的存活率高于食用低蛋白质膳食者。一些氨基酸也能提高机体耐寒力，如甲硫氨酸和酪氨酸等。

寒冷环境下，补充多种营养素可提高机体耐寒能力。如锌、镁、钙、钠等矿物质；维生素C、维生素A、烟酸、B族维生素和泛酸等。另外低温下由于日照减少以及食物来源受限，血清维生素D水平下降，加之钙、磷不足，佝偻病、骨化迟缓和骨折愈合障碍等骨骼系统疾病出现较多。

（2）低温环境人群营养需要　低温环境能量的需要增加。低温环境下机体脂肪利用增加，脂肪供热比应提高至35%。碳水化合物供热应不低于50%。蛋白质供热为13%~15%，其中含蛋氨酸较多的动物蛋白质应占总蛋白质的50%，这是因为蛋氨酸是甲基的供体，而甲基对提高耐寒能力极为重要。

维生素、矿物质的需要增加。寒冷地区因条件限制，蔬菜及水果供给通常不足，饮用水主要以雪山水为主，所以应额外补充各种维生素和矿物质。另外应当特别注意钙和维生素D的补充。每日应当补充钙600~1200mg，可以从含钙丰富的豆类、乳类、虾皮等食物中摄取。

3. 高原环境人群营养

一般将海拔3000m以上的地区称为高原。高原由于低温以及其他原因，大气中含水量低，冬季尤为明显。大气干燥使人体容易产生皮肤皲裂，口唇干燥和体内脱水。高原低氧分压使血液供氧不足，引起各系统组织缺氧，能量供给障碍，生理功能明显下降。初入高原者对缺氧反应最常见的是胃肠道症状，高原低氧条件下胃肠运动功能紊乱主要表现为胃排空时间推迟，60%的人出现恶心，呕吐，食欲减退等症状。另外胃肠道对营养物质的消化吸收功能降低。

（1）高原环境对营养素代谢影响　高原环境人员能量摄入减少，而消耗却增加。由于高原低氧影响营养物质的消化吸收，也包括影响血糖的消化吸收。一般初到高原者饥饿时血糖水平有升高。高原低氧时由于氮摄入量减少，蛋白质合成率下降，分解代谢却增强，出现不同程度的负氮平衡。高原缺氧条件下脂肪动员加速，脂肪分解增强，血脂增高。高原缺氧初期食欲减退易使维生素摄入量不足，且机体对缺氧的代偿和适应反应可使维生素消耗量增加，易发生维生素缺乏。高原缺氧初期对铁的需要量增加，促进铁吸收的锌、铁、铜、硒、锰等微量元素含量减少。

（2）高原环境人群的营养需要　低氧情况在同等劳动强度下，在进入高原后的不同时期内人体的能量需要量不同。一般情况下，从事同等强度的劳动，可逐步提高对能量的需要。在 3 种产能营养素中，碳水化合物易消化，有利于较多较快地供给组织能量，减轻高山反应症状（头痛、恶心、嗜睡等）。并可节约蛋白质，可防止高原暴露 24h 内的负氮平衡，减轻高原不适反应的效果最好。进入高原前和刚进入高原后几天应注意摄入足量的碳水化合物以减轻高原反应。提高蛋白摄入，如色氨酸、酪氨酸、赖氨酸和谷氨酸等氨基酸能够提高缺氧习服能力，可选用优质蛋白（如大豆及其制品、鱼类、肉类和蛋类），维持氮平衡。可额外补充多种维生素或增加膳食维生素的供给量，较好保持体内维生素营养状况。另外补充铁质有利于血红蛋白、肌红蛋白、含铁蛋白质和酶的合成，有利于缺氧习服。

二、地域饮食与健康

一个地方饮食的建立与许多因素都有关联，其中一个最重要因素就是地理环境。气候的冷热干湿以及不同的土质影响人们饮食习惯和口味。"东辣西酸，南甜北咸"大致概括了我国不同地域的饮食特点。这既反映了气候、土壤对人们饮食习惯和口味的影响，同时也说明了饮食调理是人们适应自然环境的重要手段。一年之中具湿冷气候的川、贵、湘嗜辣，其有祛寒除风湿的作用。但不同地域还有一定区别，川、贵重干香辣（用干辣椒），而湘善清香辣（用新鲜青椒），这是由于湘与川、贵终年阴湿有所不同，其还有一定伏旱。经常吃辣可驱寒祛湿，养脾健胃。另外，东北地区吃辣还与寒冷的气候有关，吃辣可以驱寒。

山西黄土高原因含钙过多，使居民嗜酸，其有利于消除体内的钙沉积，可以克服各种结石病。贵州省许多民族喜欢酸食，这与长江中下游每年的梅雨以及贵州山地气候所造成的"天无三日晴"也有关系。"南甜北咸"也与物产和气候有关。南方气候温热，生长季长，蔬菜供应丰富，吃菜量平均高于北方，食物中加进的盐足以满足人体需要，因而淡些；而北方菜少，相对盐多，咸点；但两者盐的摄入总量差异不大。此外，南方产糖，再加之气候炎热时间长，人体皮肤多外露，蒸发量大，为补充身体的水分代谢作用，故需在食物中加糖。北方则相反，蒸发量不大，因而无需加糖。另外，从季节变化来看，南岭以南的粤、桂、闽、台、琼，一年之中春季要清热冬季要补寒，因而民众便有冬进补春解热的饮食习惯，使药膳在这里更易流行。而北方气候四季分明，冬季室内暖和，加以土壤为微碱性土，土、水和食物多含钙，更易满足人们健康需要。

第四节 不同体质的饮食调理

体质是指在人体生命过程中，在先天禀赋和后天获得的基础上所形成的形态结构、稳定的固有特质。根据中华医药学会发布的《中医体质分类判定标准》将体质分为平和质、气虚质、阳虚质、阴虚质、痰湿质、湿热质、血瘀质、气郁质和特禀质9个类型。合理的饮食不仅可强身健体，还能有效改善体质的偏颇，起到调整体质、防病治病的作用。

一、气虚质

1. 气虚质特点

气虚质是由于一身之气不足，以气虚体弱、脏腑功能状态低下为主要特征的体质状态。常表现为容易疲乏，肌肉松软，语音低弱，气短懒言，易出汗，舌淡红，舌边有齿痕，脉弱等。

2. 气虚质食养特点

气虚质宜吃具有健脾益气作用的食品，果品类有大枣、葡萄干、苹果、龙眼肉、橙子等。蔬菜类有白扁豆、红薯、淮山药、莲子、白果、芡实、南瓜、包心菜、胡萝卜、马铃薯、山药、莲藕、香菇。肉食类有鸡肉、猪肚、牛肉、羊肉、鹌鹑、鹌鹑蛋等。水产类有淡水鱼、泥鳅、黄鳝等。调味类有麦芽糖、蜂蜜等。谷物类有糯米、小米、黄豆制品等。少食具有耗气作用的食物，如槟榔、空心菜、生萝卜等。

二、阴虚质

1. 阴虚质特点

阴虚质者经常感觉身体、脸上、手脚心发热，皮肤干燥，眼睛干涩，口干咽燥，面颊潮红或偏红，容易失眠，便秘盗汗、舌红少津。

2. 阴虚质食养特点

酸甘可化阴，甘寒可清热，阴虚体质宜多食甘凉滋润之品，如果蔬类石榴、葡萄、枸杞、柠檬、苹果、梨、柑橘、香蕉、枇杷、杨桃、桑葚、罗汉果、西瓜、甘蔗、冬瓜、丝瓜、苦瓜、黄瓜、菠菜、生莲藕、银耳、百合、燕窝、黑芝麻等；肉类如新鲜的猪肉、兔肉、鸭肉、乌鱼、龟肉、鳖肉、蚌肉、牡蛎、海参、小银鱼、鲍鱼、贻贝等。还可以食用一些镇静安神的食物，如大豆、蕨菜、蜂蜜、牛乳、小米、红枣、核桃、猪心、百合等。少食性温燥烈伤阴之品，如花椒、茴香、桂皮、五香粉、味精、辣椒、葱、姜、蒜、韭菜、虾仁、荔枝、桂圆、核桃、樱桃、杏、羊肉、狗肉等。

三、阳虚质

1. 阳虚质特点

不耐寒邪，总是手脚发凉，胃脘部怕冷，易出汗、睡眠偏多，衣服比别人穿得多，耐受不了冬天寒冷、夏天空调房间的冷气，喜欢安静，吃（喝）凉的东西总会感到不舒服，容易大便稀溏，小便清长等虚寒表现为主要特征。

2. 阳虚质食养特点

阳虚质宜多食温补脾肾阳气为主的食物。果品类有荔枝、榴莲、樱桃以及龙眼肉、板栗、大枣、核桃、腰果、松子等。蔬菜类包含生姜、韭菜、辣椒、南瓜、胡萝卜、山药、黄豆芽等。肉食类有羊肉、牛肉、狗肉、鹿肉、鸡肉等。水产类有虾、黄鳝、海参、鲍鱼、贻贝等。调料类有麦芽糖、红茶、花椒、姜、茴香、桂皮等。少食生冷寒凉食物，如冰镇饮料、柑橘、柚子、香蕉、西瓜、甜瓜、梨子、柿子、枇杷、甘蔗、苦瓜、黄瓜、丝瓜、芹菜、竹笋；其他还有绿豆、绿茶、海带、紫菜、田螺、螃蟹等。蔬菜尽量不要凉拌生吃。

四、痰湿质

1. 痰湿质特点

痰湿质者身重乏力，易困倦，久睡不醒。出汗多而黏腻，手足心潮湿多汗，面部油腻感，嘴里常有黏黏的或甜腻的感觉，平时痰多，大便不爽等痰湿表现为主要特征。

2. 痰湿质食养特点

痰湿质主要是水湿内聚，脾脏运化失调，肺脏升降不利所致，所以可以食用一些健脾去湿的食物，如鲫鱼、胡萝卜、苹果、山药、莲子、芡实、猪肚、鸭子、赤小豆、薏苡仁、莴笋、扁豆、冬瓜等；可食用润肺去燥、化痰的食物，如梨、葡萄、甘蔗、萝卜、百合、荸荠、银耳等；可食用一些健脾益胃的食材，如大枣、蜂蜜、山楂、瘦肉等；可食用一些性质温热的食物，如韭菜、鲢鱼、带鱼、泥鳅、河虾等。痰湿质的人应该少吃酸性的、寒凉的、腻滞的和生涩食物，少喝含糖量高的饮料，甜能生湿。

五、血瘀质

1. 血瘀质特点

血瘀质者面色晦暗或有色素沉着，口唇暗淡或紫，眼眶暗黑，肌肤甲错，或刺痛，痛处固定不移，舌体暗紫有瘀点，脉细涩。皮肤干燥粗糙，常在不知不觉中出现紫瘀斑。

2. 血瘀质食养特点

血瘀质宜食活血化瘀之品，如果果品类有山楂、金橘、桃仁，蔬菜类有韭菜、洋葱、白萝卜、大蒜、桂皮、生姜、生莲藕、黑木耳、黑大豆、竹笋、紫皮茄子、魔芋等，水产类有螃蟹、海参；少喝白酒，可以少量地饮用红葡萄酒、糯米甜酒；不宜吃收涩、寒凉、冰冻的食品。也可食用一些补血的食物，如红枣、花生、黑木耳等。由于血瘀质遇热则通，还可食用一些温热性的食材，如桂圆、牛肉、羊肉等。再者肝主疏泄，还可食用一些疏肝理气、养肝活血的食物，如玫瑰花等。

六、气郁质

1. 气郁质特点

气郁质者多忧郁脆弱，敏感多虑，烦闷不乐，胸胁胀满，走窜疼痛，善叹息、嗳气呃逆，或乳房胀痛，月经不调，咽喉部常有堵塞感或异物感，易失眠健忘。

2. 气郁质食养特点

气郁质宜食用行气解郁，益气和中的食物，如橙子、橘子、柚子、陈皮、洋葱、丝瓜、卷心菜、香菜、萝卜、山楂、大麦、荞麦、高粱等，而龙眼、红枣、葡萄干、蛋黄等可以补肝血，可适量食用，可少量饮酒，但是不能过度。还可饮用如玫瑰花、茉莉花等花茶，利于疏肝理气。

七、湿热质

1. 湿热质特点

湿热质特征为面部和鼻尖油光发亮，易生粉刺、疮疖，常感到口苦、口臭或嘴里有异味，大便黏滞不爽，小便有发热感，尿色发黄，女性常带下色黄，男性阴囊潮湿多汗。舌红苔黄腻，脉滑数。

2. 湿热质食养特点

湿热质宜食清利湿热之品，如绿豆、苦瓜、冬瓜、丝瓜、菜瓜、芹菜、荠菜、芥蓝、竹笋、紫菜、海带、四季豆、赤小豆、薏苡仁、西瓜、梨子、绿茶、花茶、鲫鱼、兔肉、鸭肉、田螺等。不宜食用滋补药食。少吃甜食、辛辣刺激的食物，少喝酒，不食油炸煎炒烧烤食物。

八、特禀质

1. 特禀质特点

该体质者先天过敏体质，容易对药物、食物、气味、花粉过敏，皮肤容易起风团、常出现抓痕。特禀体质的人在饮食方面应该特别注意，一要细心，通过检查或生活中留意自己对什么食物易过敏，日常的饮食中严格避免接触这些食物，二要通过合理膳食改善体质，减轻过敏反应。

2. 特禀质食养特点

饮食宜清淡、均衡，粗细搭配适当，荤素配置合理，在排除过敏原的前提下，多吃一些益气固表的食物。如糯米、羊肚、燕麦、红枣、燕窝、还有被称为"水中人参"的泥鳅。少食荞麦（含致敏物质荞麦荧光素）、蚕豆、白扁豆、牛肉、鲤鱼、虾、蟹、茄子、酒、辣椒、浓茶、咖啡等辛辣之品，及腥膻发物和含致敏物质的食物。许多精加工的食品中，含有大量添加剂，这些物质都有致敏的可能性，而长期食用含有大量人工合成添加剂、防腐剂的食物，会损伤脾胃、损耗人体先天之精气，加重过敏反应。

九、平和质

1. 平和质特点

平和质面色、肤色润泽，头发稠密有光泽，目光有神，鼻色明润，嗅觉、味觉正常，唇色红润，精力充沛，不易疲劳，耐受寒冷，睡眠良好，食欲良好，大小便正常。舌淡红，苔薄白，脉和有神。

2. 平和质食养特点

平和质的人进行食补，平和质宜寒温适中，不宜过于偏食寒性或热性的食物，可根据不同季节气候特点，进行饮食调养。春宜升补，多食蔬菜，如菠菜、芹菜、春笋、荠菜等轻灵宣透、清温平淡之品。夏宜清补，应选用清热解暑、清淡芳香之品，多食西瓜、番茄、菠萝等，酌情食用金银花、菊花、芦根、绿豆、冬瓜、苦瓜、黄瓜、生菜等，以清热除暑。秋季宜食用濡润滋阴之品，如沙参、麦冬、阿胶、甘草等。冬季宜温补，可选用姜、胡椒、羊肉、牛肉、狗肉等温热助阳之品。

古籍选读

粥有五事利身，一者除饥，二者除口渴，三者下气（通脏腑排废气），四者却脐下冷（除却小腹寒冷），五者消宿食（消化隔夜食物）。——《十诵律》

到了秋天，更是吃粥的好时节。

（1）寒露之后，天气真正转凉，脾胃有长夏贪凉的积寒要清理，常喝热粥，发汗散寒畅胃气。

（2）秋冬进补，阳气开始向里收，脾胃的吸收功能渐渐活跃，先清后补，补亦平补。用五谷杂粮之粥，既能清理胃肠，又能平补身体。

小结

本章主要介绍了不同季节、不同人群、不同生活环境以及不同体质的饮食调理方式。学习重点是掌握上述不同季节不同地理环境的特点，根据不同自然条件特点调整饮食来进行保养。另一方面，掌握不同人群及不同体质下的饮食方案要点，根据原则，合理搭配食物调理身体各项机能。

思考题

1. 春季为什么要减酸益甘？
2. 试述绿豆粥、百合粥、莲子薏米粥的功效及应用。
3. 秋季宜选用哪些食物？
4. 冬季为什么要进补？
5. 试述九种体质的食养原则。
6. 女性妊娠期、产褥期及哺乳期的营养方案设计举例。
7. 简述更年期女性的合理饮食方案。
8. 简述老年人饮食需特别注意之处。
9. 请结合营养与食疗学知识，说明作为新时代的大学生，应该如何传承中华美食与中医文化。

第八章 心血管系统疾病的食疗

学习目标

1. 了解我国及世界范围内心血管系统疾病的流行现状及趋势；
2. 熟悉冠状动脉粥样硬化性心脏病、高脂血症、高血压病与饮食营养的关系；熟悉生活方式、生产与生活环境、医疗卫生服务等因素对心血管系统疾病的影响；
3. 掌握冠状动脉粥样硬化性心脏病、高脂血症、高血压病的危害因素、食疗调养原则及其方法；
4. 培养并树立由"疾病治疗"向"健康维护"转变的新观念。

第一节 冠状动脉粥样硬化性心脏病的食疗

一、冠状动脉粥样硬化性心脏病概述

冠状动脉粥样硬化性心脏病简称"冠心病"，是一种常见的心血管疾病。1979年世界卫生组织把冠心病定义为：由于冠状动脉功能性改变或器质性病变引起的冠脉血流和心肌需求之间不平衡而导致的心肌损害。本病的基本病变是供应心肌营养物质的血管——冠状动脉发生了粥样硬化。冠状动脉是供应心脏自身血液的小动脉，当其发生粥样硬化后，动脉内膜中脂质及其他成分堆积，在动脉壁上隆起呈灰白色的粥样改变，加上动脉管壁纤维化，使动脉管腔狭窄或阻塞，或动脉功能性痉挛，造成心肌供血不足，甚至可引起心肌缺血性坏死。也可造成心肌纤维硬化、心脏增大、心功能减退，导致心力衰竭等症状。

《黄帝内经》及历代中医典籍对冠心病的临床症状多有描述。《黄帝内经·灵枢·五邪》篇指出："邪在心，则病心痛。"《黄帝内经·素问·藏气法时论》也说："心病者，胸中痛，胁支满，胁下痛，膺背肩甲间痛，两臂内痛""胸痹心痛短气病"的名称为汉代张仲景《金匮要略》所正式提出。《金匮要略·胸痹心痛短气病脉证治九》说："胸痹之病，喘息咳唾，胸背痛，短气，寸口脉沉而迟，关上小紧数，栝蒌薤白白酒汤主之"。《圣济总录·胸痹门》中说："胸痛者，胸痹痛之类也……胸膺两乳间刺痛，甚则引背胛或彻背脊。"显然，现代医学上的冠心病属于胸痹范围。《国家标准应用：中医内科疾病诊疗常规》中也指出：胸痹（心痛）相当于西医学所说的缺血性心脏病，即冠心病。

《黄帝内经》认为胸痹心痛与寒凝、气滞、血瘀有关。张仲景在《金匮要略·胸痹心痛短气病脉证治九》将胸痹心痛病概括为"阳微阴弦"。六淫寒邪所侵，以致寒凝脉墙，拘急收引；饮食不慎，膏粱厚味，变生痰湿，痰湿侵犯，占据清旷之区；痰热灼络，火性上炎；气血津液阴阳不足，以致虚而血行缓慢等，均可导致成瘀发病。七情内伤，气机郁滞，血瘀阻于胸，亦会致痹胸痛。本病常伴有高血压、糖尿病、高脂血症等，多发生在40岁以上，脑力劳动者较多，是老年人主要死因之一。

中医中胸痹以胸膺部闷窒疼痛为主症。《肘后备急方·卷四·第二十九》："胸痹之病，令人心中坚痞忽痛，肌中苦痹。绞急如刺，不得俯仰，其胸前皮皆痛，不得手犯，胸满短气，咳嗽引痛，烦闷自汗出，或彻引背脊。"现代医学中冠心病临床症状常常表现为：胸部憋闷感，压榨性或窒息性疼痛，并可以放射到颈部、下颌、左肩、左臂、后背及胃部等。可有眩晕、气促、出汗、寒颤、恶心及昏厥等症状。严重者可因心力衰竭或心肌梗死而死亡。

冠心病是一种累及全身各部位动脉血管的慢性疾病，从儿童时代就开始缓慢发展，并持续进展，可能在中年或中老年时出现临床症状。可以通过以下早期征兆发现冠心病，提高警惕，及时就医，降低生命危险系数。

（1）劳累和紧张时突然出现胸骨后或左胸部疼痛，疼痛部位模糊，可伴有汗出或疼痛放射到肩、手臂或颈部，持续3~5min，休息后自行缓解。这是冠心病最重要的前期征兆。

（2）体力活动时有心慌、气短和呼吸困难现象。

（3）饱餐、寒冷、看惊险影视时感到心悸、胸闷等。

（4）在公共场所或会场中，或上楼爬山时，更容易感到胸闷、心悸、呼吸不畅和空气不够。

（5）晚间睡眠枕头低时感到憋气，需要高枕卧位，熟睡或噩梦过程中突然惊醒，感到心悸、胸闷、呼吸不畅，需要坐起后才好转。

（6）性生活或用力排便时感到心跳、气急、胸闷或胸痛不适等。

（7）左肩疼痛反复发作，一般治疗不能缓解。

（8）反复出现脉搏不齐，不明原因心跳过速或过缓现象。

根据冠脉病变的部位、程度和范围不同，心肌供血不足发展速度不同，以及侧枝循环情况不同,本病可分为五种临床类型,分别为:隐匿型、心绞痛型、心肌梗死型、缺血性心肌病型和猝死型。其中最为凶险的类型是心肌梗死和猝死。

冠状动脉粥样硬化性心脏病的危险因素主要有以下几种:

(1) 高血压　高血压是冠心病发生的重要危险因素。60%~70%的冠心病患者中均伴有高血压,高血压者患冠心病概率比血压正常者高4倍。无论是收缩压还是舒张压增高,发生冠心病的危险性都随之增高。血压越高,动脉粥样硬化程度越严重,发生冠心病或心肌梗死的可能性也越高。

(2) 血脂异常和高胆固醇血症　高脂血症,血脂异常者,如总胆固醇、甘油三酯、低密度脂蛋白或极低密度脂蛋白(VLDL)增高,而高密度脂蛋白降低,均易患该病。人群血清总胆固醇水平与冠心病的发病率和死亡率成正比。胆固醇在体内与蛋白质结合成脂蛋白,其中低密度脂蛋白胆固醇(LDL-C)为粥样斑块中胆固醇的主要来源,高密度脂蛋白胆固醇(HDL-C)与冠心病的发生呈负相关。血清胆固醇水平升高的年龄越早,以后发生冠心病的危险性越大。

(3) 糖尿病　冠心病是糖尿病患者最常见的并发症之一。糖尿病患者患冠心病的危险性比正常人群高2~4倍,且发病年龄更早、病变更严重、更广泛、预后更差。

(4) 肥胖和超重　肥胖和超重也是冠心病的易患因素之一。肥胖是脂肪过多的积聚造成的,会加重心脏的负担,能使血压和血清胆固醇升高。

(5) 生活方式　①吸烟:吸烟有害健康是被无可辩驳的科学证据证实的,使用烟草制品或是长期暴露于二手烟环境中会造成疾病、残疾,甚至死亡。吸烟是心血管病的三大经典危险因素(高血压、血脂异常和吸烟)之一。烟草中含有4000多种化学物质,其中多种已被证实具有严重危害,如焦油、尼古丁、一氧化碳等。与不吸烟者相比,吸烟者冠心病的发病率、死亡率高2~6倍。

②饮食:冠心病高发地区的人群饮食中往往富含脂肪,尤其是肉和乳制品。近年来,我国膳食中脂肪比重正在迅速上升,膳食纤维也随着食物加工的精细程度的增加而减少。微量元素铬、锌、锰、钒、硒的摄入量减少,铅、钴、镉的摄入量增加,维生素C缺乏,缺氧等都易患冠心病。

③体力活动:随着我国工业化进程的加快和生活方式的现代化,体力劳动强度和体育锻炼量趋向减少,冠心病的危险度趋向增加。研究表明,缺乏体力活动的人患冠心病的概率是正常活动量者的1.5~2.4倍。

(6) 其他　冠心病家族史在其发病中具有重要作用,是一项独立的危险因素。冠心病的发生有家族性,在有血缘关系的亲属中有多数人发生了心肌梗死,则其家庭成员患病概率也随之增加。年龄和性别也是该病的重要影响因素之一。该病多见于40岁以上的中老年人群,49岁以后发展较快。另外,精神紧张、忧虑时间紧迫感等与该病发病的关系尚不明确,但对已患有冠心病的人群,上述因素可诱发病症急性发作。

（7）多种危险因素的联合作用　冠心病是多种因素引起的，联合危险因素越多，动脉粥样硬化或发生合并症的可能性越大。研究显示，具有三种联合危险因素的个体（如血清胆固醇≥6.46mmol/L，舒张压≥90mmHg，有吸烟史），其冠心病患病率比正常人群高8倍以上，比具有两种联合危险的人群高4倍以上。

二、冠状动脉粥样硬化性心脏病的食疗原则

1. 传统医学食疗原则

根据中医理论，胸痹多属"本虚标实之证"，辨证首先当掌握虚实。实证属胸阳痹阻者，可选用薤白、干姜、桂心等通阳宽胸之品；属气滞血瘀者，可选用茉莉花、玫瑰花、月季花、韭菜、山楂、黑木耳等理气活血之品；属痰浊内阻者，可选用茯苓、薏苡仁、橘皮、白萝卜等祛痰化浊之品。虚证属气阴两虚者，可选用银耳、山药、大枣等滋阴益气的食物。

2. 现代食疗方式

饮食宜清淡、易消化，多食新鲜蔬菜、水果、粗杂粮、鱼肉及豆制品等食物；应控制食量，禁忌暴饮暴食。一则避免过于肥胖，"肥人多痰，易致郁阻"；二则食入过多，脘腹胀满，心气受阻；忌食肥甘厚味及煎、炸、烤制品，如肥肉、油条、动物内脏、甜点等。

三、冠状动脉粥样硬化性心脏病的食疗调养

胸痹的病因与寒邪内侵、饮食不当、情志失调、年迈体虚等有关。多因上焦阳气不通，水饮、痰浊、瘀血结于胸中，脉络不通而成。其病位在心，但与脾肾有关。其病机总属本虚标实，本虚为阴阳气血的亏虚，标实为阴寒、痰浊、血瘀交互为患。辨证当分清标本虚实，实证宜用活血化瘀、辛温通阳、泄浊豁痰等法，以治标为主；虚证宜以补养扶正为主，或滋阴益肾，或益气养阳，或温阳补气。但临证所见，多虚实挟杂，故常按虚实的主次缓急而兼顾同治，并配合运用有效的成药，可取得较好的效果。

1. 痰浊内阻

【临床表现】病人胸闷如窒而痛，痛引肩背，形体肥胖，嗜睡，痰多，舌质淡胖或淡暗，边有齿痕，苔浊腻，脉沉缓或滑。

【食疗治法】化痰理气，宽胸通阳。

【食疗药膳】

海带玉米粥：海带30g，玉米粉30g，粳米30g。海带水浸半日，洗净，切丝，与粳米加水先煮，玉米粉加水适量调成糊状，待煮至粳米开花后，将玉米糊搅入粥中，再煮片刻即可，可酌加少许食盐调味。

海藻海带山楂汤：海藻15g，海带15g，山楂15g。前两者浸泡半日，漂洗干净，切碎，

山楂片洗净，入砂锅加水煎煮，去渣取汁，必要时稍加糖调味。

薏陈茶：薏苡仁 30g，橘皮 10g，绿茶 3g。将洗净的薏苡仁置锅内，用文火炒至微黄，取出放凉备用；橘皮亦炒至微黄，备用。将薏苡仁放入锅内，加水适量，用武火煮开后，改用文火继续煮至米熟时加入橘皮和茶叶，继续煮 10~15min，去渣取汁。

瓜蒌薤白桂枝饮：瓜蒌、薤白各 15g，橘皮、芥子、桂枝各 6g。以米酒，水各半煎煮，取汁，分 2~3 次饮。

2. 气滞血瘀

【临床表现】平素易怒心烦，时感胸胁胀闷不适，时或心悸不宁或兼两肋刺痛，头晕，气短，舌质暗或有瘀斑，舌下静脉迂曲，脉弦或涩。

【食疗治法】活血化瘀，理气通络止痛。

【食疗药膳】

山楂香橙露：山楂肉 30g，香橙 2 枚，荸荠 20g，淀粉 10g，白糖适量。将山楂肉加水两碗，在砂锅内煮后用纱布隔渣留汁待用，香橙捣烂用纱布滤取橙汁，荸荠取汁。三汁调匀，煮沸，加入白糖，待溶化后，用淀粉勾芡成糊状即成。

韭菜汁：韭菜 100g。将韭菜洗净，切碎，捣成汁，趋热顿服。《食疗本草》中记载，本方用于"胸痹，心中急痛如锥刺，不得俯仰，白汗出。或痛彻背上，不治或至死"之症。韭菜味辛、性温，辛则能散，温则能通。朱震亨云："心痛，有食热物及怒郁，致死血留于胃口作痛者，宜用韭汁、桔梗加入药中，开提气血，能散胃口血滞也。"

丹参山楂饮：丹参 15g，檀香 6g，山楂 30g，桂枝 6g。加水先煎丹参、山楂，后下檀香、桂枝，用红糖调味，分 2~3 次饮。

芎归鸡血藤饮：川芎、当归各 10g，鸡血藤、山楂各 15g。加水煎煮、取汁。

3. 肾精亏虚

【临床表现】眩晕头痛，失眠健忘，腰膝酸软，发脱齿摇，耳鸣耳聋，行动迟缓，精神呆钝，舌质淡暗，舌淡暗，苔薄白，脉细。

【食疗治法】补肾益气。

【食疗药膳】

首乌芹菜粥：何首乌 15g，芹菜 100g，猪瘦肉 50g，粳米 100g，盐、味精适量。何首乌浓煎取汁，粳米同何首乌汁同煮，粥将好时，下瘦肉末、芹菜末，煮至米烂，加盐、味精调味。

贻贝皮蛋粥：贻贝 30g，皮蛋 1 个，粳米适量。粳米洗净，与切成块的皮蛋、贻贝一同放入锅内，倒入清水，置武火上煮，水沸后，改用文火煮至米开花即成。

香笋炒枸杞：枸杞头 500g，熟笋 50g，精盐 5g，姜末 1g，白糖 20g，绍酒 20g，味精 0.5g，花生油 20g。选枸杞头嫩者用清水洗净，沥干水分，熟笋洗净切细丝。炒锅烧热加花生油，烧到八成熟，放精盐。再投入枸杞头、笋丝一起煸炒，加绍酒、糖、味精至卤汁起滚，迅速起锅装盘。

4. 肝肾虚衰

【临床表现】体倦乏力，眩晕耳鸣，肢体麻木，须发早白，或秃发，健忘少寐，腰酸腿软，五心烦热，口燥咽干，舌红少苔，脉细弱。

【食疗治法】补益肝肾。

【食疗药膳】

杞菊黄精膏：枸杞、黄精各100g，菊花50g，蜂蜜适量。枸杞、黄精、菊花加水多次煎煮、取汁，加热浓缩，再加等量经煎炼过的蜂蜜，搅匀、煮沸；贮藏备用。每次食2匙，或开水溶化服。

首乌桑葚饮：制首乌、桑葚各15g，夜交藤20g。加水煎煮、取汁，或用开水冲泡。分2~3次饮。

胡桃芝麻饼：胡桃仁100g，芝麻50g，小麦面粉100g。胡桃仁捣烂，同芝麻、面粉和水、食盐适量，揉成粉团；于煎锅上烙成小饼，每饼约重30~50g。每次食1饼，茶水送下。

5. 脾肾阳虚

【临床表现】疲倦乏力，脘腹胀满，或腹痛，食欲不振，大便稀溏，形寒肢冷，膝腿酸软，面色淡白无华，舌淡苔白，脉沉细。

【食疗治法】健脾温肾。

【食疗药膳】

山药麦芽椒枣粥：山药15g，麦芽、山楂各10g，胡椒粉1g，大枣10个，粳米100g。山楂加水煎煮、取汁；山药、麦芽研为细末，去渣，与粳米、大枣一同加水煮粥；待粥煮时，放入胡椒粉、山楂汁煮沸，分2次食。

砂仁薤白鲫鱼羹：砂仁10g，薤白15g，胡椒1g，鲫鱼250g。鲫鱼除去鳃鳞、内脏，砂仁、薤白包纱布，与鲫鱼一同加水煮成羹，并以食盐调味，分2次食。

第二节　高脂血症的食疗

一、高脂血症的概述

血脂是血浆中的中性脂肪（甘油三酯）和类脂（磷脂、糖脂、固醇、类固醇等）的总称，其中最重要的是胆固醇和甘油三酯。当人体内脂肪代谢或运转异常时，血浆中的一种或多种脂质高于正常水平，便称为高脂血症。

在我国传统医学古典医籍中对于高脂血症没有明确的病名，但对与现代医学中脂质代谢相关联的"脂"、"膏"论述却源远流长。《黄帝内经》对膏脂早有详细论述，如《灵枢》

云："人有脂，有膏，有肉。"又有"五谷之津液和合而为膏者……补益脑髓，而下流于阴股。"元代朱丹溪《丹溪心法》云："肥人中风，手足麻木，左右俱作为痰论治"。明代《景岳全书》云："痰涎本皆为气血……其为津血，化失得其正，则为痰浊"。《素问·灵枢·类纂约注》云："富则膏粱，贫则藜藿。"清代医家张志聪对膏脂同样有过论述："中焦之气，蒸津液化，其精微……膏肥，余于内则膏脂丰满。"传统医学认为"脂""膏"来源于饮食水谷，化生于脾胃。脾胃虚弱，运化无力，饮食水谷不能化生气血精微，营养周身，反而水化成饮，湿聚成痰，而成湿浊之邪，成为高脂血症的病因。气为血之帅，气盛则血行，气虚则血滞而成瘀血，并将导致或加重高脂血症。因此，脾虚、痰浊、血瘀是高脂血症的发生发展的重要因素。

传统医学对高脂血症的论断可总结为"因虚致实"和"肝脾失调"两个方面。"因虚致实"即肝脾肾亏虚，致痰阻血瘀，日久则从寒从热而变生它证，本为肝脾肾诸脏亏虚，标为痰浊血瘀。"肝脾失调"即饮食失节，过食肥甘，膏粱厚味之品；或情志不畅，疏泄失职，不能克脾助运，脾失健运，肝脾失调，痰浊内生，日久血脉不畅，而致痰阻血瘀。

现代医学将高脂血症分为四种类型：单纯性甘油三酯增高（A型）、胆固醇增高（B型）、甘油三酯及胆固醇均高（C型）和预防型（D型）四种类型。多数高脂血症患者并无明显症状和异常体征，通常只有通过血液生化检验时才被发现。因此，一旦身体出现以下信号，则需引起重视，建议定期检测血脂水平。

（1）早起后感觉头脑不清醒，进食早餐后好转；午后极易犯困；经常头晕，精神萎靡；四肢沉重等。

（2）中老年女性的眼睑处出现淡黄色的小皮疹，严重时布满整个眼睑，称为"黄色素斑"，是由于血脂浓度异常增高，引起脂质异位沉积而造成的。

（3）腿经常抽筋，并时常感到刺痛，这是胆固醇积聚在腿部肌肉中的表现。

（4）患有家族性高脂血症的人常在关节的伸面皮肤出现脂质异位沉积，其中跟腱为脂质沉积的好发部位，严重者可使跟腱的强韧度明显下降。

（5）短时间内在面部、手部出现较多黑斑。

（6）记忆力及反应力明显减退，视觉模糊。

（7）出现食欲不振等消化系统症状。

（8）肥胖是血脂升高的最常见的"信号"，肥胖者要更加注意血脂监测。

二、高脂血症的食疗原则

传统医学认为高脂血症以脾失健运、肝失疏泄及肾气亏虚脏腑功能失调为本，导致代谢障碍，津液失于运化，汇为水湿痰饮。水湿痰饮浸渍日久，累及血分则脉道失畅，瘀血形成。痰瘀既是高脂血症的基本病理产物，又作为新的因素阻滞气机运行，互相为病。一般将高脂血症分为痰湿内阻证、脾肾两虚证、痰瘀交阻证、痰湿腑实证、肝肾阴虚证和肝郁脾虚证 6 型，其食疗原则主要以健脾化湿、补益肝肾、化痰祛瘀为主。

三、高脂血症的食疗调养

1. 痰湿内阻证

【临床表现】血脂增高，体态肥胖，倦怠乏力，嗜睡，胸闷气促，纳呆恶心，大便不畅，舌质淡胖，苔白腻，脉滑。

【食疗治法】健脾、祛痰、化湿。

【食疗药膳】

荷叶玉米粥：荷叶一张，粳米 100g，玉米粉适量。将荷叶洗净剪碎，加水煎煮 15min，取汁去渣，与粳米一同入锅，加水适量煮成粥，再加入玉米粉同煮熟，调味即可。每日早餐食用。

轻身饮：荷叶 20g，泽泻 10g，山楂 12g，黄芪 12g，茯苓 10g，生大黄 3g，当归 6g，甘草 3g。上述原料混合煎汤取汁。每日代茶饮。

2. 脾肾两虚证

【临床表现】血脂增高，神疲乏力，形寒肢冷，腰背酸痛，或体态肥胖，尿少浮肿，舌质淡胖，脉沉细无力。

【食疗治法】健脾补肾。

【食疗药膳】

首乌降脂粥：何首乌 50g，芹菜 100g，瘦猪肉末 50g，粳米 100g，盐、味精适量。将何首乌入沙锅加水煎煮后去渣取汁，用汁与粳米同煮粥，粥将成时加入肉末、芹菜，煮至米烂，加盐、味精调味即可。每日分早、晚食用。

山楂苍术煎：山楂 5 枚，苍术 10g，白术 10g，陈皮 5g。上述原料洗净入锅，加水适量煎 15min。每日代茶饮。

3. 痰瘀交阻证

【临床表现】血脂增高，头晕胀痛，胸闷，咳吐痰涎，腹胀呃逆，或体态肥胖，大便干燥，舌红苔白腻，脉滑。

【食疗治法】涤痰祛瘀活血。

【食疗药膳】

三鲜饮：鲜山楂 60g，鲜白萝卜 30g，鲜橘皮 6g，冰糖适量。取水 700mL，同上述原料混合入锅，文火煮沸后取汁约 500mL，加入少量冰糖即成。

灵芝茯苓茶：灵芝 15g，茯苓 15g，甘草 5g。将上述原料洗净入锅，加水煎煮。代茶饮。

银杏叶茶：银杏叶 5g，绞股蓝 5g，红糖适量。银杏叶、绞股蓝共入锅加水适量，煎煮 20min，红糖调味即可。代茶饮。

4. 痰湿腑实证

【临床表现】血脂增高,身热面红,头晕急躁,口苦咽干,尿黄,大便干结,脉沉滑数,苔黄腻而干。

【食疗治法】通腑泻热。

【食疗药膳】

茵陈百合粥:茵陈 15g,百合 20g,粳米 100g,淡竹叶 5g,白糖适量。茵陈、淡竹叶加水煮汁;取汁与百合、粳米共煮粥,粥成后加白糖调味即可。每日服食。

鲜竹沥百合粥:鲜竹沥 50g,百合 20g,粳米 50g。粳米洗净后入锅加水与百合同煮粥,粥成加入鲜竹沥混合即可。每日服食。

5. 肝肾阴虚证

【临床表现】血脂增高,头晕耳鸣,两目干涩,口干咽燥,咽中黏痰咳吐不爽,心烦易怒,失眠健忘,腰膝酸软,肢倦乏力,舌红少津,脉细弦数。

【食疗治法】滋补肝肾。

【食疗药膳】

普洱菊花茶:普洱茶、菊花、罗汉果、山楂片各等份,制成粗粉末,分装每袋 20g。沸水冲泡饮用。

首乌茶:何首乌 30g,桑寄生 20g,黄精 10g。上述三味共水煎。常饮,不拘时。

6. 肝郁脾虚证

【临床表现】血脂增高,急躁易怒,常伴胸胁或乳房胀痛,纳呆脘痞,腹胀肠鸣,便清或结,舌淡,苔薄白,脉弦细。

【食疗治法】疏肝实脾。

【食疗药膳】

决明子粥:草决明 10g,杭白菊 10g,百合 20g,粳米 50g。决明子炒至微黄,与杭白菊共煎汁,用药汁与粳米、百合共煮粥。每日服食 1 次。

梅花菊花粥:白梅花 5g,杭白菊 6g,粳米 60g。粳米淘净入锅加水煮粥,粥将成时入白梅花、杭百菊同煮片刻即成。早餐食用。

第三节 高血压病的食疗

一、高血压病概述

高血压是以体循环动脉血压升高为特征的临床综合征,常引起心、脑、肾等重要器官的病变并出现相应的后果。高血压是最常见的慢性非传染性疾病,是全球疾病负担最重的疾病,也是中国面临的重要公共卫生问题。近年来,我国政府推行了诸如"中国防治慢性病中长期规划""国家基本公共卫生服务""国家慢性病综合防控示范区建设""全民健康生活方式行动"等多个项目。通过建设健康社区、健康单位、健康学校、健康餐厅、健康步道、健康主题公园等支持性环境;开发健康适宜技术与工具:控油壶、限盐勺、体质指数尺、计量酒杯等;并在各地实施过程中因地制宜探索行动新模式:健康厨房、吃动平衡、维持健康体重等专项活动。根据高血压发病特点及临床表现,可归属中医"眩晕""头痛""风眩""头风"等范畴。一般认为其本为肝肾阴虚,其标为肝阳上亢,临床上分为肝火亢盛、阴虚阳亢、阴阳两虚、痰湿壅盛等型。中医认为"肝藏血","人动则血运于诸经,人静则归于肝"。相关病症描述首见于《黄帝内经》,主要病因为情志不遂、饮食不节、年高肾亏、病后体虚等,其病理因素多为风、火、痰、瘀、虚,病理性质多属本虚标实,肝肾阴虚为本,风阳上亢、气血失调、痰浊内蕴为标,因病程及合并靶器官损害的不同,多表现为早期肝阳上亢、中期阴虚阳亢及后期阴虚及阳,而瘀血阻络、痰浊内蕴在整个病程中均可能兼夹。本病总体上以阴虚阳亢、水不涵木最多见,潜阳育阴治则应用最广泛。综上所述,中医对高血压病的病因病机有三种:第一,为情志所伤,长期恼怒忧思使肝郁气滞,久化肝火,耗损肝阴。肝阴不足则阴不敛阳,肝阳偏亢而上扰头目,日久转为肝风。第二,饮食失节,饥饱失宜,过食肥甘,酒食无度,皆可损伤脾胃,以致湿浊内生。湿浊久郁化热,灼津成痰而阻滞经脉,上扰轻窍,阻抑升清降浊而发该病。第三,内伤虚损,年迈体衰,肾气亏损,肾阳不足则肝失所养,肝阴不足而肝阳偏亢化火动风。这些致病因素,可单一致病,也可相互转化,或相兼共同致病。其发病机理是在上述各种因素的作用下,人体阴阳失调,气机升降逆乱,从而形成下虚上盛的特殊病理现象。下虚是指下焦肝肾阴虚,上盛是指本病多为肝阳偏盛,病势以气血升发向上为主,故以头晕、头痛、头胀、耳鸣为主要临床表现。也指肝风内动,挟痰、淤血上扰清窍,眩晕加重,甚则产生惊厥昏迷等凶险之症。

高血压诊断界值:收缩压≥140mmHg 和/或舒张压≥90mmHg(如表 8-1 所示)。血压受多种因素影响,具有明显的波动性,不能仅凭一次诊室血压值确立高血压诊断。

表 8-1 诊室及诊室外高血压诊断标准

分类	收缩压/mmHg		舒张压/mmHg
诊室测量血压	≥140	和/或	≥90
动态血压监测*			
白天	≥135	和/或	≥85
夜间	≥120	和/或	≥70

续表

分类	收缩压/mmHg		舒张压/mmHg
24h	≥130	和/或	≥80
家庭自测血压*	≥135	和/或	≥85

* 表示平均血压。

高血压本身的危险性并不高，最主要的是高血压引发的并发症，严重威胁患者的生命健康，令很多高血压患者感到恐慌。高血压病的影响因素主要有以下几点：

（1）家族史和遗传因素　高血压病人中有家族史者高达59%。动物实验已成功地建立了遗传性高血压大鼠株，繁殖几代后高血压患病率接近100%。

（2）年龄　世界大部分地区人群高血压患病率及平均血压水平都随年龄的增大而增高，女性50岁以后尤其明显。收缩压一般随年龄持续增高，而舒张压则常上升至55~60岁即渐趋平缓。年幼时血压偏高者其血压随年龄增高的趋势更为显著。

（3）性别　35岁以前，我国人群男性高血压患病率略高于女性，35岁以后则女性明显高于男性，其原因可能与妇女妊娠次数、孕期饮食习惯等有关。

（4）膳食营养　营养均衡的同时，控制食物总热量。此外，摄入肉类较多的人群高血压发病率较高；长期摄入较多的动物脂肪、高胆固醇及含糖量高的食物，可诱发和加速本病的发展；大量饮酒、吸烟的人群中，本病患病率较高。

（5）体重　超重或肥胖是血压升高的重要危险因素。体重增加可直接增加高血压的发生风险。而腹型肥胖可能与高血压、全因死亡等有更强的相关性。因此，建议超重和肥胖者减轻体重。

（6）运动和体育锻炼　运动可降低交感活性，降低外周血管阻力，缓解紧张情绪，减轻体重。因此，高血压患者坚持长期适量运动有利于血压控制。规律的有氧运动可逆转高血压患者的左室肥厚，降低死亡及心血管事件发生风险。中等强度以上的有氧运动获益更多，低于中等强度的运动也可明确降低死亡风险，远好于不运动。

对于高血压患者，推荐采用中、低强度的有氧运动，以在确保安全的前提下获得降压、改善预后的效果。此外，高血压患者还应进行肌肉力量练习（抗阻训练），提高肌肉力量和耐力，防止跌倒，亦可降低血压。进行柔韧性练习，以提高关节活动度和柔韧性，提高身体的平衡能力，防止跌倒。

（7）心理因素　包括心境恶劣、焦虑和（或）抑郁、惊恐发作和谵妄等，尤以焦虑抑郁常见。高血压病与精神心理问题相互影响、互为因果。重视心理健康对于高血压及其他心血管疾病的预防有重要作用，客观评估心血管患者的心理状态对其治疗和预后也具有重要意义。

（8）职业和环境　长期精神紧张、缺乏体力活动、睡眠障碍等均是高血压发病的重要危险因素，应予以干预。不同职业的人群，高血压的发病率有显著差别。例如，注意力需要极度集中，精神紧张而体力活动较少的职业，以及对视觉、听觉形成慢性刺激的环境，可能是导致血压增高的因素。

二、高血压的食疗原则

传统医学将高血压病分为肝火亢盛证、阴虚阳亢证、阴阳两虚证和痰湿壅盛证 4 型。其食疗原则包括气、血、阴、阳虚和五脏虚证候因素，肝阳上亢、肝风、肝火、血瘀、气滞和痰湿实行因素的辨证体系。另外，不良饮食习惯、超重或肥胖、少动、吸烟、饮酒以及不健康的心理因素等都对高血压病具有显著影响。《国家基层高血压防治管理指南》（2020 年版）建议高血压患者确诊后立即启动并长期坚持"限盐、减重、多运动，戒烟、戒酒、心态平"的健康生活方式"六部曲"。《中国居民膳食指南（2022）》建议的"平衡膳食八准则"，有利于降低心血管病风险，建议高血压患者采纳（表 8-2）。

表 8-2 平衡膳食准则

内容	措施
准则一： 食物多样， 合理搭配	坚持谷类为主的平衡膳食模式。 每天的膳食应包括谷薯类、蔬菜水果、畜禽鱼蛋乳和豆类食物。 平均每天摄入 12 种以上食物，每周 25 种以上，合理搭配。 每天摄入谷类食物 200~300g，其中包含全谷物和杂豆类 50~150g；薯类 50~100g
准则二： 吃动平衡， 健康体重	各年龄段人群每天都应进行身体活动，保持健康体重。 食不过量，保持能量平衡。 坚持日常身体活动，每周至少进行 5 天中等强度身体活动，累计 150min 以上。 鼓励适当进行高强度有氧运动，加强抗阻运动，每周 2~3 天。 减少久坐时间
准则三： 多吃蔬果、 乳类、全谷、 大豆	蔬菜水果、全谷物和乳制品是平衡膳食的重要组成部分。 保证每天摄入不少于 300g 的新鲜蔬菜，深色蔬菜应占二分之一。 保证每天摄入 200~350g 的新鲜水果，果汁不能代替鲜果。 吃各种各样的乳制品，摄入量相当于每天 300mL 以上液态乳。 经常吃全谷物、大豆制品，适量吃坚果
准则四： 适量吃鱼、 禽、蛋、瘦肉	鱼、禽、蛋类和瘦肉摄入要适量，平均每天 120~200g。 每周吃鱼 2 次或 300~500g，蛋类 300~350g，畜禽肉 300~500g。 少吃深加工肉制品，吃鸡蛋不弃蛋黄。 优先选择鱼，少吃肥肉、烟熏和腌制肉制品

续表

内容	措施
准则五： 少盐少油， 控糖限酒	培养清淡饮食习惯，少吃高盐和油炸食品。成年人每天摄入食盐不超过 5g，烹调油 25~30g。 控制添加糖的摄入量，每天不超过 50g，最好控制在 25g 以下。 反式脂肪酸每天摄入量不超过 2g。 不喝或少喝含糖饮料。 儿童青少年、孕妇、乳母以及慢性病患者不应饮酒。成年人如饮酒，一天饮用的酒精量不超过 15g
准则六： 规律进餐， 足量饮水	合理安排一日三餐，定时定量，不漏餐。 规律进餐、饮食适度，不暴饮暴食、不偏食挑食、不过度节食。 足量饮水，少量多次。在温和气候条件下，低身体活动水平成年男性每天喝水 1700mL，成年女性每天喝水 1500mL。 推荐喝白水或茶水，少喝或不喝含糖饮料，不用饮料代替白水
准则七： 会烹会选， 会看标签	在生命的各个阶段都应做好健康膳食规划。 认识食物，选择新鲜的、营养素密度高的食物。 学会阅读食品标签，合理选择预包装食品。 学习烹饪、传承传统饮食，享受食物天然美味。 在外就餐，不忘适量与平衡
准则八： 公筷分餐， 杜绝浪费	选择新鲜卫生的食物，不食用野生动物。 食物制备生熟分开，熟食二次加热要热透。 讲究卫生，从分餐公筷做起。 珍惜食物，按需备餐，提倡分餐不浪费。 做可持续食物系统发展的践行者

三、高血压病的食疗调养

1. 通用代茶饮

一些具有平肝潜阳、补益肝肾之功用，作用平和的中药可作为辅助降压的保健方法。

（1）凤阳上亢茶饮方　鬼针草 3g、菊花 3g、决明子 3g、生山楂 3g、罗布麻叶 3g。每日 1 剂，开水 200~300mL 浸泡 15min 后饮用。

（2）肝肾阴虚茶饮方　枸杞 3g、麦冬 3g、陈皮 3g、石斛 3g、菊花 3g。每日 1 剂，开水 200~300mL 浸泡 15min 后饮用。

2. 体质调摄

根据不同的体质类型给予适当的饮食调理，平衡阴阳，对高血压的防治也有一定的辅助作用。

气虚质：多食益气健脾之品，如山药、莲子、大枣等。

阳虚质：多食温阳食物，如牛、羊肉等，少食生冷寒凉之品。

阴虚质：多食甘凉滋润之品，如百合、银耳，少食性温燥烈食物，如辣椒。

痰湿质：饮食以清淡为主，少食肥甘厚腻，多食冬瓜、白萝卜、薏苡仁等。

湿热质：多食清淡、甘寒之品，如绿豆、苦瓜、薏苡仁等。

血瘀质：多食山楂、藕等。

气郁质：多食行气解郁、消食醒神之品，如丝瓜、柑橘等。

3. 食疗配方

（1）肝阳上亢

【临床表现】眩晕，头痛，耳鸣，易怒，口干口苦，心烦，不寐，面红，目赤，便秘，尿赤，舌质红苔黄，脉弦数有力。此证多见于高血压病Ⅰ期。

【食疗治法】平肝潜阳，泻热降火。

【食疗药膳】

山楂菊花代茶饮：山楂12g，菊花9g，开水沏，代茶饮。高血压病或兼高脂血症、冠心病者均可常服。

决明子罗布麻茶：炒决明子20g，罗布麻10g。以沸水浸泡15min即可。每日1剂，不拘时代茶饮。

芹菜汁：鲜芹菜200g。将芹菜洗净，沸水中烫2min，切碎榨汁。每日1剂，分2次服用。

决明子菊花粥：决明子30g，菊花10g，粳米50g，冰糖适量。决明子放入锅内炒至微有香气后煎汁去渣，与菊花、粳米煮粥，粥将熟时加冰糖调味，再煮沸即可。每日1剂，连续服5~7d，大便泄泻者忌用。适春夏食用。

（2）气滞血瘀

【临床表现】头晕头痛，胸胁胀痛，或兼有健忘、失眠、心悸，面或口唇紫暗，舌有瘀斑或瘀点，苔薄白或薄黄，脉弦涩。此证多见于高血压病Ⅰ期。

【食疗治法】清火平肝。

【食疗药膳】

菊明槐花茶：菊花15g，炒决明子25g，槐花10g。决明子捣碎，与菊花、槐花一同用开水冲泡。代茶饮。

桑菊夏枯草饮：桑叶、菊花各15g，夏枯草30g。加水煎煮、取汁，或用开水冲泡，代茶饮。

荷叶郁金粥：新荷叶1张，郁金15g，粳米100g，冰糖适量。将荷叶、郁金共煎汤去渣，再同粳米、冰糖共煮成粥。

（3）痰浊中阻

【临床表现】眩晕，头痛，头重如裹，倦怠，心烦欲呕，或胸闷时吐痰涎，少食多寐，舌胖质淡，苔白腻，脉滑或弦滑；或苔黄腻，脉弦滑。本证多见于高血压病Ⅱ期。

【食疗治法】健脾化湿，祛痰。

【食疗药膳】

瓜蒌薤白天麻粥：瓜蒌、薤白各15g，天麻10g，粳米100g，冰糖适量。瓜蒌、薤白、天麻共煎取汁，汁与粳米共煮成粥，再加入冰糖调味即成。

山楂荷叶薏米汤：山楂、荷叶、薏苡仁各50g。将三味加水适量煎后去渣，取汁服用。

化痰平肝饮：陈皮、生姜各12g，砂仁6g，天麻10g。加水先煎天麻，后下其他原料，煮至香气大出，分2~3次饮。

(4) 肝肾阴虚

【临床表现】眩晕，头痛，耳鸣，眼花，手足心热，腰膝酸软，肢体麻木，舌红少津，脉弦细稍数尺弱。本证多见于高血压病Ⅱ、Ⅲ期。

【食疗治法】养阴平肝。

【食疗药膳】

桑葚夏枯草膏：桑葚、夏枯草各250g，加水煎煮多次，取汁浓缩，再加等量经过煎炼的蜂蜜，搅匀，煎沸备用。每次食1~2匙，或用开水稀释后饮用。

桑葚枸杞猪肝粥：桑葚15g，枸杞12g，猪肝100g，粳米100g，盐、味精各适量。桑葚、枸杞洗净，去杂质；猪肝洗净，切薄片。粳米洗净，放入锅内加水煮粥，将熟时加入桑葚、枸杞、猪肝、盐、味精，猪肝煮熟即可。每日早餐食用。

(5) 阴阳两虚

【临床表现】头晕眼花，耳鸣，腰酸软无力，心悸气短，肢冷麻木，腹胀腹泻，男子滑精阳痿，女子经少经闭，舌质淡红，无苔或少苔，脉结代尺弱，或虚大无力。多见于高血压病Ⅲ期。

【食疗治法】滋阴补阳，补肾益津。

【食疗药膳】

银耳杜仲鸭肉汤：鸭肉250g，银耳30g，杜仲30g，百合20g，调料适量。鸭肉煮30min，加入浸泡过的银耳、百合、杜仲同煮熟后，加入调料调味。

枸杞五味汤：枸杞200g，五味子200g，杜仲粉50g。将枸杞、五味子研细，与杜仲粉混匀。每次3~5g，开水冲代茶饮，每天服2次，连用1周。

首乌丹参蜜饮：何首乌50g，丹参50g，蜂蜜适量。将何首乌、丹参放入锅内，加清水适量，煎煮30min，去渣取汁，加蜂蜜适量调味即可。每日1剂，分2次服用，连用1周。

(6) 阴虚阳亢证

【临床表现】头痛头晕，耳鸣，急躁易怒，失眠多梦，健忘，腰膝酸软，面颊潮红，五心烦热，尿赤便干，舌苔薄白，舌红，脉弦细或弦细数。

【食疗治法】育阴潜阳，平肝熄风。

【食疗药膳】

杞菊决明饮：枸杞、菊花、生地黄各15g，决明子25g，加水煎煮、取汁，或用开水冲泡。代茶饮。

芹菜海带决明子汤：芹菜50g，决明子30g，海带30g，枸杞10g。上述4味洗净入锅，加水煎汤。每日1剂，连用5~7d。

双耳汤：银耳10g，黑木耳10g，冰糖适量。黑木耳、银耳温水泡发后放入碗内，加水和冰糖适量，置于蒸锅中蒸30min即可。每日1剂，饮汤吃木耳。

古籍选读

（1）胸痹的定义：以病位和病机命名，其病位在胸，病机为痹。"痹"，《辞海》作"气闷"解，闭塞而不通之意；《中藏经》云："痹者，闭也。"。

（2）张仲景在《金匮要略·卷上·胸痹心痛短气病脉证治九》将胸痹心痛病机概括为"阳微阴弦"，其一是指脉象，二是言病机。"阳微"即寸脉微，上焦阳气不足，胸阳不振；"阴弦"即尺脉弦紧，下焦阴寒邪盛，水饮内停。"阳微"与"阴弦"并见，说明胸痹病机为上焦阳虚，阴寒邪气乘虚上逆，邪正相搏，凝聚于心胸，胸阳痹阻而成胸痹，揭示了胸痹本虚标实的病变实质。

（3）"胸痹"之名首见于《黄帝内经·灵枢·本藏》，载曰："肺小则少饮…肺大则多饮，善病胸痹、喉痹、逆气"。可认为胸痹是一种与肺的功能有密切关系的胸部痹阻性疾病，作为胸痹重要症状之一的心痛，其病名的出现早于胸痹。最早见于马王堆汉墓出土的《足臂十一脉灸经》谓："臂太阴脉，其病心痛，心烦而噫"；在《难经》等书中也载有"心痛"一名，但首次较详细论述病症的则是《黄帝内经》，如《黄帝内经·素问·标本病传论》有"心病先心痛"之谓；《黄帝内经·灵枢·厥病》把心痛严重，并迅速造成死亡者称为"真心痛"。历代医家对"胸痹"所属的脏腑及概念、范围看法不一。以《黄帝内经》《诸病源候论》等为代表的部分医籍认为"胸痹病"是包括心、肺及胸膈病变在内的胸部痹阻性疾病的总称；而以《金匮要略》《肘后备急方》《圣济总录》等代表的多数医籍则认为"胸痹"主要是"心痹"即心系疾病。胸痹（心痛），国家技术监督局颁布的《中医临床术语》将其定义为：因胸阳不振阴寒痰浊留踞胸廓；或心气不足，鼓动乏力使气血痹阻，心失所养所指的以胸闷反复发作性胸疼痛为主要表现的内脏痹病类疾病。《国家标准应用中医内科疾病诊疗常规》指出：胸痹（心痛）相当于西医学所说的缺血性心脏病，即冠心病。国家中管局医政司胸痹急症协作组制定的诊疗规范中将胸痹分为胸痹心痛（冠心病、心绞痛）、胸痹心厥（冠心病、心肌梗死）、胸痹心衰（冠心病、心力衰竭）、胸痹心悸（冠心病、心律失常），并提出他因、他证、他病均不属本规范范围，明确将胸痹等同于冠心病。

小结

本章对三种常见心血管疾病（动脉粥样硬化性心脏病、高脂血症、高血压病）的流行现状和趋势进行了系统综述；同时，对三种心血管疾病的症状与食疗调养原则进行了重点阐述；最后针对不同病症，列举了极具代表性的食疗配方。为心血管疾病的营养干预及食疗提供理论依据。

思考题

1. 中医食疗文化是中华民族与疾病长期与疾病的斗争中形成的具有传统文化特色的食疗体系。早在秦汉时期，中医学完整的学术体系就已形成，并为中华民族的繁衍和昌盛做出了重大贡献。近代以来，中医和传统食疗学在西方医学的冲击下，仍保持着鲜活的生命力并越来越受到世界各国人民的认同和欢迎。请查阅文献，结合中国传统食疗文化和心血管健康的影响因素，阐述如何利用中国传统医学和食疗文化应对我国日益严峻的心血管疾病现状。

2. 近年来，心血管疾病对我国居民健康的危害越加显著，已成为重大的公共卫生问题。《"健康中国 2030"规划纲要》中提出：实施慢性病综合防控战略，加强国家慢性病综合防控示范区建设；强化慢性病筛查和早期发现；推动癌症、脑卒中、冠心病等慢性病的机会性筛查。2019 年 6 月印发的《国务院关于实施健康中国行动的意见》提出，在定位上，从以"疾病"为中心向以"健康"为中心转变；在策略上，从注重"治已病"向注重"治未病"转变；坚持预防为主，关注生活行为方式、生产与生活环境和医疗卫生服务等因素对突出健康问题的影响；让健康知识、行为和技能成为全民普遍具备的素质和能力。中国共产党第二十次全国代表大会报告指出："推进健康中国建设。把保障人民健康放在优先发展的战略位置，完善人民健康促进政策。深入开展健康中国行动和爱国卫生运动，倡导文明健康生活方式"。请根据自己的理解，谈一谈作为一名当代大学生，应该如何响应"健康中国建设"，促进由"疾病治疗"向"健康维护"转变。

3. 冠状动脉粥样硬化性心脏病诊断标准及其食疗调养原则是什么？

4. 高脂血症的诊断标准及其食疗调养原则是什么？

5. 高血压病的诊断标准及其食疗调养原则是什么？

第九章
内分泌系统与代谢性疾病的食疗

学习目标

1. 掌握糖尿病，肥胖和痛风的概念；
2. 了解上述疾病或症状的诊断标准；
3. 了解其病因病机和中医治疗原则；
4. 熟悉针对不同病因和体质制定的内分泌系统与代谢性疾病的膳食食谱。

人体在适应不断变化的外界环境时，如要保持机体内环境的相对稳定，必须依赖于内分泌系统以及神经和免疫系统的相互作用和精密调控，从而使机体各器官系统保持协调，共同维持生命活动。新陈代谢是生命活动的基础，人体通过新陈代谢与环境不断进行物质交换和转化，以维持各种生命现象。内分泌代谢性疾病会导致局部甚至全身系统功能紊乱，甚至衰竭。

本章所介绍的糖尿病、肥胖和痛风分别对应中医的消渴、肥胖和痹病，它们均属气、血、津液病证范畴。气、血、津液病证是指在外感或内伤等多种致病因素影响下，引起气、血、津液的运行失常，输布失司，生化之源亏乏或损耗过大，从而导致的一类病证。

气、血、津液是维持人体生命活动的重要物质基础，又是脏腑组织生理活动的产物。气、血、津液冲和，机体生机勃勃，气、血、津液失常，则机体失于温煦、濡养、调节而产生病证。气、血、津液三者既相互促进，又相互制约，凡脏腑功能活动失调，均可导致气、血、津液出现相应病变，而气、血、津液病变又可加重脏腑病变，使病情更加复杂。

对内分泌与代谢性疾病的综合性治疗包括营养、运动、药物、护理和监测等，其中，营养治疗是基础。推行内分泌系统与代谢性疾病的中医营养治疗，契合我国在国民经济及社会发展"十四五"规划期间提出的把保障人民健康放在优先发展的战略位置的方针，是为人民提供全方位全生命期的健康服务。

第一节　糖尿病的食疗

一、糖尿病概述

我国传统医学对糖尿病已有认识，属"消渴"症的范畴，早在公元前 2 世纪，《黄帝内经》已有论述。本病常因素体阴虚，或饮食不节，肥甘过度，或情志不遂，郁结化火，或劳欲过度，耗损阴精，致胃热肾虚，津涸热淫，阴亏阳旺，发为消渴。本病患者以中老年人居多，病情严重者可并发心痛、眩晕、中风、麻木、痈疽等病证。糖尿病包括 1 型糖尿病、2 型糖尿病、其他类型的糖尿病及妊娠期糖尿病，均可参照本篇辨证论治。

1. 糖尿病的诊断标准和控制目标

（1）诊断标准　《中国 2 型糖尿病防治指南（2020 年版）》提出的糖尿病诊断标准为：糖尿病症状（指多尿、多食、烦渴多饮和难以解释的体重减轻）加随机血浆葡萄糖（plasma glucose，PG）$\geqslant$11.1mmol/L（200mg/dL），或空腹血浆葡萄糖（fasting plasma glucose，FPG）$\geqslant$7.0mmol/L（126mg/dL），或口服葡萄糖耐量试验中 2h 血浆血糖（OGTT 2h PG）$\geqslant$11.1mmol/L（200mg/dL），或糖化血红蛋白（HbA1c$\geqslant$6.5%）（表 9-1）。

表 9-1　糖尿病诊断标准

诊断标准	含量
典型糖尿病症状加随机血浆葡萄糖/(mmol/L)	$\geqslant$11.1
或加空腹血浆葡萄糖/(mmol/L)	$\geqslant$7.0
或加口服葡萄糖耐量试验中 2h 血浆血糖/(mmol/L)	$\geqslant$11.1
或加糖化血红蛋白/%	$\geqslant$6.5

注：需重复一次确认，诊断才能成立。

典型糖尿病症状包括烦渴多饮、多尿、多食、不明原因体重下降；随机血糖指不考虑上次用餐时间，一天中任意时间的血糖，不能用来诊断空腹血糖受损或糖耐量减低；空腹状态指至少 8h 没有进食热量。

（2）控制目标

糖尿病病情控制目标如表 9-2 所示。

表 9-2 糖尿病病情控制目标

指标		理想	尚可	差
血浆葡萄糖/(mmol/L)	空腹	4.4~6.1	≤7.0	>7.0
	非空腹	4.4~8.0	≤10.0	>10.0
糖化血红蛋白（$GHbA_1c$）/%		<6.5	6.5~7.5	>7.5
血压/mmHg		<130/80	>130/80~<140/90	>140/90
体重指数（BMI）/(kg/m^2)		男<25，女<24	男<27，女<26	男≥27，女≥26
总胆固醇/(mmol/L)		<4.5	≥4.5	≥6.0
高密度脂蛋白胆固醇/(mmol/L)		>1.1	1.1~0.9	<0.9
甘油三酯/(mmol/L)		<1.5	<2.2	≤2.2
低密度脂蛋白/(mmol/L)		<2.5	2.5~4.4	>4.0

2. 糖尿病的中医病因病机

消渴病的病因主要是禀赋不足、饮食失节、情志失调、劳欲过度等，阴津亏损，燥热偏胜是消渴的主要病机。

（1）病因

①肺热津伤：肺主气，为水之上源，输布津液。长期精神刺激、抑郁不遂，或焦虑紧张，五志过极，则气机郁结，郁火内生，暗耗津液，消灼肺津，或禀赋不足，房事不节，劳欲过度，损伤肾精，阴精亏虚则虚火内生，上燔于肺，均致燥热伤肺，则津液不能输布而下趋膀胱，精微随小便外泄，故小便频数量多而甘，肺不布津，则口渴多饮而成上消。

②胃热炽盛：胃主腐熟水谷，脾主运化水谷，为胃行其津液。嗜食醇酒厚味、辛辣刺激食物，过食肥甘，损伤脾胃，致其升降失司，运化失健，实热蕴积于内，消谷耗津，津液不得四布，脏腑经络皆失濡养，均见口渴多饮，多食善饥。脾胃损伤水谷精微不能化生气血，肌肉失养，故形体日渐消瘦而成中消。

③气阴亏虚：谋思竭虑，久思伤脾，或胃火内盛，耗气伤阴，脾失健运，气血生化不足，肢体失养则见消瘦、乏力，脾阴不足，虚火内生则消谷善饥。脾虚气弱，不能转输水谷精微，则水谷精微下注膀胱，故小便味甘而发消渴。

④肾阴亏虚：肾为先天之本，主藏精而寓元阴元阳。房室不节，劳伤过度，肾亏损，虚火内生，阴虚火旺，上灼肺胃，则既见肾虚，又见肺燥、胃热诸症，下焦虚弱，开阖固摄失权，则水谷精微随尿外泄，故尿多味甜而致下消。

⑤阴阳两虚：病程日久，阴伤气耗，阴损及阳，则致阴阳俱虚，其中以肾阳虚及脾阳虚较为多见。严重者可因阴液极度耗竭，虚阳浮越，而见烦躁、头痛、呕恶、呼吸深快等症，甚至出现昏迷、肢厥、脉细欲绝等阴竭阳亡危象。

阴血亏虚，不能充盈经脉，阳气亏虚，不能推动血行，则血脉瘀滞而并发他症。如精血不能上承于耳目，出现白内障、雀目、耳聋；脉络瘀阻，酿毒成脓，则发为疗疮痈疽；血脉瘀滞，痰瘀停聚，脑脉闭阻或血溢脉外，发为中风偏瘫；阴损及阳，脾肾衰败，水湿滞留，泛滥肌肤，发为水肿。

消渴之病位涉及肺、胃、肾三脏，尤以肾为关键。三脏之中，虽有所偏重，但往往又互相影响。如肺燥津伤，津液失于输布，则脾胃不得濡养，肾精不得滋助；脾胃燥热偏盛，上可煎灼肺津，下可耗损肾阴；肾阴不足则阴虚火旺，亦可上灼肺胃，导致肺燥胃热肾虚，故"三多"之症常可相互并见。

（2）病机　消渴之病机主要在阴虚燥热，而以阴虚为本，燥热为标。两者互为因果，阴愈虚则燥热愈盛，燥热愈盛则阴愈虚。故《临证指南医案·三消》邹滋九按语说："三消一证，虽有上、中、下之分，其实不越阴亏阳亢，津涸热淫而已"。青少年发本病则多由禀赋不足，肾精亏虚所致，起病多较急，病势较重。中老年发病则诸因合致者为多，一般起病较缓，病情或轻或重，多由轻而渐重。

消渴病发展总的趋势是由上焦及中焦，进而至下焦，肝肾同源，均位下焦，故下消亦可影响及肝。虽有三消之不同，但因肺燥、胃热、肾虚三者常相互影响，故上中下三消常并见，但主次可有不同。

本病初期以积热伤阴、阴虚燥热为主要病机，肺主治节，为水之上源，燥热伤肺则津液失布，津液不能上承则口渴多饮，直趋下行则小便频数量多。脾为后天之本，主运化，为胃行其津液，胃为水谷之海，主受纳腐熟水谷，积热伤及脾胃，胃火炽盛，脾阴不足则口渴多饮，多食善饥，胃火炽盛，肠燥伤阴则阴亏腑实内结，后者可进一步耗伤阴液。积热伤脾，脾失健运，水谷精微津液不布，内生湿浊，郁而化热可致湿热中阻。肾主藏精，寓元阴元阳，肾阴亏损，虚火内生，上灼心肺则烦渴多饮，中灼脾胃则胃热消谷，阴虚阳盛，肾失开阖之职，水谷精微直趋下泄而排出体外，则尿多味甜，或混浊如膏脂。此外，肝主疏泄，为体阴用阳之脏，阴虚肝旺或肝郁化火既可导致阴虚燥热，又可因之而进一步加重，二者互为因果，甚则可出现阴虚阳亢、肝风内动之变。

病至中期，燥热伤阴同时可进一步耗伤阳气，出现气阴两伤，或兼痰浊瘀血内阻之机转。壮火食气，阴伤及气，可致肺肾气阴两伤、肝肾阴亏、肺脾不足、心脾两虚及脾胃气虚等改变。气虚无力帅血运行，肝郁气滞，血行不畅，均可致瘀血内停；气虚、气郁，津液运化敷布失常，酿湿生痰，燥热炼液烁津成痰，均为湿浊痰涎内阻之机，痰浊、瘀血既是本病之果，又是本病发展、变化之因。

至晚期，阴损及阳，阴阳俱虚，肝脾肾皆损，或兼痰瘀浊毒壅滞，常为本病必然趋势。

在本病中晚期，即气阴两虚，痰瘀内阻，阴阳俱虚，痰瘀阻痹经脉，可致肢体麻木、疼痛等经脉失养病症；痰瘀痹阻心脉可致胸痹心痛；肾阴亏损，肝失满养，肝肾精血不能上承耳目，可并发耳聋、目盲；肝肾阴亏，肝阳上亢或阳亢化风，扰动清窍可致眩晕；气阴两虚，痰浊瘀阻，清阳不升亦可致眩晕；阴亏阳亢，内风旋动，风夹痰瘀痹阻经脉脑络，或气阴两虚，痰瘀痹阻脉络，均可导致中风；若阴液极度耗损，阴不敛阳，虚阳浮越，可见阴阳离绝危候若阴损及阳，脾肾阳虚，水湿潴留，泛滥肌肤，可见面足水肿；若肾阳衰败，水湿泛滥，浊毒内停，上凌心肺，则见心悸气短、喘息不能平卧、少尿、全身水肿等危候。

二、糖尿病的食疗原则

1. 糖尿病的食疗原则

（1）控制能量摄入　糖尿病营养治疗的首要原则是合理控制能量摄入量。根据年龄、性别、身高、体重、活动量大小、血糖、尿糖以及有无并发症确定能量的供给。能量摄入量以维持或略低于理想体重（又称为标准体重）为宜。标准体重（kg）= 身高（cm）-105。肥胖者体内脂肪体积增大、细胞增多，导致胰岛素的敏感性下降，为配合治疗，应减少能量摄入，使体重逐渐下降至正常标准值的±5%范围内。儿童、孕妇、乳母、营养不良及消瘦者，为适应患者的生理需要和适当增加体重，能量摄入量可适当增加10%~20%。患者实际测量体重超过标准体重的20%为肥胖，低于20%为消瘦。体重是评价能量摄入量是否合适的基本指标，最好定期（每周一次）称体重，根据体重的变化及时调整能量供给量。肥胖者应逐渐减少能量摄入量，消瘦者适当增加能量摄入量，以维持实际体重达到或略低于理想体重。

（2）限制碳水化合物的摄入　控制碳水化合物的摄入是控制血糖的关键。碳水化合物是能量的主要来源，若供给充足，可以减少体内脂肪和蛋白质的分解，预防酮症。在合理控制总能量的基础上适当提高碳水化合物摄入量，有助于减少肝脏葡萄糖的产生、改善葡萄糖耐量、提高胰岛素的敏感性和刺激葡萄糖的利用。但摄入过多会使血糖升高，从而增加胰岛负担。碳水化合物供给量占总能量的50%~60%为宜，甚至可以高达65%，但不宜超过70%，一般成年患者每日碳水化合物摄入量为200~350g，相当于主食250~400g。营养治疗开始时，应严格控制碳水化合物的摄入量，每日200g（相当于主食250g），经一段治疗后，如血糖下降、尿糖消失，可逐渐增加至250~300g（主食300~400g），并根据血糖、尿糖和用药情况随时加以调整，单纯膳食治疗病情控制不满意者应适当减量，但最少不宜低于130g/d。

（3）适量的蛋白质　蛋白质供给与正常人接近，为0.8~1.2g/(kg·d)，占总能量的10%~20%。糖尿病患者由于糖异生旺盛，蛋白质消耗大，易发生负氮平衡，此时应蛋白质供给量应充足，成人1.2~1.5g/(kg·d)，儿童、孕妇、乳母、营养不良的患者，可供给1.5~2.0g/(kg·d)，蛋白质可达到或高于总能量的20%。糖尿病患者宜优先增加优质蛋白质食物（如鱼、禽、蛋、乳及大豆制品）的摄入，优质蛋白质以不低于总蛋白的1/3为宜。特别是糖尿病肾病早期患者，为预防肾功能进一步降低，应选用优质蛋白质饮食，以降低尿蛋白和保护肾功能。但应避免矫枉过正，蛋白质过多对糖尿病无益。伴有肾功能不全时，应限蛋白质摄入量，根据肾功能损害程度而定，一般为 0.5~0.8g/(kg·d)。

(4) 限制脂肪和胆固醇　因胰岛素分泌不足，糖尿病患者脂质代谢紊乱，脂肪合成减弱，分解加速。膳食脂肪摄入不当时，易引发或加重高脂血症及心脑血管病变。为此，应适当限制膳食脂肪摄入量，尤其要减少饱和脂肪酸的摄入。一般膳食脂肪占总能量 20%~30%，其中饱和脂肪酸占总能量应少于 10%。虽然多不饱和脂肪酸有降血脂和预防动脉粥样硬化的作用，但由于糖尿病机体抗氧化能力减低，摄入也不宜超过总能量的 10%，单不饱和脂肪酸可占总能量的 10%~20%，或饱和脂肪酸、单不饱和脂肪酸、多不饱和脂肪酸的比值约为 1：1：1。富含饱和脂肪酸的食物主要有猪油、牛油、奶油等动物油脂，但鱼油除外；富含单不饱和脂肪酸的油脂主要有橄榄油、茶子油、花生油、各种坚果油等；而植物油一般富含多不饱和脂肪酸，如豆油、玉米油、葵花子油等，但椰子油和棕榈油除外。

糖尿病患者应避免进食富含胆固醇的食物，如动物脑和肝、肾、肠等动物内脏、鱼子、虾子、蛋黄等食物。固醇摄入量应少于 300mg/d，合并高脂血症者，应低于 200mg/d。

(5) 补充维生素　糖尿病患者体内物质代谢相对旺盛，高血糖的渗透性利尿作用易引起水溶性维生素随尿流失，且主食和水果摄入量受限制，因此较易发生维生素缺乏。糖尿病并发神经系统疾病可能与维生素 B_1、维生素 B_{12} 不足有关；葡萄糖耐量下降，胰岛素和胰高血糖素分泌受损可能与维生素 B_6 不足有关；并发视网膜病变可能是不能将胡萝卜素转变为维生素 A。因此，供给足够的维生素也是糖尿病营养治疗的原则之一，补充 B 族维生素（包括维生素 B_1、维生素 B_2、维生素 B_6、维生素 PP、维生素 B_{12} 等）可改善患者的神经系统并发症；补充维生素 C 可防止神经和微血管病变，供给足够的维生素 A 有助于将胡萝卜素转化为维生素 A。B 族维生素以谷类、豆类、酵母等含量较高。维生素 C 以新鲜水果、绿色蔬菜中含量较高。维生素 A、维生素 D 以动物肝脏、鱼肝油、奶油、蛋黄等含量丰富。维生素 E 在植物油及高油脂坚果中含量丰富。充足的维生素 E、维生素 C 和 β-胡萝卜素能加强患者体内已减弱的抗氧化能力，但因为缺乏有效性和有关长期安全性的证据，不主张常规服用维生素 E、维生素 C 和胡萝卜素的增补剂。一般情况下，食物即能保证足量维生素的供给，无需药物补充。

(6) 合适的矿物质　糖尿病患者由于体内代谢障碍，可造成多种矿物质的异常。影响胰岛素活性和糖脂代谢的矿物质主要有镁、铬、锌、铁、硒、铜等，这些矿物质在糖尿病发病、病程演变和并发症的发生过程中起重要作用。血镁低的糖尿病患者容易并发视网膜病变；钙不足易并发骨质疏松症；锌与胰岛素的分泌和活性有关，并帮助人体利用维生素 A；三价铬是葡萄糖耐量因子的成分；铁能减少自由基，减少糖尿病及并发血管病变；铜能降血糖，铜缺乏可以使胰岛细胞内超氧化物歧化酶活性下降，更易受自由基损伤；锰可改善机体对葡萄糖的耐受性；锂能促进胰岛素的合成和分泌；硒具有类胰岛素样作用，能降低血糖，抗动脉粥样硬化。因此，应保证矿物质的供给量满足机体的需要，适当增加糖尿病患者钾、镁、钙、铬、锌等元素的供给。镁主要存在于全谷物、豆类、坚果、蘑菇、紫菜等食物中。

啤酒酵母、糙米、干酪、肉类、全谷物中含有丰富的铬。牡蛎、动物肝脏、鱼、蛋、乳、肉是锌的良好来源。动物血液、动物内脏、肉类、鱼类等是补铁的良好来源。动物内脏、海产品、肉类含硒丰富。贝类海产品以及坚果类是铜的良好来源。

（7）丰富的膳食纤维　膳食纤维具有较好的防治糖尿病的作用，还能产生饱腹感、减少热量摄入，建议糖尿病患者增加摄入。水溶性膳食纤维能吸水膨胀，吸附并延缓碳水化合物在消化道的吸收，减弱餐后血糖的急剧升高，有助于患者的血糖控制；同时还具有降血脂作用。非水溶性膳食纤维能促进肠蠕动，加快食物通过肠道，减少吸收，缓解便秘，有间接的降低餐后血糖和减肥作用。但膳食纤维过多，会影响矿物质的吸收。建议膳食纤维供给量20~35g/d，或15~25g/1000kcal。

（8）限制钠盐摄入　糖尿病患者食盐摄入量应限制在每天6g以内，以防止和减轻高血压、高脂血症、动脉粥样硬化和肾功能不全等并发症。伴高血压的糖尿病患者更应严格控制。应少摄入味精、酱油、调味酱、熟肉制品等含盐量高的食品。

（9）限制酒精摄入　不推荐糖尿病患者饮酒。若饮酒，每日不应超过1~2份标准量。1份标准量为啤酒350mL或红酒150mL或低度白酒45mL，约含酒精15g。

（10）甜味剂选择　一种是能够提供热能的甜味剂。如：果糖、山梨醇、木糖醇、结晶果糖和高纯果糖浆、蛋白糖等。它们在代谢的某一过程中不需要胰岛素，食后对正常人或血糖控制较好的病人的血糖升高水平低于葡萄糖和蔗糖，但对控不好的病人无此差别。因此凡病情控制不好的病人不宜食用。另外，山梨醇、木糖醇的吸收率低，食用过多可以引起腹泻，日用量不宜超过50g。另一种是没有营养价值的甜味剂，如：糖精、甜叶菊、罗汉果素、元贞糖。

2. 合理的餐次与营养分型治疗

总的原则是少食多餐，定时定量，防止一次进食过多，加重胰岛负担，或一次进食过少，发生低血糖或酮症酸中毒。通常结合饮食习惯、血糖尿糖升高的时间、服用降糖药尤其是注射胰岛素的时间及病情是否稳定，来确定其分配比例。若病情稳定，可按每日三餐分配为1/5、2/5、2/5或1/3、1/3、1/3，也可按四餐分为1/7、2/7、2/7、2/7。口服降糖药或注射胰岛素后易出现低血糖的患者，可在三个正餐之间加餐2~3次，在每日总能量摄入量范围内，适当增加餐次有利于改善糖耐量和预防低血糖的发生

三、糖尿病的食疗调养

1. 上消

肺热津伤

【证候】口渴多饮，口干舌燥，尿频量多，烦热多汗，舌边尖红，苔薄黄乏津，脉洪数。

【原则】清热润肺，生津止渴。

【食疗方】

(1) 天花粉粥（《千金要方》）。

配方：天花粉 20g，粳米 60g。

制法用法：天花粉洗净切片煎汁，同粳米煮粥，或以粳米加水煮粥，将熟时加入天花粉，再稍煮至粥熟即可。每日 2 次，10d 为 1 个疗程。脾胃虚寒而便溏者禁用。

方解：方中天花粉味甘酸微苦，性微寒，可清肺润燥，生津止渴；粳米益胃生津。两味合用，共奏清热润燥、生津止渴之效。适用于肺热津伤之口渴多饮、尿频量多、烦热多汗等症。

(2) 五汁饮（《温病条辨》）。

配方：鲜芦根汁 30g，荸荠汁 30g，麦冬汁 30g，梨汁 30g，藕汁 30g。

制法用法：将鲜芦根和麦冬洗净，压汁去渣；荸荠、梨、藕洗净，分别去皮，榨汁。再将上述汁液混合均匀，不拘量，冷饮或温饮。每日 5 次，10d 为 1 个疗程。脾虚便溏者忌服。

方解：方中皆为甘寒之品。芦根能清肺胃之热，且有生津之效；麦冬质柔多汁，为清润之品，长于养阴生津，善治肺胃虚热；荸荠、梨、藕善清肺热而生津止渴。五味合用，重在清肺止渴，生津润燥。适用于消渴肺热津伤之证。

2. 中消

(1) 胃热炽盛

【证候】多食善饥，口渴喜饮，尿频，形体消瘦，大便干燥，舌红苔黄少津，脉滑数有力。

【原则】清胃泻火，养阴生津。

【食疗方】

①竹茹饮（《圣济总录》）。

配方：竹茹 30g，乌梅 6g，甘草 3g。

制法用法：将竹茹、乌梅、甘草洗净，加水煎煮取汁，代茶频饮，乌梅可食。每日 5 次，10d 为 1 个疗程。

方解：方中竹茹味甘性微寒，善清胃热；乌梅味酸性平，能生津液，止烦渴；甘草性平味甘，与乌梅相配有酸甘化阴之意。三味合用，共奏清胃泻火、生津止渴之功。适用于胃热炽盛之口渴喜饮、尿频等症。

②葛根粉粥（《太平圣惠方》）。

配方：葛根粉 30g，粳米 100g。

制法用法：先将粳米淘洗干净，浸泡一夜，与葛根粉同入砂锅内，加水适量，用文火煮至粥稠即可。每日 2 次，10d 为 1 个疗程。

方解：方中葛根味甘性凉，具有清热、生津止渴之功。《名医别录》记载葛根"生根汁，疗消渴、伤寒壮热"。粳米益胃生津。两味合用，共奏清胃泻火、护胃生津之功。适用于胃热炽盛之多食善饥、尿频、口渴喜饮等症。

(2) 气阴亏虚

【证候】口渴引饮，能食与便溏并见，或饮食减少，精神不振，消瘦乏力，气短懒言，舌质淡红，苔白而干，脉弱。

【原则】益气健脾，生津止渴。

【食疗方】

①黄芪山药粥（《遵生八笺》）。

配方：黄芪 30g，山药 60g。

制法用法：将黄芪洗净打粉，山药洗净切片，二者同煮成粥。每日 1~2 次，10d 为 1 个疗程。

方解：方中山药甘平，补气养阴，为平补气阴之良品；黄芪甘温，为补气强壮之佳品。两味同用，共奏益气养阴之功效。适用于气阴亏虚之口渴引饮、精神不振等症。

②猪脊羹（《三因方》）。

配方：猪脊骨 1 具，红枣 150g，莲子 100g，木香 3g，甘草 10g。

制法用法：取猪脊骨洗净剁碎，红枣洗净掰开，莲子去心打碎，甘草、木香洗净润透切片。用纱布将木香和甘草包好，与猪脊骨、红枣及莲子一并入锅，加水煮沸后文火炖 3h 左右，晾温，捞出药包，喝汤吃肉。每日 1~2 次，10d 为 1 个疗程。

方解：方中猪脊骨味甘咸性平，具有滋阴、润燥的功效；红枣味甘性平，补中益气，滋脾土，润心肺，生津液；莲子味甘性平，健脾益肾；木香醒脾行气散津；甘草益气健脾。诸味相合，共奏益气养阴、健脾生津止渴之功。适用于气阴亏虚之口渴引饮、气短懒言等症。

3. 下消

(1) 肾阴亏虚

【证候】尿频量多，混浊如脂膏，或尿甜，腰膝酸软，乏力，头晕耳鸣，口干唇燥，皮肤干燥，瘙痒；舌红少苔，脉沉细数。

【原则】滋阴固肾。

【食疗方】

①一品山药饼（《中华临床药膳食疗学》）。

配方：山药 500g，面粉 150g，核桃仁、什锦果料、蜂蜜、猪油、水生粉各适量。

制法用法：将山药洗净，去皮蒸熟，加面粉揉成面团，放在盘中，摊成圆饼状，饼上摆核桃仁、什锦果料，放入蒸锅内，置武火上蒸 20min。将蜂蜜、猪油、水生粉放入另一锅内熬成糖汁，浇在圆饼上，作点心食用。连用 3~4 周。

方解：方中山药味甘性平，有补脾养胃、益肺生津、补肾涩精的功效；核桃仁益肾润燥涩精；蜂蜜、猪油等为滋润之品。诸味合用，共奏滋阴益肾、润燥止渴之功。适用于肾阴亏虚之尿频量多、腰膝酸软等症。

②消渴救治丸（《普济方》）。

配方：黑豆、天花粉各等份。

制法用法：将黑豆炒香，研为细末；天花粉研末，用面糊为丸，服食时，加黑豆15g，煎汤送服。每次15g，每日2次，20d为1个疗程。

方解：方中天花粉味甘酸微苦，性微寒，可养阴生津，清热泻火；黑豆滋补肾阴。两味合用，共奏滋阴补肾、清热止渴之效。适用于肾阴亏虚之消渴。

（2）阴阳两虚

【证候】小便频数，混浊如膏，甚至饮一溲一，手足心热，咽干口燥，面容憔悴，面色黧黑，耳轮干枯，腰膝酸软，四肢欠温，畏寒肢冷，阳痿或月经不调；舌淡苔白而干，脉沉细无力。

【原则】滋阴温阳，补肾固摄。

【食疗法】

①滋膵饮（《医学衷中参西录》）。

配方：黄芪、山药各30g，生地、山茱萸各15g，猪胰子500g。

制法用法：将黄芪、山药、生地、山茱萸水煎去渣留汁，入猪胰子，煮熟，调盐少许，分次食肉饮汤。每日2次，20d为1个疗程。

方解：方中生地、山茱萸滋阴补肾，黄芪、山药甘温益气，猪胰子以脏补脏。诸味合用，共奏滋阴补阳之功。适用于阴阳两虚之消渴。

②海参粥（《老老恒言》）。

配方：海参30g，粳米100g，姜、葱、盐适量。

制法用法：先将海参浸透发好，剖洗干净，入沸水焯一下，捞出切成片。粳米洗净，加水适量，与海参片同煮为粥，待熟时放入适量姜、葱、盐调味。每日2次，20d为1个疗程。

方解：方中海参味甘咸，性微寒，补肾益精缩尿，养血润燥；粳米益气清热。二味相伍为用，可清热润燥，平补肾之阴阳。适用于阴阳两虚之消渴。

第二节　肥胖的食疗

一、肥胖的概述

肥胖早在《黄帝内经》中就有记载，《黄帝内经·灵枢·逆顺肥瘦》记载了"广肩腋项，肉薄厚皮而黑色，唇临临然，其血黑以浊，其气涩以迟"的证候。《黄帝内经·灵枢·卫气失常》将肥胖分为"有肥、有膏、有肉"三种证型。在此基础上，后世医家认识到肥胖的病机还与气虚、痰湿、七情及地理环境等因素有关。如《景岳全书·杂证谟·非风》认为肥人多气虚，《丹溪心法》《医门法律》则认为肥人多痰湿。在治疗方面，《丹溪心法·中湿》认为肥胖应从湿热及气虚两方面论治。《石室秘录·肥治法》认为治痰须补气兼消痰，并补命火，使气足而痰消。此外，前人还认识到肥胖与消渴、仆击、偏枯、痿厥、气满发逆等多种疾病有关。

按病因和发病机制，肥胖可分为单纯性肥胖（simple obesity）和继发性肥胖两大类。本节主要讨论单纯性肥胖。随着生活水平的改善，居民膳食结构的变化和体力活动的减少，我国超重和肥胖人群明显增加，慢性病的发病率和死亡率迅速上升。预防超重和肥胖，已成为关系中华民族健康素质的重大公共卫生问题。

1. 肥胖的诊断标准

体重是正态分布的数据，超重和肥胖与体重有关，但单纯体重不能充分反映体内脂肪的含量，一般根据体重指数（BMI）、腰围、腰臀比来判断。

（1）BMI　BMI=体重（kg）/身高（m）^{2}，单位是 kg/m^2。如体重超过标准体重的20%或 BMI≥28.0kg/m^2，排除水肿或瘦体重增加，即可诊断为肥胖。

（2）腰围　中心性肥胖多以腰围为测评指标，如果男性腰围≥85cm，女性腰围≥80cm，则被认为腹部脂肪堆积。

（3）腰臀比　白种人腰臀比>1.0的男性和>0.85的女性被定义为腹部脂肪堆积，但腰围更适于检测腹部肥胖。

2. 肥胖的中医病因病机

（1）病因　肥胖多由年老体弱、过食肥甘、缺乏运动、先天禀赋等病因，导致气虚阳衰、痰湿瘀滞形成。

①年老体弱：中年以后，肾气渐衰，火不生土，失健运，湿浊内聚，痰瘀生，尤其是经产妇女或绝经期妇女，肾气不足，不能化气行水，以致水液留滞而致肥胖。

②过食肥甘：嗜食肥甘厚味，湿热内生，蕴酿成痰；又可损伤脾胃，致水谷运化失司，湿浊停留体内，痰热湿浊停聚，使体重增加，形成肥胖。

③缺少活动："久卧伤气，久坐伤肉"，伤气则气虚，伤肉则脾虚，脾气虚弱，运化失司，水谷精微不能转输，水湿停聚，形成肥胖浮肿。

④禀赋不足：父母为肥胖之人，以致先天肾气不足，后天脾失健运，水谷精微转输失常，痰浊、膏脂停聚而为肥胖。

⑤久病正虚：久病则正气亏耗，气血阴阳虚衰，气虚运血无力，阳虚面阴寒内生，易生痰浊；阴血虚少，血行湿滞，痰浊、脂（瘀）变生而致肥胖。

⑥情志所伤：五脏皆能藏神，七情内伤，脏腑功能失调，升降失序，影响水谷、水液运

化，使代谢紊乱，发生肥胖。

此外，肥胖的发生与性别、地理环境等因素都有关，由于女性活动量少于男性，故女性肥胖者较男性为多。

（2）病机　肥胖位主要在肌肉，与脾肾关系密切，肝胆及心肺功能失调亦与本病相关。肾虚不能化气行水，易酿水湿痰浊；心肺功能失调，肝失疏泄，亦每致痰湿瘀滞。病机总属气虚阳衰，痰湿偏盛，膏脂内停。肥胖多为形盛气虚，引起肥胖的主要原因为正气虚衰。因此肥胖乃本虚标实，本虚以气虚为主，主要表现为脾肾气虚，可见肝胆疏泄失调及心脾气虚；标实以痰浊、膏脂为主，兼有水湿、血瘀、气滞，但临床虚实常各有所侧重。

过食肥甘厚味，酿成湿热，壅遏脾胃，气机窒滞，脾胃升降失序，水谷精微不归正化，酿成脂瘀痰浊。或起居不时，好坐好卧，气血流行不畅，脾胃呆滞，运化失司，水谷精微失于输布，化为膏脂和水湿，留滞体内面致肥胖。若情志调达，饮食有节，起居适宜，治之如法，则湿热、痰浊、脂瘀渐渐疏化，脾胃复升降之职，病渐向愈。若七情失节，恣意饮食，起居不时，因循失治，或治不如法，易成胸痹、胆胀等疾。若年老体虚，脾土怯弱，失其转输、消磨之用，或肾气不足，不能化气行水，则湿浊内聚，水液留滞，久病正虚，损及肝肾精血，血行涩滞，或脾肾气阳衰微，鼓动斡旋无力，血行迂缓，水液满滞，发为肥胖。若经益气运脾，滋养肝肾，温煦脾肾之法，脾复升运之职，肝肾精血渐充，脾肾气阳渐复，病有向愈之机，若因循失治，或治不如法，则五脏精华之血，悉变败浊，病向消渴、眩晕、中风转化。

肥胖具有本虚标实的特点，治疗当以补虚泻实为原则。补虚常用健脾益气；脾病及肾。结合益气补肾。泻实常用祛湿化痰，结合行气、利水、通腑、消导、化瘀等法，以祛除体内病理性痰浊、水湿、膏脂、瘀血等。其中祛湿化痰法是治疗肥胖的最常用的方法，贯穿于肥胖治疗过程的始终。

二、肥胖的食疗原则

1. 肥胖的食物选择：

（1）宜用食物　谷类、各种瘦肉、鱼、豆、脱脂乳、蛋类均可选择，但应限量。蔬菜和水果可多选用。

（2）忌（少）用的食物　富含饱和脂肪酸的各类食物，如肥肉、猪牛羊油、椰子油、可可油等，以及各类油炸、煎的食品；富含精制糖的各种糕点、饮料、零食和酒类。

2. 肥胖的食疗原则

（1）限制总能量摄入量　合理的减重膳食应在平衡膳食的基础上减少每日摄入的总热量，既要满足人体对营养素的需要，又要使热量摄入低于能量消耗，让身体中的一部分脂肪氧化以供机体能量消耗所需。一般以理想体重决定适宜的热能摄入量，热能摄入量

（kcal/d）=理想体重（kg）×（20~25）。为了保证人体需要的营养素供给，男性每日能量摄入量不应低于1500kcal，女性不应低于1200kcal。这是较长时间能坚持的最低水平。减少能量摄入量应循序渐进，切忌骤然降至最低水平以下。体重也不宜骤减，一般以每月减重0.5~1.0kg为宜。

（2）适当减少碳水化合物摄入　膳食碳水化合物占总能量45%~60%为宜，过低易产生酮症，过高会影响蛋白质的摄入量。应以复合碳水化合物为主，如谷薯类和杂豆类。尽量少用或不用富含精制糖的食品。主食一般控制在150~250g/d。

（3）限制脂肪摄入　减少能量摄入应以减少脂肪摄入为主。脂肪摄入的总量要控制，脂肪应占总能量的20%~25%，不宜超过30%。严格限制饱和脂肪酸、反式脂肪酸和胆固醇的摄入。膳食胆固醇供给量以少于300mg/d为宜。饮食肥肉、蛋黄、动物内脏、奶油、全脂乳等均需严格控制。烹调用油控制在10~20g/d，宜用植物油，以便提供脂溶性维生素和必需脂肪酸。食物宜以蒸、煮、炖、拌、卤等少油烹调方法制备为主，以减少用油量。

（4）适量摄入优质蛋白质　过多的蛋白质供应不利于减重，但也要充足，否则在能量负平衡时，人体肌肉等组织中的蛋白质被动员，作为能量被消耗，不利于健康。一般蛋白质占总能量的20%~30%为宜，其中至少50%为优质蛋白质，如鱼类、瘦肉、蛋、脱脂乳和豆制品。

（5）补充膳食纤维、维生素和矿物质　新鲜水果和蔬菜富含膳食纤维、无机盐、维生素和水，是低能量食物且有饱腹作用；豆类和脱脂牛乳也富含维生素和矿物质，应多选用。必要时可在专业医师指导下适量补充维生素和微量元素增补剂以防缺乏。

（6）限盐限酒　肥胖常伴随高血压等，因此应限制食盐摄入，每人每日不宜超过6g，以减少水钠潴留。1g酒精在体内能产生7kal能量，不利于肥胖者减重。此外，长期饮酒会影响糖脂代谢，诱发脂肪肝、心脑血管疾病及痛风等。故肥胖者不宜饮酒，或限量饮酒。

（7）积极运动，养成良好的饮食习惯　坚持运动能增加能量消耗，是减重最有效的措施之一。应循序渐进，长期坚持既可增加能量消耗，减少体脂，又可保持肌肉组织强健。饮食习惯方面，一日三餐，定时定量，晚餐不宜过饱；少吃零食、甜食和含糖饮料；细嚼慢咽；用餐顺序上先吃低能量的蔬菜类食物，再吃主食。因此，积极运动配合科学膳食和良好的饮食习惯，多管齐下是减肥的最佳方法。

三、肥胖的食疗调养

1. 脾胃湿热

【证候】形体肥胖，多食易饥，脘腹胀满，心烦头晕，渴喜冷饮，口苦，胃脘灼热，嘈杂，得食则缓；舌红苔黄腻，脉滑数。

【原则】清热祛湿。

【食疗方】

（1）竹叶粥（《普济方》）。

配方：淡竹叶 30g，石膏 15g，粳米 100g，砂糖 30g。

制法用法：先将石膏捣碎，与竹叶一起用水煎煮，去渣取汁约 1000mL，入粳米煮成粥，放砂糖调味。空腹食用，每日 1 次，7d 为 1 个疗程。

方解：方中生石膏味甘性寒，为清泄胃经实火之要药；淡竹叶可利尿泄热；粳米健脾益胃。三者合用，共奏健脾益气、清热祛湿之功。适用于脾胃湿热之形体肥胖、多食易饥等症。

（2）薏米赤豆粥（《中华临床药膳食疗学》）。

配方：薏苡仁 50g，赤小豆 50g，泽泻 10g。

制法用法：泽泻先煎取汁，与赤小豆、薏苡仁同煮为粥。每日 2 次，15d 为 1 个疗程。

方解：方中赤小豆健脾利水；薏苡仁健脾益胃，利水渗湿，且富含膳食纤维，为减肥之佳品；泽泻淡渗，泄水湿，行痰饮。三味同用，共奏健脾利湿、消肿减肥之功。适用于脾胃湿热之形体肥胖、渴喜冷饮、口苦等症。

2. 痰湿内盛

【证候】形盛体胖，身体重着，肢体困倦，胸脘痞闷，头晕目眩，口干而不欲饮，纳呆，神疲嗜卧；舌胖大，苔白腻或白滑，脉滑或濡缓。

【原则】燥湿化痰。

【食疗方】

茼蒿炒萝卜（《中华临床药膳食疗学》）。

配方：白萝卜 200g，茼蒿 100g，菜油 100g，花椒、盐适量。

制法用法：白萝卜洗净切条，茼蒿洗净切段。先将菜油入锅烧热，放入花椒，待花椒炸黑后捞出，加入白萝卜条，煸炒至七成熟，加入茼蒿及适量的味精和盐，熟透后淋上淀粉汁，汤汁明亮后，再加点香油出锅即可。可供佐餐，30d 为一个疗程。

方解：方中白萝卜化痰消积，下气宽中；《备急千金要方》谓茼蒿"安心气，养脾胃，消痰饮"；花椒辛散温通，以祛痰湿。诸味相配，共奏理气宽中、化痰消积之功。适用于痰湿内盛之肥胖者。

3. 脾虚不运

【证候】形体臃肿，困倦无力，脘腹胀满，四肢轻度浮肿，晨轻暮重，劳累后明显，纳差食少，小便不利，便溏或便秘；舌淡胖，边有齿痕，苔薄腻或薄白，脉濡细或缓。

【原则】健脾利湿。

【食疗方】

（1）茯苓赤豆粥（《中华养生药膳大典》）。

配方：茯苓 30g，赤小豆 100g，小米 50g。

制法用法：将茯苓研为细末，赤小豆用水浸泡 10h 以上，再将以上三味加水适量，共煮成粥。每日早晨空腹温食1次，15d为1个疗程。

方解：茯苓味甘淡性平，健脾渗湿，利水而不伤正；赤小豆味甘性平，利水渗湿；小米入肾，茯苓、赤豆利水，入脾胃，茯苓健脾祛湿。三味合用，共奏健脾利湿之功。适用于脾虚之肥胖。

(2) 党参鸡丝冬瓜汤（《中华临床药膳食疗学》）。

配方：鸡脯肉200g，冬瓜200g，党参3g。

制法用法：将鸡肉洗净切丝，冬瓜洗净切片。先将鸡丝与党参放入砂锅，加水适量，小火炖至八成熟，入冬瓜片，加适量盐、黄酒、味精调味，至冬瓜熟透即可。每日2次，15d为1个疗程。

方解：方中党参、鸡肉味甘性温，重在健脾益气；冬瓜甘淡凉，有清热解暑、利尿消肿等功效。三味相配，共奏健脾益气、利水祛湿之功。适用于脾虚之肥胖。

4. 脾肾阳虚

【证候】形体肥胖，颜面虚浮，神疲嗜卧，气短乏力，腹胀纳差，少气懒言，动则喘息，畏寒肢冷，下肢浮肿，便溏或五更泄泻；舌淡胖，苔薄白，脉沉细。

【原则】温补脾肾，化气利水。

【食疗方】

鲤鱼汤（《中国药膳辨证治疗学》）。

配方：鲜鲤鱼1000g，荜茇5g，川椒15g，姜、香菜、料酒、葱、味精、醋适量。

制法用法：将鲤鱼去鳞及内脏，洗净，切成小块，姜、葱洗净备用。荜茇、鲤鱼、葱、姜放入锅内，加水适量，火烧沸，再用文火炖约40min，加入适量香菜、料酒、味精、醋即可。吃鱼肉喝汤，可单吃，也可佐餐。每日2次，15d为1个疗程。

方解：方中鲤鱼味甘性平，补虚劳，利水消肿；荜茇、川椒辛热，能行能散，助鲤鱼利水，温脾肾之阳。三味合用，共奏温脾肾之阳、利水祛湿之功。适用于脾肾阳虚，水湿不化之肥胖者。

5. 其他单验方

(1) 三花减肥茶　玫瑰花、玳玳花、茉莉花、川芎、荷叶组成。每日1包，开水冲泡代茶饮，3个月为1疗程。

(2) 春风减肥茶　杜仲、三七、云雾茶、普洱茶等，每日1~2包，冲泡代茶饮。

(3) 轻身降脂乐　荷叶、山楂、泽泻代茶饮，疗程3个月。适用于肥胖有湿浊、湿热者。

(4) 大黄　每日6~12g，水煎服，用于大便干燥偏实者。

(5) 草决明　炒熟研末，每日2~3次，每次3~5g。适用于肥合并高脂血症。

(6) 荷叶煎茶饮　或与粳米同煮粥食用。适用于肥胖有湿热者。

(7) 清宫减肥仙药茶　荷叶、紫苏叶、山楂、乌龙茶组成，每次1包，每日1~2次，泡水代茶。

(8) 防风通圣丸　每次 6~10g，每日 2~3 次。

(9) 肥胖丸　由番泻叶、松罗茶、泽泻、淡竹叶、槐花、夏枯草、葶苈子、茯苓组成。每次 1 丸，每日 2 次，浓茶水送服，见汗为宜，便秘者加量，有除湿化痰，利尿通便作用。

第三节　痛风的食疗

一、痛风概述

痛风在中医属痹病范畴。痹病是由于感受风、寒、湿、热之邪，经络痹阻，气血运行不畅，导致以肌肉、筋骨、关节酸痛、麻木、重着、或关节肿胀、变形、活动障碍，甚者内舍于五脏为主要表现的疾病。

1. 痛风的诊断标准

男性和绝经后女性血尿酸>420μmol/L（7.0mg/dL）、绝经前女性>350μmol/L（5.8mg/dL）可诊断为高尿酸血症。中老年男性如出现特征性关节炎表现、尿路结石或肾绞痛发作，伴有高尿酸血症应考虑痛风。X 线检查、CT 或 MRI 扫描对明确诊断有一定价值。秋水仙碱试验性治疗对急性关节炎期诊断有意义。

2. 痛风的中医病因病机

(1) 病因

①感受风寒湿邪：由于久居高寒潮湿之地，或常处水中、野外潮湿寒冷等环境，或气候突变，冷热交错，或起居不慎等原因，当人体正气不足时，以致风寒湿邪侵袭，留注经络关节而发病。

②感受风湿热邪：感受风湿热之邪，或风寒湿邪外侵，郁久化热，以致风湿热邪痹阻经络关节而发病。

③痰浊瘀血：痰浊瘀血是在疾病过程中形成的病理产物，它能直接或间接作用于人体，引起新的病证，因此在痹病的发病中也起重要作用。或由暴饮暴食，恣食生冷，过食肥甘，或饮酒过度，脾失运化，痰浊内生，阻滞经脉；或七情郁结，气机运行失和，郁滞不通，气滞血瘀，阻滞脉络；或跌打外伤，局部气血凝聚，失于荣养，营卫不调，而易触外邪，发为痹病。

④正气不足：先天禀赋薄弱，元气不充，或后天营养失调，缺乏体育锻炼，或劳逸不当，或病后失调，以致气血虚弱，腠理疏松，营卫之气不固，外邪乘虚入侵。

(2) 病机　无论风寒湿邪还是风湿热邪所引起者，其发病均较急，尤以后者发病更为急骤。一般以关节、肌肉、筋骨的酸痛、麻木、重着、活动障碍等为发病特点。主要在肌肉、经络、关节。因肝主筋，脾主肌肉，肾主骨，故与肝、脾、肾关系较为密切，病久则可累及心肾，甚则病舍五脏。初期、中期以风寒湿热或痰浊瘀血痹阻为主，多为实证，后期则往往气阴不足或肝肾亏虚，同时伴有痰瘀凝结，甚则形成顽痰死血，发为虚实交错，以虚证为主。

由于痹病虚、邪、痰瘀相互搏结，"不通""不荣"同时并见，故其发生、发展机理甚为复杂，一般初起病在经络、肌肉、关节；久病入络，痰瘀内结，或由表入里，内舍于心，病涉五脏。

二、痛风的食疗原则

1. 痛风的食物选择

（1）宜用食物　痛风患者宜选用嘌呤含量少于25mg/100g的食物。

（2）忌（少）用食物　在缓解期可按个人情况限量选用嘌呤含量中等（25~150mg/100g）的食物；禁用嘌呤含量高于150mg/100g的食物，如动物肝脏、猪大肠、白带鱼、乌鱼、牡蛎、蚌蛤、香菇等。一般食物嘌呤含量为：内脏、鱼>干豆、坚果、肉>叶菜>谷类>淀粉类、水果。

2. 痛风的食疗原则

限制外源性嘌呤的摄入，并增加尿酸的排泄，以降低血清尿酸水平，从而减少急性发作的频率和程度，缓解并发症。

（1）限制嘌呤　患者应长期控制嘌呤摄入。根据病情，限制膳食中嘌呤的含量。在急性期应严格限制嘌呤摄入少于150mg/d，可选择嘌呤含量低的食物（<25mg/100g）。在缓解期可适当放宽，视病情可限量选用嘌呤含量中等的食物（25~150mg/100g），肉煮沸去汤食用。另外可自由选用含嘌呤低的食物，禁用含嘌呤高的食物（>150mg/100g）。

（2）限制能量　患者多伴有肥胖、高血压、高血脂、糖尿病等，应控制能量摄入尽量达到或稍低于理想体重，体重最好能低于理想体重10%~15%。能量供给平均为25~30kcal/(kg·d)，约6.28~8.37MJ（1500~2000kcal/d）。超体重者应减重，但减重应循序渐进，以免引起体脂分解过快会导致酮症，抑制尿酸的排泄，诱发痛风症急性发作。

（3）适当限制蛋白质　食物中的核酸多与蛋白质合成核蛋白存在于细胞内，适量限制蛋白质供给可降低嘌呤的产生。其供给量约为0.8~1.0g/(kg·d) 或50~70g/d，并以含嘌呤少的谷类、蔬菜类为主要来源，优质蛋白质可选用不含或少含核蛋白的乳制品、鸡蛋等，但不包括酸乳，因为酸乳含乳酸较多，会阻碍尿酸排泄。尽量不用肉、鱼、禽类等，如一定要用，可煮沸弃汤后少食。在痛风性肾病时，应根据尿蛋白的丢失和血浆蛋白质水平适量补充蛋白质；但在肾功能不全，出现氮质血症时，应严格限制蛋白质的摄入量。

（4）适当限制脂肪　脂肪会减少肾脏排泄尿酸，应适量限制，可摄入约40~50g/d，占总能量的 20%~25%，以多不饱和脂肪酸为主，并用蒸、煮、炖、卤、煲、焯等用油少的烹调方法。

（5）合理供给碳水化合物　碳水化合物有抗生酮作用和增加尿酸排泄的倾向，故应是能量的主要来源，约占总能量的 55%~65%。但单双糖因果糖含量高可增加尿酸的生成，应减少其摄入量。

（6）充足的维生素和矿物质　各种维生素，尤其是 B 族维生素和维生素 C 应足量供给。多供给富含矿物质但嘌呤含量较低的蔬菜和水果等碱性食物，有利于尿酸的溶解与排出。

（7）限盐限酒和限辛辣食物　由于痛风患者易患高血压、高脂血症和肾病，应限制钠盐摄入，通常用量 2~5g/d。乙醇可使体内乳酸增多，抑制尿酸排出，并促进嘌呤分解使尿酸增高，诱发痛风发作，故不宜饮酒。此外，强烈的香料和调味品，如辛辣调味品也不宜食用。茶、可可和咖啡可适量食用。

（8）多饮水　选择白开水和碱性饮料，饮用量应保持 2000~3000mL/d，以维持一定的尿量，碱化尿液，促进尿酸排泄，防止结石生成。可在睡前或半夜饮水，以防止夜尿浓缩。但若伴有肾功能不全，水分应适量。

三、痛风的食疗调养

1. 湿热痹阻型

【证候】关节红肿热痛，局部肿胀变形，屈伸受限，可伴发热恶寒、口渴烦躁、小便短赤，舌红苔黄腻，脉滑数。

【原则】清热化湿，宣痹止痛。

【食疗方】

(1) 苍术薏苡仁粥

配方：苍术、川牛膝各 15g，生石膏 30g，薏苡仁 100g。

制法用法：将苍术、川牛膝、生石膏共入锅中，加适量水煎取汁。用该汁和薏苡仁煮成粥即可。佐餐食用。

方解：苍术性温，味苦、辛，可燥湿健脾。薏苡仁性微寒，味甘、淡，能健脾利湿。牛膝性温、平，味苦、酸，可补肝肾、强筋骨、活血通经。《神农本草经》谓其"主寒，湿痿痹，四肢拘挛，膝痛不可屈伸"。石膏性寒，味甘、辛，能清热泻火。本粥有清热化湿、宣痹止痛之效。

(2) 秦艽煲瘦肉

配方：秦艽 30g，猪瘦肉 50g，调料少许。

制法用法：将猪瘦肉洗净，切成块。把猪肉块与秦艽共入煲内，加适量水煮至肉熟烂，加调料调味即可。喝汤吃肉。

方解：秦艽性微寒，味苦、辛，能祛风湿、舒筋络、清虚热、利湿退黄。《本经》谓其"主寒气，寒湿风痹，肢节痛，下水，利小便"。现代研究表明，秦艽有抗炎、镇痛、抗过敏性休克及抗组胺的作用。猪瘦肉性平，味甘，能益气补虚。

（3）木瓜方

①木瓜鸡血藤豆芽汤。

配方：木瓜10g，鸡血藤20g，黄豆芽250g。

制法用法：将木瓜、鸡血藤放入沙锅内煎取汁，再加入黄豆芽同煮汤。佐餐食用。

②木瓜忍冬藤汤。

配方：木瓜100g，忍冬藤30g，薏苡仁50g，丹皮10g。

制法用法：将忍冬藤、丹皮煎取汁，再与木瓜、薏苡仁同煮成汤。佐餐食用。

方解：木瓜性温，味酸，可化湿和胃、舒筋活络。《名医别录》谓其"主湿痹邪气"、鸡血藤性温，味苦、甘，能补血、活血、通络。黄豆芽性平，味甘、淡，可健脾宽中、祛风利湿。忍冬藤性寒，味苦，能清热通络。丹皮性寒，味苦，可凉血清热。薏苡仁性微寒，味甘、淡，有健脾、利湿、消肿之效。此两方均有清热凉血、利湿止痹的作用。

（4）桑枝绿豆汤

配方：老桑枝60g，绿豆30g。

制法用法：将桑枝煎取汁，加入绿豆煮至酥烂即可。佐餐食用。

方解：桑枝性寒，味甘、苦，可清热疏风、舒筋活络。绿豆性凉，味甘，能清热解毒、消暑利水。二物合用，清热作用更强。

2. 痰湿阻滞型

【证候】关节肿胀，其则关节周围肿胀，酸麻疼痛，伴有肢体困重、头晕目眩、面浮足肿、脘腹痞闷，舌淡胖苔白腻，脉滑。

【原则】化痰除湿，通络止痹。

【食疗方】

（1）木瓜方

①木瓜陈皮蜊。

配方：木瓜、陈皮、丝瓜络、川贝末各5g，粳米50g，冰糖适量。

制法用法：将木瓜、陈皮、丝瓜络煎取汁。用该汁与粳米煮成粥，粥成加入川贝末、冰糖稍煮即可。早餐食用。

②木瓜煲带鱼。

配方：木瓜250g，鲜带鱼200g，陈皮5g，调料少许。

制法用法：将带鱼去鳞、鳃及内脏，洗净，切成段。木瓜洗净，切成片。把带鱼与木瓜共入锅中，加适量水，用小火煲至带鱼，木瓜熟，加入陈皮等调料调味即成。佐餐食用。

方解：木瓜其性温，味酸，可舒筋活络、和胃化湿。《名医别录》谓其"主湿痹邪气"。

陈皮性温，味苦、辛，能理气健脾、燥湿化痰。川贝性凉，味苦，有润肺化痰的作用。丝瓜性凉，味淡，能活血、通络、祛瘀、清热解毒。粳米性平，味甘、淡，可补中益气。此两方均有化痰除湿、通络止痹之功。

（2）橘皮方

①橘皮饮。

配方：橘皮 15g，杏仁、丝瓜络各 10g，白糖少许。

制法用法：将上述诸物共入锅中，加适量水，煮 15min，再加入白糖即可。代茶饮。

②橘皮牛肉丝。

配方：牛里脊肉 250g，橘皮 5g，鸡蛋清 1 个，淀粉、食油各适量，调料少许。

制法用法：先将牛肉洗净，切成丝，加入蛋清、淀粉搅匀，在油锅中煸炒至熟，再入橘皮丝、调料略翻炒后即可。佐餐食用。

方解：橘皮性温，味苦、辛，可理气健脾、燥湿化痰。《本草丛新》谓其"燥湿消痰"。杏仁性微温，味苦，能降气、止咳、平喘、润肠通便。丝瓜络性凉，味淡，可活血、通络、祛瘀、清毒。此二方均偏重燥湿化痰、舒筋通络。

（3）薏苡仁山药雪梨汤

配方：薏苡仁 50g，山药 15g，梨 200g，冰糖少许。

制法用法：将山药、梨分别去皮，洗净，切成块，与薏苡仁共入锅中，加适量水煮至薏苡仁熟烂，加入冰糖调味即可。随量饮用。

方解：梨性凉，味甘，可生津止渴、清心润肺、除烦利尿、清热解毒、润喉消痰。薏苡仁性微寒，味甘、淡，能健脾利湿。山药性平，味甘，可补气益阴、健脾固肾。诸味合用，有健脾固肾、生津、润肺、止渴之效。

3. 肝肾亏损型

【证候】久痹不愈，反复发作，关节酸楚终痛呈游走性，甚则关节变形，屈伸不利，腰膝酸软，神疲乏力，头晕耳鸣，面色无华，舌淡少苔，脉细弱。

【原则】滋补肝肾，舒筋通络。

【食疗方】

（1）菟丝子羊脊骨汤

配方：羊脊骨 1 根，肉苁蓉 30g，菟丝子 20g，黄酒适量，调料少许。

制法用法：将菟丝子放入酒中浸 3 天，取出，晒干，研成末。肉苁蓉放入酒中浸一宿，取出，与羊脊骨共同放入锅中，加适量水，用小火煮两小时，加入菟丝子末及调料即可。空腹饮用。

方解：菟丝子性平，味辛、甘，可补肾益精、养肝明目、固胎止泄。肉苁蓉性温，味甘、咸，能补肾阳、益精血、润肠道。《药性论》谓其"益髓，悦颜色，延年，治女人血崩，壮阳，大补益"。羊脊骨可填精益髓、通络止痛。

(2) 戟牛膝煎

配方：巴戟天、牛膝各 15g。

制法用法：将巴戟天、牛膝同放入锅内，加适量水，煎煮成汤即可。每日 1 次，温热食用。

方解：巴戟天性微温，味辛，甘，可补肾助阳、强筋壮骨、祛风除湿。牛膝性平，味苦、酸，可补肝肾、强筋骨、活血通经、引血（火）下行、利尿通淋。《神农本草经》谓其"主寒湿痿痹，四肢拘挛，膝痛不可屈伸"。二物合用，共奏滋补肝肾、舒筋通络之功。

(3) 山药枸杞炖鹿茸

配方：鹿茸片 3g，山药 30g，枸杞 15g，大枣、米酒各少许。

制法用法：将上述诸物一起放入炖盅内，加开水适量，用小火隔水炖 2h，取汁即可。随量饮用。

方解：鹿茸性温，味甘、咸，可补肾阳、益精血。山药性平，味甘，可补气益阴、健脾固肾。枸杞性凉，味甘，能滋阴、补肝肾。大枣性温，味甘，能益气补血。米酒性温，味甘、辛，可养血活血。本品有滋阴壮阳、强筋壮骨之效。

(4) 黄鳝补肝汤

配方：黄鳝 250g，芦根 15g，桑寄生 20g，调料少许。

制法用法：将黄鳝去内脏等，洗净，与芦根、桑寄生一起放入沙锅中，加适量水，同煮成汤，加入调料调味即可。喝汤吃肉。

方解：黄鳝性温，味甘，可补虚损、除风湿、通经脉、强筋骨。桑寄生性平，味甘、苦，能祛风除湿、补肝益肾。芦根性寒，味甘，能清肺胃热、生津止渴。本汤补而不腻。

(5) 杜仲猪脊骨汤

配方：猪脊骨 500g，杜仲 30g，陈皮、大枣、调料各适量。

制法用法：将猪脊骨、杜仲、陈皮、大枣一起放入锅内，加适量水，用小火煮熟，加调料调味即可。佐餐食用。

方解：杜仲性温，味甘，可补肝肾、强筋骨。《神农本草经》谓共"主腰膝痛，补中，益精气，坚筋骨，久服轻身耐老"。陈皮性温，味辛、甘，能理气健脾。大枣性平，味甘，可健脾养血。诸物与猪脊骨合用，可加强补肝肾、强筋骨的作用。

(6) 九香虫炒丝瓜

配方：九香虫 20g，鲜嫩丝瓜 250g，食油适量，调料少许。

制法用法：将丝瓜去皮，洗净，切成滚刀块。起油锅，下入九香虫、丝瓜炒熟，加入调料调味即可。佐餐食用。

方解：九香虫性温，味咸，可行气止痛、温肾壮阳，善行气散滞而止痛。丝瓜性凉，味淡，可活血、通络、祛瘀、清热解毒。二物合用，有温肾壮阳、行气活血、通络止痛之效。

古籍选读

《黄帝内经·素问·通评虚实论》指出："凡治消瘅、仆击、偏枯、痿厥、气满发逆，肥贵人，则膏梁（粱）之疾也"，《黄帝内经·素问·奇病论》强调："此肥美之所发也，此人必数食甘美而多肥也。肥者令人内热，甘者令人中满，故其气上溢，转为消渴"，两段经文不仅说明了饮食与肥胖的密切关系，而且对消渴病的发病机制进行了论述，并且指出肥胖可进一步导致其他许多疾病。《黄帝内经·素问·痹论》认为痹症的起因是"风寒湿三气杂至，合而为痹也。其风气胜者为行痹，寒气胜者为痛痹，湿气胜者为着痹也。"若湿热素盛，或三气杂感郁而化热，则为热痹。

中国药膳，历史悠久，源远流长，自古有"药食同源"之说。我国最早的一部药物学专著《神农本草经》，记载了既为药物，又是食物的许多种植物，如薏苡仁、大枣、芝麻、葡萄、山药等，并记述其功效。著名医家孙思邈在其《千金要方》中列有"食治"专篇，强调"夫为医者，当须先洞晓病源，知其所犯，以食治之。食疗不愈，然后命药"，充分体现中医药膳食疗的重要作用。

小结

本章主要介绍了内分泌与代谢性疾病的中医食疗，即根据患者的病因病机和体质，结合其饮食习惯和特点，采用有针对性的个体化食疗方案，以达到预防和治疗疾病、延缓并发症、预防复发等目的。学习的重点是掌握糖尿病、肥胖和痛风的病因病机、食疗原则，并会制定个性化食疗方。

思考题

1. 根据流行病学调查资料显示，我国已成为全球糖尿病患者最多的国家，糖尿病问题给社会发展带来巨大的负担。控制糖尿病及其并发症的发生发展已成为严重影响国民健康的公共问题。而肥胖是糖尿病发展的重要因素之一，请试述2型糖尿病患者合并肥胖的饮食治疗原则和食谱设计。

2. 糖尿病和痛风都是由于身体代谢异常而导致的，营养过剩是它们共同的发病基础。请试述2型糖尿病合并痛风患者的饮食治疗原则和食谱设计。

第十章
消化系统疾病的食疗

学习目标

1. 熟悉腹泻、便秘、胃炎及脂肪肝的病因及病机；
2. 掌握腹泻、便秘、胃炎及脂肪肝的中医食疗原则及食疗方法；
3. 本课程的教学，通过对古典医籍精华的梳理和挖掘，列举了针对消化系统疾病的中医食疗方法。要求学生能够根据中医治疗原则，针对不同病因和体质制定合理的膳食食谱，对消化系统疾病患者实施营养咨询、健康教育和干预工作，将营养知识用于治疗疾病，增加机体抵抗力，促进疾病的康复；
4. 具备阅读参考书籍、自我扩充知识领域的能力，独立思考、深入钻研问题的习惯以及对问题提出多种解决方案的能力，树立爱国、奋斗、求真、务实的良好观念，对工作精益求精，对病人有人文关怀的精神；
5. 医学职业要求医术与医德的统一，作为合格的医学生要以社会主义核心价值观为指导，在充分了解中医药文化的基础上，对祖国中医药文化进行深入的思考和学习，以立德树人为目标，突出德术并重，成为政治素质过硬、中医药文化内涵丰富、品德高尚且医术精湛的高素质医药卫生人才。在思想政治方面不断加强自己的政治修养，坚持以科学发展观为指导，以人民为中心的发展思想，人民至上、生命至上，牢记全心全意为人民服务的宗旨。牢固树立大卫生、大健康理念，把实现好、维护好、发展好人民群众健康利益作为卫生健康事业发展的出发点和落脚点，全面落实党的二十大精神，践行健康中国，加强中医药文化的传承，为提高人民健康水平贡献出自己的一份力量。

营养与健康是反映一个国家或地区经济与社会发展，卫生保健水平和人口素质的主要指标。因而，营养是当今国际上标志着一个国家或民族社会经济、科学技术、文化教育、精神文明等综合实力可持续发展的水平，也是整个人类文明进步的重要内容。为适应现代社会快节奏的工作、追求高质量的生活、减少和控制慢性疾病、减少医疗费用，医护人员迫切需要临床营养知识，为预防疾病，促进健康打下良好的基础，将营养知识用于治疗疾病，增加机体抵抗力，促进康复的能力，更好为病人服务。

消化系统与营养的关系是最为密切的，胃肠道始于口咽下部止于肛门，全长约7~9m，胃肠道包括四个相连接的部分：食管、胃、小肠和大肠。胃肠道的主要功能是消化食物，吸收营养、排泄废物，其过程十分复杂，涉及胃肠道的外分泌和内分泌、食物的消化和吸收、胃肠道的运动、神经体液的调节、血液和淋巴循环以及胃肠道的菌群和免疫系统。各段胃肠道有其不同的组织结构和功能，它们之间相互协调配合，共同完成食物的消化和吸收。消化系统疾病属中医脾胃病证及肝胆病证的范畴。

脾胃病证，是指在感受外邪，内伤饮食，情志不遂，脏腑失调等病因的作用下，发生在食管、脾胃、肠道的一类内科病证。本章主要讨论泄泻、便秘、胃痛等病证。脾胃病证的病因，多因饮食失宜、情志所伤、劳逸太过、六淫侵袭和其他脏器病变引起的气机失常、痰饮内生、瘀血累及而发病。胃肠病证的最显著证候学特点是食欲不振，脘腹疼痛，大便异常。一般病变发展较缓慢，病程长，病情易反复发作，时好时坏。但也有急症如急性胃痛、急性腹痛、急性泄泻等，起病急骤，传变迅速，病程较短。对脾胃病证患者的摄调，要根据病人平素的体质和病情不同来选择饮食，若平素脾胃虚寒或寒证的病人，宜多食性味辛热的葱、姜、韭、蒜、胡椒等；若脾胃虚弱的病人，宜以红枣、山药、扁豆、芡实、莲子肉等为辅助食品；若胃热素盛的病人，宜食梨、藕、甘蔗、蜂蜜等甘寒生津之品；若气机阻滞的病人，宜多食萝卜、佛手、金橘或用金橘皮做成的调料。此外，药菜、药点、药饭、药粥、药酒、药茶等亦可酌情选用。根据疾病的部位、性质以及严重程度采取相应的营养治疗方案，改变食物的质地和制剂，增减某些营养成分，以适应受损的胃肠道功能，纠正机体的营养不良，加快疾病的恢复。原则上，能进食者尽可能用膳食治疗，酌情配合肠内营养或肠外营养，适时逐渐过渡至正常膳食。

肝胆病证是因七情失调、饮食不节、感受外邪或劳倦内伤所致的以肝胆疏泄失常、气血津液失调、阴阳失和为病理特征的一类病证。肝胆病证涉及了黄疸、胁痛、鼓胀、胆胀、眩晕、痉病、颤证以及肝癌，本章主要讨论胁痛。肝为将军之官，谋虑出焉，胆为中正之官，决断出焉。肝胆相表里，经脉相互络属，同具木火之气。临床上肝与胆的病证常相互并见，故合称肝胆病证。肝胆病证的基本病机是气机郁滞，气血水津运行敷布失调，或阴阳失衡，气逆阳亢，甚而肝风内动致脏腑功能失调，脏腑器官及筋脉、五官失养。肝胆病证的治疗以疏通气机、调和脏腑气血阴阳为原则。肝胆病证的预防宜从避免饮食不节，调畅情志，预防感受外邪入手。避免过劳及精神刺激，戒酒，注意营养、合理饮食，适度体育锻炼，有助于病情的稳定和康复。

第一节 腹泻的食疗

正常人每日三餐后约有 9L 液体进入胃肠道，其中 2L 来自食物和饮料，而其余为消化道分泌液。每日通过小肠吸收 5~8L，约有 1~2L 液体进入结肠，而结肠每日吸收 3~5L 水分的能力，因此，每日粪中水分仅约 100~200mL。在病理状态下，进入结肠的液体量超过结肠的吸收能力和（或）结肠的吸收容量减少时便产生腹泻。腹泻（diarrhea）是指排便次数增多（每日大于 3 次），粪便量增加（每日大于 200g），粪质稀薄（含水量大于 85%），常表现为腹部不适与排便紧迫感，同时伴随着水和电解质的丢失，特别是钠和钾。腹泻可分为急性和慢性两类，腹泻病史小于 3 周为急性腹泻，病因多与细菌或病毒感染、饮食不当、食物中毒、食物过敏等有关；超过 3 周或长期反复发作者为慢性腹泻，是临床上多种疾病的常见症状，病因较为复杂。

我国传统医学对腹泻又称泄泻，古称大便溏薄而势缓者为泄，大便清稀如水而直下者为泻，凡因感受外邪，或饮食内伤，致脾失健运，大肠传导失司，湿盛内阻，以便次数增多，质稀溏或完谷不化，甚如水样为主要表现的病证，现一般统称为泄泻。主要病因为脾虚湿盛、感受外邪、饮食所伤、情志不调、久病体虚等。现代医学凡因胃、肠、肝、胆、胰腺等消化器官发生功能性或器质性病变引起的腹泻，如急慢性肠炎、肠易激综合征、吸收不良综合征、肠道肿瘤、肠结核等，出现泄泻的临床表现时，可参考本节进行辨证论治。

一、腹泻概述

《黄帝内经》中称本病为泄，病因方面主要责之于风、湿、寒、热、脾虚、饮食起居失宜及五运太过或不及等。明·张景岳在《景岳全书·泄泻》篇中对本病的分型以暴泄、久泄为纲，对病因病机、病位治法等有更明确的论述："泄泻之本，无不由于脾胃""泄泻之因，惟水火土三气为最""凡泄泻之病，多由水谷不分，故以利水为上策"。目前认为，凡感受外邪、内伤饮食、情志不调、禀赋不足，及久病脏腑虚弱等，均能导致脾虚湿盛，脾胃运化功能障碍，引起泄泻。

1. 中医病因

（1）外邪侵袭 六淫之中，风寒暑湿热均能损伤脾胃而引起泄泻，但其中尤以湿邪最为多见。外感湿邪，或汗出入水，或坐卧湿地，则寒湿内侵，困遏脾阳，脾失健运，或感受暑湿、湿热之邪，壅遏脾胃，下迫大肠，均可使脾胃升降功能失常，小肠泌别失司，大肠传导功能紊乱，以致清浊不分，相杂而下，并入大肠而发为本病。

（2）饮食所伤进食污染、腐烂变质的食物，使脾胃受伤，或贪吃过量，食滞不化，宿食内停，损伤脾气，或恣食膏粱肥甘厚味，饮酒无度及嗜食辛辣香燥之物，致湿热蕴积于脾胃、肠道，或恣啖生冷瓜果等食品，寒食交阻，寒气客于胃肠，以上因素均可使脾运失职，升降失调，肠道泌别、传导失司，清浊不分，混杂而下，形成本病。

（3）情志失调肝为刚脏，性喜冲和条达，忧思恼怒，若忧郁忿怒，精神焦虑紧张，易致肝气郁结，木郁不达，横逆乘脾犯胃；或思虑过度，脾气受伤，土虚木贼，均可使气机升降失调，肠道功能失常，清浊不分，相杂而下，形成本病。

（4）脏腑虚衰调摄失宜，或久病之后，或年老体弱，均可导致脾胃虚弱，脾失升运，或肾阳不足，命门火衰，脾失温煦，水谷不能腐熟，运化失常，致水反为湿，谷反为滞，湿滞内停，阻碍气机，升降失调，清浊不分，混杂而下走大肠遂成本病。

（5）禀赋不足先天不足，禀赋虚弱，或素体脾胃虚弱，使脾胃不能受纳腐熟水谷，又不能运化转输精微，水谷糟粕混杂而下，乃成泄泻。

2. 中医病机

（1）发病外邪致病和饮食因素引起的泄泻多起病急，呈急性发病，而情志因素和脏腑虚衰引起的泄泻多起病缓，呈慢性发病。

（2）病位在肠，与脾、肝、肾关系密切。

（3）病性急性泄泻为实证，包括寒湿、湿热、食滞；慢性泄泻属本虚标实证及虚证，脾胃不足、命门火衰为本虚，湿邪为患是标，并夹他邪。

（4）病势急性期属实证，以湿邪为主，久不愈由急转慢，慢性期属虚实夹杂及虚证，以脾胃虚弱、命门火衰为主，兼夹湿邪及其他邪。

（5）病机转化病机关键是湿邪困脾，脾失健运，肠道功能失司。泄泻的病机转化，决定于脾胃功能的强盛与否和湿邪的程度。急性泄泻属实，慢性泄泻属虚或虚实夹杂。虚实之间常因脾虚与否及湿盛程度而转化，如急性泄泻失治或停药过早，病未根治，可使病情迁延，或反复发作，病机由实转虚，形成慢性泄泻，久泻脾虚，则易感湿邪，或被饮食所伤，而呈急性发作，表现为虚中夹实。

二、腹泻的食疗原则

1. 辨证要点

（1）辨轻重缓急，辨病变脏腑急性泄泻（又称暴泻）发病急骤，病程较短，在3周以内，常以湿邪为主要表现；慢性泄泻（又称久泻）病程较长，病程超过3周，或迁延不愈，每因饮食不当或劳倦过度即复发，多以脾虚为主；泄泻反复不愈，每因情志不遂而复发，多为肝郁克脾之证；五更泄泻伴腰酸肢冷，多为久病及肾或肾阳不足。如饮食尚好，沙液损伤不明显，泄泻次数不多，多属轻证；若泄泻频作，或久泻滑脱，不纳饮食，津液耗损，甚至有亡阴亡阳之变者，则多属重证。

（2）辨寒热虚实粪质清稀如水样，完谷不化，腹痛畏寒，喜温者为寒。粪便色黄褐而臭秽，肛门灼热，泻下急迫，小便短赤，口渴喜冷饮者为热。病势急，脘腹胀满，腹痛拒按，泻后痛减，小便不利者为实。病势缓，病程长，腹痛不甚喜按，神疲肢冷，小便利，不渴者为虚。

（3）辨泻下物大便清稀，或如水样，秽腥者，多寒湿证。大便稀溏，色黄褐而臭，肛门灼热者，多为湿热证。大便溏垢，臭如败卵，夹有不消化食物残渣者，多为伤食证。

2. 中医食疗原则

（1）运脾化湿为泄泻的基本治疗原则。湿盛者重在化湿，佐以分清别浊；寒湿者以温化为主；湿热者以清化为主；夹有表邪者佐以疏解；夹暑邪者佐以清暑；脾虚者，以健脾为主；肾阳虚衰，以温肾健脾为主；中气下陷，以升提为主；久泄不止，以固涩为主。

（2）饮食宜为清淡、细软、少渣、少油腻的流食或半流食，待泄泻缓解后再给予软食。忌辛辣刺激、油腻之品。

三、腹泻的食疗调养

1. 食滞胃肠

【证候】腹痛肠鸣，泻后痛减，泻下粪便臭如败卵，夹有不消化之物，或见脘腹痞满，嗳腐酸臭，不思饮食；舌苔垢浊或厚腻，脉滑大。

【分析】食滞胃肠，导致脾胃运化失常，传化失司，气机阻滞，水谷停为湿滞，形成泄泻。食滞于胃肠，故腹满胀痛；食物不化而腐败，故泻下粪便臭如败卵，伴不消化食物；内有积滞，则泻后痛减；脾胃不和，纳少化迟故纳呆，嗳腐吞酸；舌苔、脉象均为宿食停滞之征。

【食疗方】

焦三仙粥（《粥谱》）——消食导滞

①配方：焦神曲 15g，焦麦芽 15g，焦山楂 15g，粳米 50g，砂糖适量。

②制法用法：先将焦神曲、焦麦芽、焦山楂入砂锅煎取浓汁，去渣，加入粳米、砂糖煮粥。两餐间当点心服食，不宜空腹服。每日 2 次，5 日为 1 个疗程。

③方解：方中神曲、麦芽、山楂均具有消积化滞之功，其中焦麦芽长于消淀粉类食物，焦山楂长于消肉类或油腻食滞，焦神曲长于消米面食滞，山楂又可消食化积，行气散瘀。诸味合用，共奏健脾胃、消食止泻之功。适用于食积所致的嗳腐吞酸、腹泻等症。

2. 脾胃虚弱

【证候】大便稀薄，夹有不消化食物，稍进油腻则便次增多，迁延反复，伴神疲乏力，纳差食少，食后不舒，舌质淡，苔薄白，脉细。

【分析】脾气亏虚则不能升发，水谷不化，清阳下陷，升降失调，清浊混杂而下故大便溏薄，夹有不消化食物；脾气虚弱，而油腻食品更不易消化，故稍进油腻则便次增多，脾气虚则神疲乏力；气虚运化失司，则纳差食少，食后不舒；舌苔、脉象均为脾气亏虚之征。

【食疗方】

扁豆山药粥（《本草纲目》）——补脾健胃。

①配方：扁豆60g，山药60g，大米50g。

②制法用法：将白扁豆、山药、大米三味淘洗干净，同煮成粥即可。每日2次，15日为1个疗程。

③方解：方中扁豆健脾化湿，益气和中；山药健脾补肺，益胃补肾；大米健脾养胃。诸味合用，共奏健脾益胃止泻之功。适用于脾胃虚弱的腹泻。

3. 肾阳虚衰

【证候】晨起腹痛，肠鸣泄泻，大便夹有不消化食物，脐腹冷痛喜暖，形寒肢冷，舌质淡，体胖，苔白，脉沉细。

【分析】肾阳不足，命门火衰，不能温煦脾土，致脾运失司，清晨阳气未振，阴寒较盛，故见晨起腹痛肠鸣泄泻；命门火衰，不能助脾腐熟水谷，故大便夹有不消化食物；肾阳亏虚，致脾阳不足，故脐腹冷痛，喜暖；阳虚则外寒，故形寒肢冷；舌、脉均为肾阳亏虚之征。

【食疗方】

猪肾粥（《饮膳正要》）——温肾健脾，固涩止泻

①配方：猪肾1对，粳米100g，苹果10g，陈皮10g，缩砂仁10g。

②制法用法：猪肾去脂膜后切细待用。苹果去皮，捣烂如泥。先煎陈皮、砂仁，去渣后入猪肾、苹果及米，煮粥。空腹服食，每日2~3次，15日为1个疗程。

③方解：方中猪肾强腰滋肾；陈皮理气健脾，燥湿化痰；砂仁化湿开胃，温脾止泻；粳米健脾益气；苹果涩肠止泻。诸味合用，可奏补肾健脾、固涩止泻之功。适用于肾阳虚衰之黎明泄泻、腰膝酸软等症。

4. 肝气郁滞

【证候】腹痛，肠鸣，泄泻，每因情志不畅而发，泻后痛减，胸闷胁胀，嗳气食少，舌质红，苔薄白，脉弦。

【分析】忧思恼怒，气机郁结，肝气横逆，乘脾犯胃，脾胃受制，气机失调，运化失常，清气不升，反而下降，而发生腹痛、肠鸣、泄泻；情志不畅则伤肝，肝郁加重故每于情志不畅后而发，泻后气机稍畅，故泻后痛减；肝气郁结，气机郁闭则胸闷胁胀；脾胃受制，则嗳气食少；舌苔、脉象皆为肝旺脾虚之象。

【食疗方】

佛手柑粥（《宦游日札》）——抑肝扶脾

①配方：佛手柑15g，粳米500g，冰糖适量。

②制法用法:将佛手柑煎汤去渣,再入粳米、冰糖,同煮为粥。可供早晚餐或做点心食。每日2次,10日为1个疗程。

③方解:方中佛手柑疏肝健脾,理气化痰,止呕消胀,健脾养胃;粳米补中益气,健脾和胃;冰糖性凉,可防佛手辛温太过。诸味合用,共奏疏肝健脾止泻之功。适用于肝气乘脾的泄泻。

第二节 便秘的食疗

便秘(constipation)系因气阴不足,阳虚寒凝,或燥热内结,痰湿阻滞,使大肠传导功能失常所致的,以排便间隔时间延长,大便干结难解,或虽有便意而排出困难为主要临床表现的病证。成人每天正常的粪便重量为 100~200g,正常的频率范围是每 3d 1 次到每天 3 次之间,正常的胃肠道转运时间是 18~48h。慢性便秘病程至少 6 个月,主要表现为每周排便少于 3 次,排便困难,每次排便时间长,排出粪便干结如羊粪且数量少,排便后仍有粪便未排尽的感觉,可有下腹胀痛,食欲减退等症状。调查显示,我国老年人便秘高达 15%~20%,女性多于男性。儿童通常排便次数较成人频繁,从出生几个月的平均每天 2~3 次,到 3 岁每天大约 1~2 次;但另外还有差不多 1/3 的 6~12 岁儿童会发生便秘。

《黄帝内经》称便秘为"后不利""大便难"。汉代张仲景在《伤寒论》中称便秘为"大便硬""不更衣""阳结""阴结""闭""脾约"。宋代朱肱在《类证活人书》中提出"大便秘"的概念。直至清代沈金鳌《杂病源流犀烛》中才比较明确地提出"便秘"的名称。西医学中因肠动力减弱、肠道刺激不足引起的便秘,肠神经功能紊乱引起的便秘,直肠肛门病变如肛裂、痔疮等引起的便秘,以及药物作用引起的便秘,热病伤阴后的便秘等,均可参照本篇辨证论治。

一、便秘的概述

《黄帝内经》认为,便秘的发生与脾胃受寒、肠中有热等有关,如《黄帝内经·素问·厥论》说:"太阴之厥,则腹满膜胀,后不利"。汉代张仲景对便秘的发生已有了较全面的认识,提出了寒、热、虚、实不同的发病机制,创立了寒下、温下、润下及攻补兼施诸法,为后世医家认识和治疗本病确立了基本原则。《医学启源·六气方志》对便秘的认识更臻完善,认为"脏腑之气,不可一概论治,有虚秘,有实秘,有风秘,有气秘,有冷秘,有热秘,有老年人津液干结,妇人分产之血,及发汗利小便,病后气血未复,皆能作秘。"阐述了便秘的种类和原因。

1. 便秘病因

（1）饮食不节　恣食辛辣肥甘厚味、煎烤之品，以致胃肠积热，津液耗伤，燥热内结于肠道，肠道失于濡润；或食量不足，或进食蔬菜过少，或饮水不足，或经常食用方便食品等，均可使水谷精微化源不足，肠道津液不足。以上因素使大肠津亏而失于濡润，粪便滞留大肠而成便秘。

（2）情志失调　忧愁思虑，脾伤气结；或抑郁恼怒，肝郁气滞；或久坐少动，气机不利，导致腑气郁滞，通降失常，传导失职，可致大便干结，不得下行，或欲便不出，或出而不畅，而成便秘。

（3）阴亏血少　素体阴虚，津亏血少；或大病产后，阴血虚少；或失血夺汗，伤津亡血；或年高体弱，阴血亏虚；或过服辛香燥热，损耗阴血，以致血虚肠道失荣，阴亏大肠干涩，导致大便干结，便下困难。

（4）气虚阳衰　饮食劳倦，脾胃受损；过食生冷，或苦寒攻伐，损伤阳气；素体虚弱，或年老体衰，阳气不足；或久病产后，正气未复，均可致气虚阳衰，气虚则大肠传导无力，阳虚则阴寒内结肠道，导致便下无力，大便艰涩。

2. 便秘病机

（1）发病　本病多见于年老体衰，或久病，或饮食不节嗜食辛辣醇酒者。多缓慢发病。

（2）病位　在大肠，大肠传导失常即发为本病。与脏腑功能失调有关，与肾、肝、肺三脏关系最为密切。

（3）病性　概而言之，寒、热、虚、实四种，而又以虚实为纲。其中，胃肠积热者发为热秘，气机郁滞者发为气秘，阴寒积滞者发为冷秘，均属实；气血阴阳亏虚者发为虚秘，属虚。寒、热、虚、实在病变过程中，又可相兼发生，或相互转化。如邪热蕴积与气机郁滞并存；阴寒积滞与阳气虚衰同在；气机郁滞，日久化热，而成热结；热结日久，耗伤阴津，可致阴虚等，因而使病证比较复杂。

（4）病势　初起多为其他脏腑失调而影响大肠致病，久则病势逐渐向大肠发展，大肠传导失常，伤阴耗液，反过来又影响其他脏腑。

（5）病机转化　初起多为肠道积热，耗伤津液，或七情不和，气机郁滞；病情进一步发展则耗气伤津，形成虚实夹杂；久则气血不足，下元亏损，阳虚阴寒内生，乃成虚证。

二、便秘的食疗原则

1. 辨证要点

便秘的辨证主要是辨别粪质。伴小便短赤，面红身热，口干口臭，嗳气频作，胁腹痞满，甚则胀痛，鼻息气热者多为实证、热证。便秘伴短气汗出，面色㿠白，头晕目眩，心悸，神疲乏力，小便清长，四肢不温者，多为虚证、寒证。

2. 中医食疗原则

（1）实秘者以清热润肠通便、顺气导滞为治则，虚秘者以益气养血、温通干结为治则。通便为便秘的基本治疗原则。

（2）宜食富含粗纤维的蔬菜和水果。实秘者宜多食新鲜水果蔬菜和有疏利作用的食品，禁忌辛辣、烟酒、甜黏、生冷、油腻及不易消化之品；虚秘者的饮食以易消化、补益为主，并尽可能地补充油脂。

三、便秘的食疗调养

1. 燥热内结

【证候】大便干燥不通，数日不行，面赤身热，腹部胀满或疼痛，口唇胀满或疼痛，口唇干燥生疮，口臭心烦，小便短赤；舌红苔黄燥，脉滑数。

【分析】热结于肠道，灼伤津液，大肠失濡润，则大便干结；热结于肠道则腹胀满；肠中有干结的粪便则按之痛；热熏蒸于上则口干或口臭；舌苔、脉象均为肠道实热之征。

【食疗方】

麻油拌菠菜（《经验方》）——清热润肠

①配方：新鲜菠菜 250g，麻油 15g。

②制法用法：先将新鲜菠菜用清水洗净，锅中加清水煮沸，放进食盐，再把菠菜放入沸水中烫约 3min 取出，用刀切段，加入麻油拌匀即可。每日 2 次，10d 为 1 个疗程。

③方解：方中菠菜止渴润肠，导便；麻油润肠通便。二味合用，增强润肠通便之功效。适用于燥热内结的便秘。

2. 气机郁滞

【证候】嗳气频作，胸胁痞满，甚则腹胀腹痛，食少纳呆，大便秘结，欲便不得；苔薄白而腻，脉弦。

【分析】气机郁滞，升降失调，腑气不通，大肠传导失职，故大便不畅，欲解不得；肠道气滞则少腹作胀；气机郁滞上逆则嗳气频作；舌苔、脉象均为气机郁滞之征。

【食疗方】

紫苏麻仁粥（《普济本事方》）——顺气行滞

①配方：苏子 10g，火麻仁 15g，粳米 100g。

②制法用法：先将苏子、火麻仁捣烂，加水研，取汁，与粳米同煮成粥。每日 3 次，10d 1 个疗程。

③方解：方中紫苏行气宽中，火麻仁润肠通便。两药富含脂肪油，主要成分为亚油酸和亚麻酸，能刺激肠黏膜，使之分泌增多，蠕动加快，并能滋阴补虚，无不良反应。二味合用，共奏行气滋阴通便之功。适用于老年人、产妇体虚肠燥、大便干结难解者。

3. 阴虚肠燥

【证候】大便燥结难下，状如羊屎，口干少津，纳呆，头晕目眩，面色白，唇甲无华，心悸；舌淡苔白，脉沉细。

【分析】阴虚则肠道失濡润，粪便在肠道中涩灌难行，故使干结，状如羊屎；阴虚津液亏耗，无以上奉于口，故口干少津；胃失濡养而纳呆；舌、脉均为阴虚有热之征。

【食疗方】

松仁粥（《本草纲目》）——养血润燥

①配方：松仁 15g，粳米 30g。

②制法用法：先煮粳米粥，后将松仁和水研末作膏，入粥内，煮沸 5min 即可。空腹食用，每日 3 次，10d 1 个疗程。

③方解：方中松仁味甘性温，具有养阴、润肺、滑肠等功效；粳米益气补中。二味合用，润肠通便。适用于老年气血不足或热病伤津引起的大便秘结。

4. 脾虚气弱

【证候】便秘或排便不畅，虽有便意，临厕努挣乏力，气短汗出，大便先结后软或并不干硬，面色白，神疲气怯；舌淡苔白，脉虚弱。

【分析】脾虚气弱，则大肠气也不足，传导功能减弱，或无力传导，使糟粕停于肠道，久则成结，更难传出；气虚则临厕无力努挣，努挣后便出，气随便泄，故汗出气短，神疲气怯；脾虚气弱则面色萎黄无华；舌、脉均为脾虚气弱之征。

【食疗方】

扁豆山药粥《本草纲目》——益气润肠

①配方：扁豆 60g，山药各 60g，大米 50g。

②制法用法：将白扁豆、山药、大米三味淘洗干净，同煮成粥。每日 2 次，15d 为 1 个疗程。

③方解：方中扁豆健脾化湿和中；山药益气养阴，补脾肺肾；大米益气补中。三味合用，共奏益气补中、健脾祛湿、养阴通便之功。适用于气虚不运的便秘。

5. 脾肾阳虚

【证候】便秘或排便不畅，虽有便意，临厕努挣乏力，气短汗出，大便先结后软或并不干硬，面色白，神疲气怯；舌淡苔白，脉虚弱。

【分析】脾肾阳虚，命门火不足，寒冷之气滞结于大肠，浊阴凝聚，阳气不行，津液不通，故大便秘结；阳虚阴寒内盛则面色苍白，甚则少腹冷痛；脾肾阳虚，元阳不足，则时眩晕心悸，畏寒肢冷；肾阳不足，膀胱气化不利则小便清长；舌、脉均为脾肾阳虚之征。

【食疗方】

黑芝麻粥（《锦囊秘录》）——润肠通便

①配方：黑芝麻 30g，粳米 100g。

②制法用法：先将黑芝麻炒熟研碎，再与粳米一同煮成粥。每日 2 次，10d 为 1 个疗程。

③方解：方中黑芝麻味甘性平，补肝肾，益精血，润肠燥；粳米润五脏。二味合用，可补肾润肠通便。适用于阴寒凝滞之便秘、腹中冷痛等症。

第三节 胃炎的食疗

胃是消化道中最膨大的一部分，具有分泌和运动功能。胃液是由胃黏膜内不同细胞所分泌的消化液组成。每日分泌量为 1.5~2.5L，pH 为 0.9~1.5。胃炎（gastritis）是由各种病因引起的胃黏膜炎症。根据临床特点，可分为急性胃炎和慢性胃炎。急性胃炎是由不同病因引起的胃黏膜急性炎症。慢性胃炎是由多种原因引起的胃黏膜非特异性慢性炎症。可由急性胃炎迁延而来，大部分由幽门螺旋杆菌感染、物理刺激、化学药物、胃酸缺乏、蛋白质和 B 族维生素长期供给不足所引起。

胃痛是以上腹胃脘部近心窝处经常发生疼痛为主要临床表现的一种病证，又称胃脘痛。胃痛常见病因有外邪犯胃、饮食伤胃、情志不畅和脾胃虚弱等方面，皆能引起胃的功能失常，胃失和降，而发生疼痛。实证多因胃气阻滞，不通则痛；胃病延久，既可致胃阴耗损，又可内传于脾，致中气不足，脾胃阳虚，阴寒内生而致虚痛。因此，胃痛早期由外邪、饮食、情志所伤者，多为实证；后期常为脾胃虚弱，且往往虚实夹杂，如脾胃虚弱夹瘀等。现代医学的急、慢性胃炎，消化性溃疡，胃神经官能症，胃癌等疾病，出现胃痛的临床表现时，可参考本节进行辨证论治。

一、胃炎的概述

《黄帝内经》对本病的论述较多，如《黄帝内经·灵枢·邪气脏腑病形》曰："胃病者，腹䐜胀，胃脘当心而痛。"最早记载了"胃脘痛"的病名，还指出造成胃脘痛的原因有受寒、肝气不舒及内热等。汉代，张仲景在《金匮要略》中则将胃脘部称为心下、心中，将胃病分为痞证、胀证、满证与痛证，对后世很有启发。至金元《兰室秘藏》首立"胃脘痛"一门，明确区分了胃痛与心痛，至明清时期胃痛与心痛得以进一步区别开来。西医学中急性单纯性胃炎、急性糜烂性胃炎、慢性浅表性胃炎、胃痉挛、胃黏膜脱垂症、十二指肠炎相当于中医胃脘痛。

1. 胃炎病因

（1）六淫外袭　寒、湿、暑等外邪，以寒邪最易犯胃。既可单一致病为患，也可兼夹入侵机体，可通过口鼻内客胃脘，或经皮毛、经络内传胃脘，与胃中有形之物相搏结，致胃脘气机阻滞，血行不畅而疼痛。但临床上多见于素有胃脘痛病史之人，因其脾胃功能常不足，卫外不固，故极易遭受六淫之邪的侵袭，外邪循经内传，停于中焦，阻滞气机，气血运行不畅，诱发或加重胃脘痛。

（2）情志不畅　思为脾之志，过度深思远虑，犹疑不决，使脾气郁结，胃气不得宣通；情怀不舒，郁郁寡欢，情志不畅，使肝脏疏泄不及，致肝气郁结，木失条达，气机不畅，进而影响脾胃功能。使肝脏气机不和，肝气过盛，疏泄太过，致肝气横逆犯脾胃，影响脾胃生理活动。引起脾胃升降失常；悲忧过度则耗伤肺气，而肺与脾同属太阴，脾与肺为母子关系，子盗母气，肺伤则脾亦伤，脾伤则胃失和降，中焦气滞。总之，各种原因所致情志失调均可影响脾胃正常生理功能，致胃脘气机郁结，引起胃脘痛发作。

（3）饮食失调　纵恣口腹，暴饮暴食，胃纳过盛，积滞胃脘，腐化无能；宿食停滞，损伤脾胃，胃气壅滞，脾运艰迟，致使胃失和降，气机郁阻；或因体弱、年老自衰而胃虚。食入难化，积于胃中；或由于地区、季节、生活习惯不同，所食之物粗糙、生硬，或过热过冷，复因素有胃疾，年老和体虚，脾胃功能虚弱，消化力低下，致食滞胃脘，阻碍气机；过食肥甘滋腻厚味，则壅积于胃脘；阻滞气机。湿聚而生疢化热；或进食辛辣或浓烈调味品，直接刺激胃脘，耗伤阴津；或长期嗜饮烈酒，湿热积于胃脘，并耗伤阴液，甚腐蚀胃脘，造成胃脘气机郁滞，血行不畅，胃失和降而胃脘疼痛。

（4）起居失宜　坐卧湿冷之地，或冒雨涉水，或暑季贪凉而卧于屋檐下或门窗空气对流之处等因，寒湿之邪内侵困脾，脾失健运，气机逆乱，气血运行不畅；或素有胃疾，或体弱脾胃虚之人，复因上述诸因而致起居失宜引发胃痛。

（5）瘀血停滞　胃脘疼痛反复发作，气机阻滞日久，影响血液正常运行，血流迟缓而成血瘀，阻滞胃脘脉络而成瘀血；或久病、体虚之人，脾虚气弱，推动血行乏力，血行迟缓，致血瘀停着，瘀阻络脉而发为胃脘痛。

（6）脾胃素虚　身体素虚，劳倦太过，久病不愈，可致脾胃不健，运化无权，升降转枢失利，气机阻滞，而致胃痛；或因胃病日久，阴津暗耗，胃失濡养，或伴中气下陷，气机失调；或因脾胃阳虚，阴寒内生，胃失温养，均可导致胃痛。

总之，胃脘痛虽有以上诸多病因，但以情志所伤和饮食失调为主要发病原因。饮食失调、情志所伤、六淫外袭为急性胃脘痛病的常见原因；寒湿、瘀血、正虚为慢性胃脘痛病的常见病因，而急性胃脘痛的病因，又是引起慢性胃脘痛急性发作的重要原因。

2. 胃炎病机

（1）发病　一般来讲，凡由邪干胃脘引发的胃痛多为急性；而由脏腑功能失调所致的胃痛多为慢性。

（2）病位　主要在胃脘，与肝、脾关系最为密切。

（3）病性　急性以邪实居多，慢性以正虚或虚实夹杂为主，慢性因邪侵而发作者，以本虚标实为主。实为寒凝、气滞、食积、湿热等；虚为脾胃虚弱，包括气虚、阴虚、阳虚几方面。

（4）病势　病之初在胃，涉及气血，以寒凝、气滞、食积、湿热标实为主，继则耗气伤阴，阴阳受损，肝脾受累，久而成虚证或虚实夹杂证。

（5）病机转化　胃脘痛的病机转化决定于邪气的强弱与脏腑功能的盛衰及邪正双方的相对消长变化。急性者，多由六淫、饮食、情志所引起，邪犯胃脘，损伤脾胃纳运升降功能，致气机阻滞，胃失和降，病多属实，邪盛正气亦旺，脾胃损伤较轻；若邪干胃脘日久，严重损伤脾胃生理功能，正气衰弱，可转化为慢性，出现脾胃虚弱证、虚寒证和阴虚证。慢性可因气滞与气虚致血行不畅，血瘀胃脐络脉，形成瘀血，故慢性胃脘痛虽以本虚为主，但多夹痰、郁、寒湿、湿热、瘀血，形成虚中夹实、寒热错杂证。慢性胃脘痛急性发作时，属本虚标实，且以标实为主。

二、胃炎的食疗原则

1. 辨证要点

（1）辨急慢　急性胃脘痛具有发病急骤。疼痛剧烈。持续半小时以上不缓解。病情变化迅速，病程短等特点；慢性胃脘痛具有起病缓慢，疼痛渐发，或反复发作，疼痛可耐受，服药可缓解或症状消失，病势较缓，病程长等特点。

（2）辨虚实　实者多痛剧，固定不移，拒按，脉盛，若补之则痛剧，大便常闭结不通，多见于新病体壮之人；虚者多痛势徐缓，痛处不定。喜按。脉虚，若攻之则痛剧。大便无闭结，多见于久病体弱之人。

（3）辨寒热　胃脘疼痛，遇寒则痛甚，得温则痛减，为寒证；胃脘灼痛，痛势急迫，遇热则痛甚，得寒则痛减，苔黄或黄腻，脉弦数或滑数、濡数为热证。

（4）辨气血　一般初病在气，久病在血。在气者，有气滞、气虚之分。其中，气滞者，多见胀痛，或涉及两胁，或兼见恶心呕吐，嗳气频频，疼痛与情志因素显著相关；气虚者，指脾胃气虚，除见胃脘疼痛外，兼见饮食减少，食后腹胀，大便溏薄，面色少华，舌淡脉弱等。在血者，有血瘀和血虚之异。其中，血瘀者，疼痛部位固定不移，痛如针刺，舌质紫暗或有瘀斑，脉涩，或兼见呕血、便血；血虚者，兼见面色萎黄不华，唇甲舌淡，头晕目眩，心悸神倦，脉细等。

（5）注意兼夹　胃脘痛病常见寒凝、气滞、食停、湿热、血瘀、气虚、阴虚等证，但各证往往不是单独出现或一成不变的，而是互相转化和兼夹的，如寒热错杂、虚中夹实、气血同病等。临床上应结合各证的临床特点，综合考虑，具体分析。

2. 中医食疗原则

（1）胃痛以"不通则痛"　为根本病机，治疗以理气和胃止痛为主。邪盛以祛邪为急，属肝胃气滞者，可选用茉莉花、金橘、谷芽、麦芽等食物，以疏肝和胃；属胃中蕴热者，可选用白菜、包心菜、绿豆、绿豆芽、豆腐、黄瓜等食物，以清胃泄热；属瘀血阻滞者，可选用山楂、玫瑰花、木耳、油菜等食物，以活血化瘀。正虚以养正为先，属胃阴亏虚者，可选用乌鸡、猪肉、鸭肉、银耳等，以滋阴和胃；属脾胃虚寒者，可选用羊肉、羊乳、牛乳、胡椒、草豆蔻、草果等食物，以健脾益胃、温中散寒。虚实夹杂者，则当祛邪扶正并举。

（2）胃为燥土，其性喜润恶燥，因而醇酒辛辣、肥甘厚味之品食饮过度，均能生热化燥伤胃而引起病变，在饮食上须少食多餐，禁酒忌辛辣。

（3）胃与脾土互为表里，治胃切忌滋润过度而伤脾，中病即止。

三、胃炎的食疗调养

1. 寒邪犯胃

【证候】胃痛暴作，恶寒喜暖，遇寒加重；口淡不渴，或喜热饮；舌苔薄白，脉弦紧。

【分析】外感寒邪或贪食生冷或阴寒内生，寒邪凝聚于胃脘，阳气被遏，不得舒展，胃脘气机阻滞，不通而痛；寒为阴邪，主收引，气血遇寒则凝，故胃脘冷痛暴作，寒邪得温则自散，阳气舒展，故喜暖畏寒；中寒内盛，阳气被遏，中焦脾胃阳虚，运化不健，和降失司，则呕吐清水痰涎，大便溏；口不渴，舌淡苔白为胃寒之候，弦脉主痛，紧脉主寒，弦紧之脉为寒邪犯胃之象。

【食疗方】

干姜良姜粥（《寿世青编》）——胃散寒，行气止痛

①配方：干姜 5g，高良姜 5g，大米 100g，红糖 15g。

②制法用法：将干姜、高良姜切片，加水 500mL，与大米同煮粥，粥熟后去干姜、高良姜，再加入红糖至溶化。每日 2 次，7d 为 1 个疗程。

③方解：方中干姜、高良姜均可温中、散寒、止痛，二者配伍，散寒止痛作用增强；大米养胃，红糖味甘性热，可温胃散寒，兼以调味。诸味合用，共奏温中散寒、行气止痛之功。适用于胃寒所致胃痛、胃胀、呕恶等症。

2. 饮食伤胃

【证候】胃脘疼痛，胀满拒按；嗳腐吞酸，或伴呕吐不消化食物，吐后痛减，其味腐臭，不思饮食，大便不爽，矢气或便后稍舒；舌苔厚腻，脉滑。

【分析】食滞胃脘，气机阻塞，升降失常，气滞不通则胃膨胀满疼痛；食积阻滞，胃气不降，浊气上逆而嗳腐吞酸，甚则呕吐不消化食物；吐出食物后，胃中气机得畅，积滞减故吐后痛减；食积停滞，脾胃受损则不思饮食；食积下迫，大肠传导失司则大便不爽，舌苔脉象均为食积内阻之象。

【食疗方】

莱菔陈皮粥（《图经本草》）——消食导滞，和胃止痛

①配方：炒莱菔子 10g，陈皮 60g，大米 100g。

②制法用法：将莱菔子、陈皮炒黄，研成细末，加水 700mL，与大米同煮成稀粥。每日 2 次，上下午空腹服食，7d 为 1 个疗程。

③方解：方中莱菔子消食导滞，陈皮理气和胃止痛。二者配合，消食导滞、行气止痛之功增强。适用于胃肠积滞引起的胃痛、腹胀等症。

3. 肝气犯胃

【证候】胃脘胀痛，痛连两胁，遇烦恼则痛作或痛甚；胸闷嗳气，喜长叹息，大便不畅；舌苔薄白，脉弦。

【分析】肝主疏泄，以条达为顺，胃主受纳，以通降为和，情志抑郁，恼怒伤肝，则疏泄失职，横逆犯胃，胃气阻滞，和降失常，则胃脘胀痛，胸脘病闷；胁为肝络之分野，故痛窜胁背；滞气停于胃脘则食欲减退，滞气上行则嗳气，气郁于胸则善太息，恼怒后肝气郁滞更甚故疼痛加重；弦脉主肝病、主痛。

【食疗方】

玫瑰花茶（《中国饮食保健学》）——疏肝和胃，理气止痛

①配方：玫瑰花 1g，白糖适量。

②制法用法：干玫瑰花和白糖同入保温杯中，沸水冲泡，加盖焖 15min，代茶频饮，7d 为 1 个疗程。

③方解：方中玫瑰花疏肝解郁，行气；白糖味甘、性平，补益脾胃，兼以调味。二者合用，共奏疏肝解郁、理气止痛之功。适用于肝胃不和、气机阻滞之胃痛、胃胀等症。

4. 湿热中阻

【证候】胃脘灼痛，病势急迫，脘闷灼热，口干口苦，心烦；纳呆，恶心，小便色黄；舌质红，苔黄腻，脉滑数。

【分析】饮食不节或其他原因，损伤脾胃，运化失常，湿热内生，蕴结于胃，气机阻滞则胃脘灼热疼痛；湿热熏蒸于胃脘则嘈杂，纳呆恶心；湿热郁滞中焦，上犯于口则口干或黏而苦，水津不布则渴而不欲饮；湿热困脾，则身重肢倦；湿热下侵膀胱则小便黄，湿热阻滞肠道则大便黏滞不畅；舌苔、脉象均为湿热中阻之征。

【食疗方】

公英豆腐汤（《临床食疗配方》）——清热化湿，和中止痛

①配方：鲜蒲公英 60g，豆腐 50g，冰糖 15g。

②制法用法：将鲜蒲公英洗净切碎，加水 500mL，与豆腐同煮 30min，去渣取汁，加入红糖即成。每日 2 次，7d 为 1 个疗程。

③方解：方中蒲公英清胃泻热；豆腐味甘性寒，润燥补虚清热；冰糖味甘性凉，清热调

味。三者合用，共奏清热化湿、和中止痛之功。适用于胃热灼痛之脘闷灼热、心烦等症。

5. 血瘀阻络

【证候】胃脘疼痛，痛有定处，按之痛甚，如刺如割，甚则呕血、黑便；舌质暗或有瘀斑，脉涩。

【分析】胃痛日久则局部络脉血行不畅，气机阻滞，终则瘀血内停，胃络塞塞。不通则更痛，故胃痛剧烈，状如针刺或刀割；瘀血有形，故痛处固定且拒按；瘀血损伤络脉，血不循经，下渗大肠出于后阴则黑便；血瘀则舌少滋荣，故舌质紫暗或有瘀斑，血瘀则脉道血行不畅所以脉涩。

【食疗方】

三七炖鸡蛋（《临床食疗配方》）——活血化瘀，通络止痛

①配方：三七末 5g，鸡蛋 2 个。

②制法用法：将三七研成粉末，鸡蛋打入碗中，加入三七末拌匀，隔水蒸熟服食。每日 1 次，7d 为 1 个疗程。

③方解：方中三七味甘微苦、性温，能止血散瘀，消肿止痛；鸡蛋味甘性平，可润燥养血。二味合用，共奏活血化瘀、和胃止痛之功。适用于血瘀阻络之胃脘刺痛、黑便。

第四节 脂肪肝的食疗

肝脏是人体功能最多、最复杂的脏器，也是参与食物代谢的重要脏器之一。肝脏参与机体大部分代谢，主要功能包括：参与碳水化合物、蛋白质和脂肪的代谢；储存和活化维生素和矿物质；合成和分泌胆汁；将氨转化为尿素；参与激素的代谢等。

正常人肝内总脂量约占肝重的 5%，内含磷脂、甘油三酯、脂酸、胆固醇及胆固醇酯。当肝细胞内脂质蓄积超过肝湿重的 5%，或组织学上每单位面积见 1/3 以上肝细胞脂变时，称为脂肪肝。脂肪肝分期：Ⅰ 期为不伴炎症反应的单纯性脂肪肝，Ⅱ 期为伴有汇管区炎症和纤维化的脂肪性肝炎，Ⅲ 期为脂肪肝伴肝小叶内纤维组织增生乃至完全纤维化假小叶形成即脂肪性肝硬化。从脂肪肝至脂肪性肝硬化的过程中，脂肪性肝炎是一个重要的中间环节。非酒精性脂肪性肝炎患者约 25% 可发生肝纤维化，约 1.5%~8.0% 可进展为肝硬化。近年脂肪肝的发病率在上升，且发病年龄越来越小。肥胖是脂肪肝的主要致病因素，约 50% 的肥胖合并脂肪肝，重度肥胖者脂肪肝病变率高达 61%~94%。其次是长期饮酒或酗酒。妊娠、药物等引起的脂肪肝较为少见。

我国传统医学对肝脏疾病已有认识，属"胁痛"的范畴，胁痛是指以一侧或两侧胁肋部疼痛为主要临床表现的一种病证。胁，指侧胸部，为腋以下至第十二肋骨部位的统称。如

《医宗金鉴·卷八十九》明确指出："其两侧自腋而下，至肋骨之尽处，统名曰胁。"《医方考·胁痛门》又谓："胁者，肝胆之区也。"因肝胆经脉布于两胁，故"胁"现代又指两侧下胸肋及肋缘部，肝胆胰所居之处。现代医学的脂肪肝、急慢性肝炎、肝硬化、肝寄生虫病、肝癌、急慢性胆囊炎、胆石症、胆道蛔虫、慢性胰腺炎等疾病，出现胁痛的临床表现时，可参考本节进行辨证论治。

一、脂肪肝概述

1. 脂肪肝病因

本病证早在《黄帝内经》就有记载，并明确指出胁痛的发生主要是肝胆的病变。其后，历代医家对胁痛病因的认识，在《黄帝内经》的基础上，逐步有了发展。如《诸病源候论·腹痛诸候·胸胁痛候》言："胸胁痛者，由胆与肝及肾之支脉虚，为寒所乘故也……此三经之支脉并循行胸胁，邪气乘于胸胁，故伤其经脉。邪气之与正气交击，故令胸胁相引而急痛也。"明确指出胁痛的发病脏腑主要与肝、胆、肾相关。胁痛的病因责之于情志不遂、饮食不节、跌仆外伤、久病体虚等多种因素。这些因素或致肝气郁结，气机失于条达；或致瘀血内停，痹阻胁络；或致湿热内蕴，肝失疏泄；或致肝阴不足，络脉失养等，最终导致胁痛发生。

（1）外邪侵袭　湿热、疫疠或寒湿之邪侵犯肝胆经脉，肝胆失于疏泄条达，少阳、厥阴经脉不畅而致胁痛。

（2）情志内伤　情志抑郁或暴怒伤肝，均可致肝失条达，疏泄不利，气阻络痹而致胁痛。

（3）劳倦过度　劳欲过度耗伤肝肾精血；劳倦伤脾，中焦运化水谷乏力，气血化生乏源；或久病体虚，精血俱亏，肝肾不足，脉络失养而致胁痛。

（4）瘀血内积　外伤或强力负重，致胁肋受伤，瘀血停留，阻塞胁络而致胁痛；或黄疸、积聚等经久不愈，肝脾受伤，气机郁滞，瘀血内积，胁络塞滞而为胁痛。

（5）痰浊郁火　饮食不节，过食肥甘厚味醇酒，或过食生冷，遏伤脾阳，脾失健运，痰浊中阻，气机郁滞，肝胆疏泄失司而致胁痛。痰浊阻于中焦，胆腑通降不能，胆汁排泄不畅，内郁而化热生火，湿浊热邪交蒸日久煎熬，结成砂石，阻滞胆道而致胁肋剧痛。

2. 脂肪肝病机

胁痛的基本病机为肝气失疏，胁络失和，可归结为"不通则痛"与"不荣则痛"两类。胁痛之病性有虚实之分，湿热蕴结、气滞血瘀所导致的胁痛多属实证，是为"不通则痛"，临床较为多见；阴血虚少，肝络失养所致的胁痛则为虚证，是为"不荣则痛"。

（1）发病　浊实之邪阻滞胆道所致胁痛，起病多急，如感受外邪、外伤或砂石（虫体）所致胁痛，发病急骤且疼痛较重。因精血亏虚，胁络失养，或虚中夹实所致胁痛，起病较缓，如劳欲过度，情志所伤者，发病缓慢而疼痛较轻。

（2）病位　以肝胆二经为主，兼及脾胃、肾。

（3）病性　胁痛之病性有虚实之分，湿热蕴结、气滞血瘀所导致的胁痛多属实证，是为"不通则痛"，临床较为多见；阴血虚少，肝肾亏虚或阴阳俱亏所致的胁痛则为虚证，是为"不荣则痛"。临床以实证或虚实夹杂为多见。

（4）病势　病之初期多以气滞或湿热为多见，进而出现气滞血瘀，气郁化火，灼伤阴津之变；或出现湿热化火、气津两伤、湿热未尽、肝肾阴亏，甚至湿痰瘀阻、脾肾不足之变。气血阴阳演化之中，由肝胆而及脾胃，进而及肝肾、脾肾。

（5）病机转化　胁痛病机转化表现在邪实积聚与正气耗损两方面。邪实的积聚，一是由气及血，即肝气郁结日久不解，致肝郁气滞，进而可致血行不畅，瘀血内停，肝血瘀阻，甚则形成癥积；一是由湿热蕴积肝胆，化火生毒，熏灼肝体，炼液为痰，致痰火毒瘀内蕴之胁痛重证；或湿热久羁，脏腑失和，湿浊痰毒内生。恋积于肝，进而致痰湿毒瘀迁延肝胆之杂证。正气耗损，即由实转虚之变。肝胆湿热、肝胆实火或肝郁化火，火热灼伤阴液，及肝血瘀阻，瘀血不去，新血不生，均可致肝阴亏虚；火热灼津耗气，或肝郁乘脾，日久可致脾气虚弱，肝阴亏耗，久竭肾精，致肝肾阴虚，又气阴两伤，或阴损及阳，则可成肝阳虚或肝脾肾阳虚之证。

二、脂肪肝的食疗原则

1. 辨证要点

（1）辨外感和内伤　外感胁痛，起病较急，大多为湿热病邪侵犯肝胆，临床多伴有恶寒、发热等表证，且多同时并见恶心、呕吐或黄疸等症状，舌红，苔白腻或黄腻，脉浮数或弦数。内伤胁痛，起病较缓，无发热、恶寒等表证出现，多由肝气郁结，瘀血阻络或肝阴不足等引起。

（2）辨性质　胁痛病性有虚有实。若胁痛以胀痛为主，走窜不定，时痛时止，随情志变化而增减，多属肝郁气滞，气阳阻络痹所致；若胁痛以刺痛为主，部位固定，入夜痛甚，或因跌仆闪挫所致者，为胁络受损，瘀血停着，若胁下可扪及癥块，触之坚硬者，多为气滞血瘀，瘀滞积久不散所致；若胁痛重着，痛有定处，触痛明显，伴口苦心烦，胸闷恶心，发热烦躁，或小便发黄，为湿热蕴结肝胆所致；若右胁剧痛如绞，痛彻肩背，或伴黄疸、发热或呕吐蛔虫，多为砂石或蛔虫阻滞胆道，病属湿热；若出现胁肋掣痛，心急烦躁，口苦，尿黄，则为气郁化火；若胸胁胀痛，右胁痞肿，纳差，舌淡，苔白滑，脉弦迟，则为肝郁夹寒；若胁肋隐痛，心烦口干，伴头晕目眩。舌红少苔，则病属阴血亏损；若胁痛隐隐，但绵绵不绝，疲劳后可使疼痛加重，按之反较舒适，多属血不养肝，络脉失养所致；若胁肋隐痛悠悠不休，遇劳加重，畏寒肢冷，舌淡苔白，则属阳虚，肝络失养。

（3）辨病位　肝居胁下，经脉布于两胁，胆附于肝，胁痛之病位主要在肝胆，但常与脾胃和肾有关。胸胁疼痛，不论一侧、两侧，呈胀痛、刺痛，或灼痛、坠痛、隐痛，或痛如刀割，痛彻肩背，位均居肝胆二经；但若胁痛伴嗳气频作，恶心呕吐，胃脘胀闷则为肝气犯胃，病位在肝胃；胁痛若伴肠鸣，腹胀，便溏泄泻，为肝逆乘脾，位在肝脾；若胁痛牵引腰背，呈坠痛、隐痛，悠悠不休，遇劳而发，则由肝及肾，位在肝肾。

2. 中医食疗原则

（1）以疏肝解郁为基本原则。对实证胁痛，据邪之不同而予或利湿解毒清热，或理气活血，祛瘀通络等祛除邪气法为主，则经络得以通畅。对虚证者，以扶正为主，阴阳气血俱充，阴平阳秘，气血调达，经络自得荣养。

（2）饮食宜清淡、易消化，少食易致胀气之品，忌生冷、肥甘油腻之品。

三、脂肪肝的食疗调养

1. 肝气郁结

【证候】胸胁胀痛，连及肩背，走窜不定，情绪恼怒则症状加剧；胸脘痞闷，伴恶心，嗳气，不思饮食，呃逆；舌淡红，苔薄白，脉弦。

【分析】忧郁、恼怒伤肝，肝失疏泄，肝气失于条达，肝气郁滞，胁络受阻则症见胁肋胀痛；气属无形，时聚时散，故疼痛走窜不定；因情志变化直接影响气机条达，故疼痛随情志变化而增减；气郁气滞则症见胸闷太息；肝气郁结，横逆乘脾犯胃则症见脘痞腹胀，食少嗳气；脉弦为肝郁之象。治法疏肝解郁，理气止痛。

【食疗方】

大麦米粥（《饮食辨录》）才疏肝解郁

①配方：大麦米 50g，红糖适量。

②制法用法：先将大麦米碾碎，加水 500mL 煮粥。粥熟后加入红糖，晨起做早餐用。每日 1 次，5d 为 1 个疗程。

③方解：方中大麦味甘咸，宽中下气，和胃健脾；红糖味甜，性温，行气活血，二者合用，共奏疏肝解郁之功，适用于肝气郁结等症。

2. 瘀血阻滞

【证候】右上腹疼痛，痛如针刺，部位固定而拒按，情绪变化可加剧；舌暗有瘀斑，舌质紫暗，脉沉涩。

【分析】气郁日久，气滞血瘀，或跌仆损伤，强力负重，致瘀血停着，痹阻脉络，故胁痛如刺，痛处固定不移，入夜疼痛更甚；瘀血停滞，积久不散，则渐成癥块；舌质紫暗，或见瘀点瘀斑，脉沉弦涩，均属瘀血内停之征。

【食疗方】

韭菜汁（《常见病的饮食疗法》）——活血化瘀，通络止痛

①配方：韭菜 500g。

②制法用法：韭菜洗净，捣碎取汁，每日 1 剂，分 2 次服用，5d 为 1 个疗程。

③方解：方中韭菜味甘、性温，温中行气，活血化瘀，适用于瘀血阻滞之胁痛。

3. 湿热蕴结

【证候】胁肋灼热胀痛，胁下痞块拒按，面目身黄，脘痞腹胀，纳差厌油，小便黄赤，舌苔黄腻，脉滑数或弦数。

【分析】感受湿热疫病之气或过食肥甘，嗜饮酒浆，酿湿生热，熏蒸肝胆，以致肝脉闭阻，胆道不畅，故右胁胀痛、灼痛，触之痛剧；木郁克土。脾胃受纳运化失常则纳差厌油，脘痞腹胀；若湿热蕴结肝胆，胆汁外溢则可见面目身黄，小便黄赤；舌苔黄腻，脉弦数或滑数，为肝胆湿热之征。

【食疗方】

冬瓜粥（《粥谱》）——疏肝解郁，利湿清热

①配方：冬瓜60g，粳米30~60g。

②制法用法：将冬瓜洗净，切成小块，加水500mL，与粳米同煮粥。每日2次，5d为1个疗程。

③方解：方中冬瓜味甘，性微寒，利小便，清热，消肿；粳米养胃和营，二者合用，共奏利湿、清热、消肿之功，适用于湿热蕴结的胁痛。

4. 肝肾阴虚

【证候】胁肋隐痛，痛势悠悠，绵绵不休，头晕目眩、目涩、口干咽燥，五心烦热或午后潮热，舌红少苔，脉弦细数。

【分析】湿热或实火久羁，气滞血瘀日久化热，过用辛香温燥、渗湿利尿之品，劳欲过度或失血过多致精血亏损，或素体阴血亏损，均可导致肝肾阴亏，肝血不足，血虚、阴虚不能养肝、柔肝之体，肝之脉络失养则胁肋隐痛，其痛悠悠，绵绵不休；精血亏虚不能上荣则头晕目眩，两目干涩；阴虚生内热，故口干咽燥，五心烦热，午后潮热；舌脉亦为阴虚兼内热之象。

【食疗方】

芹菜粳米粥（《食物本草》）——养阴柔肝

①配方：芹菜400g，红枣10个，粳米100g。

②制法用法：将芹菜洗净，加水500mL，与粳米、红枣同煮粥。每日2次，5d为1个疗程。

③方解：方中芹菜味甘辛，性凉，清热平肝，健胃利尿；红枣滋阴养血；粳米补中益气；三者合用，共奏清热滋阴、利胆之功，适用于肝阴亏虚之症。

古籍选读

《景岳全书·泄泻》："凡遇怒气便作泄泻者，必先以怒时挟食，致伤脾胃，故但有所犯，即随触而发，此肝脾二脏之病也。盖以肝木克土，脾气受伤而然。"

《证治汇补·秘结》:"如少阴不得大便以辛润之,太阴不得大便以苦泄之,阳结者清之,阴结者温之,气滞者疏导之,津少者滋润之。大抵以养血清热为先,急攻通下为次。"

《顾氏医镜·胃脘痛》:"须知拒按者为实,可按者为虚;痛而胀闭者多实,不胀不闭者多虚;喜寒者多实,爱热者多虚;饱则甚者多实,饥则甚者多虚;脉实气粗者多实,脉少气虚者多虚;新病年壮者多实,久病年老者多虚;补而不效者多实,攻而愈剧者多虚。必以望、闻、问、切四者详辨,则虚实自明。"

《黄帝内经·素问·举痛论》言:"寒气客于厥阴之脉,厥阴之脉者,络阴器,系于肝,寒气客于脉中,则血泣脉急,故胁肋与少腹相引痛矣。"

中国药膳,历史悠久,源远流长,自古有"药食同源"之说。《黄帝内经》是现存最早的中医典籍,它不仅创立了中医基础理论,同时也开创了药膳的理论体系。《黄帝内经·素问·五藏生成》描述得很清楚,称为"五味之所合"——"心欲苦,肺欲辛,肝欲酸,脾欲甘,肾欲咸"。相应性味的备谷对脏腑具有促进和维护作用,此为药膳运用的基础理论,也充分体现中医药膳食疗的重要作用。

小结

新一代医学生是国家和民族的希望,肩负着未来救死扶伤的重任,高素质、高水准的医学生关乎着祖国卫生事业发展大计和祖国医疗卫生事业的未来。青年医学生不仅要有过硬的医学专业素质,更应具备过硬的政治素养。我们应坚决拥护中国共产党的领导,坚持以人民为中心的发展思想,全面落实党的二十大精神,践行健康中国规划纲要,贯彻落实创新、协调、绿色、开放、共享的新发展理念,认真学习发扬我国传统中医药文化,中西医并重,预防为主,推动我国卫生健康工作高质量发展。

本章主要介绍了消化系统疾病的中医营养治疗,消化系统疾病属中医脾胃病证及肝胆病证的范畴。本章主要探讨了泄泻、便秘、胃痛、胁痛等病证的中医食疗原则及食疗方。泄泻的中医食疗原则为运脾化湿,饮食宜为清淡、细软、少渣、少油腻的流食或半流。便秘的中医食疗原则为通便,实秘者予清热润肠通便、顺气导滞,宜多食新鲜水果蔬菜和有疏利作用的食品;虚秘者予益气养血、温通干结,饮食以易消化、补益为主。胃炎胃脘痛以情志所伤和饮食失调为主要发病原因,以"不通则痛"为根本病机,中医食疗以理气和胃止痛为主,饮食上宜避免醇酒辛辣、肥甘厚味之品,少食多餐,禁酒忌辛辣。胁痛以疏肝解郁为基本食疗原则,对实证者予或利湿解毒清热,或理气活血,祛瘀通络等祛除邪气,通畅经络;对虚证者,以扶正为主,阴阳气血俱充,阴平阳秘,气血调达,经络自得荣养;饮食宜清淡、易消化,少食易致胀气之品,忌生冷、肥甘油腻之品。

本章学习的重点是根据腹泻、便秘、胃炎、脂肪肝的不同病因及病机，结合其饮食习惯和特点，依据疾病的辨证要点及中医食疗原则，制定合理的膳食食谱及个性化食疗方案。将营养知识用于治疗疾病，以达到预防和治疗疾病、延缓并发症、预防复发等目的。

思考题

1. 简述腹泻的病因病机及中医食疗原则。
2. 简述便秘的病因病机及中医食疗原则。
3. 胃炎的中医食疗应遵循什么原则？
4. 结合国家或地区经济社会发展，卫生保健水平和人口素质的特点，从脂肪肝发病的饮食因素角度说明其饮食治疗的重要性。

第十一章
恶性肿瘤的食疗

学习目标

1. 了解饮食营养与恶性肿瘤的关系；
2. 熟悉恶性肿瘤患者的中医食疗原则；
3. 食管癌、胃癌、大肠癌的饮食和食疗原则；
4. 能基于中医辨证施膳，对食管癌、胃癌、大肠癌患者制定个体化的食疗方案；
5. 培养学生对癌症营养学、中医营养学、中医食疗学的兴趣和自主学习能力。

肿瘤疾病包括良性肿瘤和恶性肿瘤，其中恶性肿瘤按其来源组织可分为"癌"和"肉瘤"，严重威胁着当今全球人类的健康。随着我国社会经济的飞速发展，居民的人均寿命不断延长，生活方式、饮食结构也在演变，我国癌症的疾病谱出现逐渐西方化的特征。近年来的研究显示，我国食管癌和宫颈癌的发病率下降，胃癌及肝癌的发病率虽然也在缓慢下降，但仍维持较高水平，而肺癌的发病率则将继续急剧上升，成为我国发病率及死亡率最高的恶性肿瘤，胰腺癌及前列腺癌的发病率也呈上升趋势，大城市及沿海经济发达地区的乳腺癌及结肠癌则大幅度增加，成为当地的主要肿瘤疾病。饮食因素是导致恶性肿瘤发生的重要原因之一。设的过程中，我们要坚持中国特色卫生与健康发展道路，把握好一些重大问题。

习近平总书记在 2023 年于河北考察中指出："要坚持人民至上、生命至上，研发生产更多适合中国人生命基因传承和身体素质特点的'中国药'，特别是要加强中医药传承创新发展。"这为切实把中医药这一祖先留给我们的宝贵财富继承好、发展好、利用好提供了重要遵循。

第一节　营养与恶性肿瘤的食疗

一、恶性肿瘤的概述

1. 中医对肿瘤疾病的论述

中医是一个伟大的宝库，是中国人民几千年来与自然界和疾病长期作斗争、求生存的经验总结，是我国古代医学家们和人民智慧的结晶，有着系统的理论知识与丰富的临床经验。从浩瀚的中医文献中可以寻找到包括在各种中医病名之中的有关肿瘤的记述，有的描述与现代医学的某一种癌症极其相似。中医学虽没有"癌症""恶性肿瘤"之病名，但对癌瘤的认识源远流长。我国古代医学文献中记叙了大量对肿瘤的理论认识与治疗方药，其中有一些至今仍然指导着临床治疗并具有较好的疗效。经现代药物筛选和药理研究表明，许多补虚扶正药具有抗癌作用，如女贞子、山萸肉、桑寄生、补骨脂、薜荔果、参三七、刺五加、天花粉、天冬、仙灵脾等。

早在殷周时代，我国古人对肿瘤就有所发现，殷墟甲骨文上已记有"瘤"的病名。两千多年前的《周礼》一书中已载有专治肿瘤一类疾病的医生，当时称为"疡医"，负责治疗"肿疡"，说明公元前11世纪对肿瘤已有了认识，至今在日本和朝鲜仍将肿瘤称为"肿疡"。战国时期成书的《山海经》载有抗瘿瘤（颈部肿物）药物。《黄帝内经》对肿瘤的病因、病理、病名及症状均有较为详尽的记载，提出了肿瘤的发生，与阴阳失调、饮食因素、正虚不足以及情志、饮食等诸因素密切相关。公元7世纪的《晋书》有"初帝目有大瘤疾，使医割之"的手术记录。

明、清以来，随着祖国医药学对癌症认识的日趋深入，对肿瘤的病因病理、辨证治疗等均有更多的论述，分类更细，名称也更杂，同一癌症常有多种命名，而同一名称又包括癌瘤及非肿瘤性疾病在内。从历代中医文献的记载可知，古代医家对于乳腺癌（乳岩）、食管癌（噎膈）、胃癌（反胃）、鼻咽癌（鼻渊）、喉癌（喉菌）、甲状腺癌（瘿瘤）、腹腔肿瘤（癥瘕积聚）等恶性肿瘤，从病名、病因、病机、症状、治则、治法、方药等，均有丰富的记载。

由于历史条件所限，我国古代医学家们对肿瘤疾病不能像现代肿瘤学及肿瘤病理学那样分类确切清楚，了解全面，缺乏系统的分类，也无良性、恶性的具体划分，只能根据其具体证候的描述、病情发生发展的过程来分析，有时把恶性肿瘤与良性肿瘤、肿瘤与非肿瘤性疾病混杂一起。但是中医文献有如此丰富而详细的有关肿瘤病因、发病学、病理生理学、症候学及治疗学的记载是难能可贵的，在人类医学史上应占有光辉的一页。

2. 肿瘤的中医病机

肿瘤的病机在于内虚的基础上，多种致病因素相互作用，导致机体阴阳的失调，脏腑经络气血功能障碍，引起病理产物聚结而发生质的改变。肿瘤本身是一个全身性疾病，是一个全身为虚，局部为实的疾病。肿瘤的病机大致体现以下几个方面。

（1）气滞血瘀　中医认为，气与血是构成人体和维持人体生命活动的最基本物质，它们对人体生命活动具有十分重要的功能。《黄帝内经·素问·调经论》曰："血气不和，百病乃变化而生"。临床大多数肿瘤病人均有气滞血瘀之征象。气滞血瘀是肿瘤发生的基本病机之一。脏腑经络、四肢百骸之中，如气滞不畅，瘀血不行，凝滞不散，日久均可成瘤。

（2）痰凝湿聚　痰、湿皆同于一源，稀者为湿，稠浊者为痰。湿为阴邪，重浊而黏腻，留滞于机体，易阻遏气机运畅而出现气滞、气郁、经络痹阻等证，湿蕴于内，久而不去成湿毒、湿热，湿毒浸淫，生疮，流汁流水，经久不愈称为"湿毒流注"。饮食情志损伤脾胃，脾虚生痰，结为痰核，而成肿块。

（3）热毒内蕴　火与热，均为阳盛所生，其性均属于热，火为热之极。火邪具有耗气伤津，生风动血，易致肿疡等特点。热毒内蕴可形成肿瘤，因血遇热则凝，津液遇火则灼液为痰，气血痰浊壅阻经络脏腑，遂结成肿瘤。另外，感情抑郁，郁而生火，郁火夹血瘀凝结而产生肿瘤。

（4）脏腑失调，正气虚弱　癌肿的发生与人体脏腑的功能失调有关，以肝、脾、肾三脏最为重要。脾胃为先天之本，肾为后天之本，脾肾不足则正气虚，以致卫外之气无以生。恶性肿瘤往往是因虚而得，因病致虚，形成恶性循环，最后导致正衰邪盛引起癌瘤发生。

（5）经络淤阻　经络是人体组织结构的重要组成部分，是沟通体表与体内，上部与下部，联络脏腑组织与气血运行的一个独特的系统。在生理上，经络具有运行营卫气血、沟通表里，抵御病邪、保卫机体的功能。肿瘤的病因与致病作用均能引起有关经络的病理变化，使病邪淤毒在体表或体内蕴结，日久成积、成肿，形成肿瘤。而这些肿瘤病变又可以在经脉循行的经路上反映出来。近年有人从经络学说出发，探索各种癌瘤在经络上的特殊表现及反映，并应用于探测体内肿瘤的部位作为辅助诊断之用。

二、恶性肿瘤的食疗原则

对肿瘤患者进行食疗，是希望满足患者的机体需要，改善其营养状况，增强免疫功能，提高患者对手术、放疗、化疗的耐受力。

1. 能量

能量供给过多易引起患者肥胖，且多种恶性肿瘤的发生都与能量摄入过多有关；过少又易引起或加重患者营养不良，甚至导致恶病质。能量供给要适量，应视患者营养状况、活动量、性别、年龄而定，以能使患者保持理想体重为宜。在没有严重并发症的情况下，成人每日供给能量 2000kcal 即可（表 11-1）。

表 11-1　癌症患者的能量需求评估

病情	能量需求
癌症，充分的营养供给，体重增加	30~40kcal/(kg·d)
癌症，正常代谢	25~30kcal/(kg·d)
癌症，应激高代谢	35kcal/(kg·d)
全身性感染	25~30kcal/(kg·d)
肥胖	21~25kcal/(kg·d)

2. 蛋白质

荷瘤状态下，患者有效摄入量减少，加之肿瘤高代谢，蛋白质消耗增加。手术、放疗、化疗也会对机体正常组织造成不同程度的损伤，损伤组织的修复需要大量的蛋白质。因此，蛋白质供给量要充足。供给量应占总能量的 15%~20%，或按 1.5~2g/(kg·d) 计算，其中优质蛋白应占 50%以上。

3. 脂肪

多种恶性肿瘤的发生都与动物性脂肪摄入过多有关。脂肪供给量要限制，供应量应占总能量 15%~20%，其中饱和脂肪酸、单不饱和脂肪酸与多不饱和脂肪酸的比例应为 1∶1∶1。

4. 碳水化合物

碳水化合物是主要供能物质，应占总能量的 60%~65%。供给足够的碳水化合物可以改善患者的营养状况，减少蛋白质的消耗，保证蛋白质的充分利用。另外，如果胃肠道条件允许，还应增加膳食纤维的供给。

5. 维生素和矿物质

多种恶性肿瘤的发生都与机体某些维生素和矿物质缺乏密切相关。应根据实验室检测结果，及时予以补充和调整。若膳食调整不能满足需要，可给予相应制剂，保证患者摄入足够的维生素和矿物质。

6. 特殊营养成分

有些食物含有某些特殊物质，具有很强的防癌、抑癌作用，如香菇、木耳、金针菇、灵芝、海参中含有的多糖类物质、人参中含有的蛋白质合成促进因子、大豆中的异黄酮、茄子中的龙葵碱、四季豆中的植物红细胞凝集素等，应适量供给这些食物。

7. 其他

肝功能不全时应限制水、钠摄入，肾功能不全时应限制蛋白质摄入，接受放疗、化疗时饮食宜清淡。对于伴有严重消化吸收功能障碍者，可选用经肠要素营养或（和）肠外营养，防止出现恶病质状态。

8. 防癌、抗癌食物

膳食习惯在维持健康和疾病预防中发挥非常重要的作用。在保证患者膳食结构合理、营养素摄入平衡的前提下，经常性食用一些目前认为具有防癌、抗癌作用的食物，对患者可能有一定的益处。目前研究证实的具有抗癌作用的天然产品包括水果和蔬菜中的数百种多酚、绿茶、咖喱姜黄素以及葡萄和浆果中的白藜芦醇。这些化合物具有潜在化学预防能力，能够调节肿瘤细胞中的遗传物质。在癌细胞发展早期的表观遗传修饰是潜在可逆的。健康的膳食成分中应富含水果、蔬菜、肉桂、豆制品等以及其他具有食疗作用的物质，如姜黄、肉桂、绿茶和咖啡。摄入水果可以预防口腔癌、咽癌、喉癌、食管癌、宫颈癌、肺癌和胃癌。蔬菜带来的健康好处比较难以量化。不含淀粉的蔬菜，如菠菜、番茄以及辣椒可能会防止口腔癌、咽癌、喉癌和食管癌；所有的蔬菜，特别是绿色和黄色蔬菜，很可能预防胃癌。大多数国家都有不同的蔬菜和水果的推荐量，但一般推荐每天摄入 3 份及以上的蔬菜和 2 份以上的水果，每份约 80g。

（1）菇类 如香菇、冬菇等，富含蘑菇多糖，有明显的抗癌、抑癌作用。

（2）木耳类 如银耳、黑木耳等，其提取物中的多糖类有很强的抑癌作用。

（3）金针菇 富含多糖类、天冬氨酸、精氨酸、谷氨酸、丙氨酸、组氨酸等多种氨基酸和核苷酸，以及多种微量元素和维生素，有明显的抗癌作用。

（4）人参 含蛋白质合成促进因子，对胃癌、胰腺癌、结肠癌及乳腺癌有明显疗效，对癌症症状有不同程度的改善。

（5）鱼类 尤其是海鱼含有丰富的锌、钙、硒、碘等元素，有利于抗癌。

（6）海参 含有海参多糖，对肉瘤有抑制作用，玉竹海参提取物硫酸黏多糖可明显增加脾脏的重量，提高腹腔巨噬细胞的吞噬功能，改善机体免疫功能。

（7）海带 含有藻酸，可促进排便、防止便秘，抑制致癌物在消化道内的吸收，具有防癌、抗癌功效。

（8）乳类、钙和维生素 D 牛、羊乳中均含有某些具有生物活性的特殊物质，具有抗癌作用。目前认为钙剂和乳制品，特别是牛乳有可能降低患大肠癌的风险。但另有研究表明，大量摄入乳制品或补充钙剂可能增加患侵袭性前列腺癌的风险。根据目前了解到的维生素 D_3 和预防癌症之间的相互作用，每天服用 2000IU 维生素 D，使血清 25 羟基维生素 D 保持在 40~60ng/mL 水平是安全的。

（9）豆制品 大豆是一种植物蛋白，包含植物雌激素（具有非常微弱的雌激素效应）以及异黄酮类，如染料木黄酮和黄豆苷元。膳食中含有适量的豆类能预防乳腺癌的发生，特别是在未成年阶段摄入豆类食物。然而，对已经诊断为患有激素敏感性癌症（如乳腺癌、子宫内膜癌）的妇女和绝经后的妇女，膳食建议中是否包含豆类仍有争议。多数情况下，大豆粉和豆制品通常含有比整大豆食品（如毛豆、蚕豆、豆腐或豆浆）高得多的异黄酮浓度。因此，ACS建议乳腺癌幸存者每天摄入的大豆类食品不应超过3份，并避免使用大豆粉和豆制品。与此相反，患激素敏感性癌症如前列腺癌的男性经常使用大豆食品可能会受益。前列腺癌是一种有睾酮导致的癌症，雌激素（或植物雌激素）则可以抑制睾酮的产生。

（10）莼菜 含丰富的维生素B_{12}、天冬素、多缩戊糖以及海藻多糖碱，可有效地抑制癌细胞增殖。

（11）萝卜、卷心菜、南瓜、莴笋等蔬菜 含有分解、破坏亚硝胺的物质，消除其致癌作用。

（12）茄子 其中的龙葵碱有抗癌作用。

（13）胡萝卜、菠菜、紫菜 含有大量的β-胡萝卜素、维生素C等成分，经常食用可防癌、抑癌。

（14）大蒜 其中的大蒜素和微量元素硒具有抗癌作用。还含有某些脂溶性挥发油，可激活巨噬细胞，提高机体免疫力。

（15）葱类 富含谷胱甘肽，可与致癌物结合，有解毒功能。另外还含有丰富的维生素C，宜经常食用。

（16）四季豆 富含蛋白质、维生素及植物红细胞凝集素，在体外能抑制人体食管癌及肝癌细胞株的生长，对移植性肿瘤亦有抑制作用。

（17）苹果 含有苹果酸、酒石酸、柠檬酸、多糖类、维生素、矿物质及大量的纤维素和果胶，果胶可与放射性致癌物结合，使之排出体外。

（18）无花果 其果实中含有大量葡萄糖、果糖、苹果酸、柠檬酸、蛋白水解酶等，是良好的抗癌食品。

（19）大枣 含有大量的环磷酸腺苷及多种维生素，可改善机体免疫功能，是抗癌佳品。

（20）茶叶 含有丰富的茶多酚、叶绿素及多种维生素，也是酚类和抗氧化剂的良好来源，有防癌、抗癌功能。由茶树叶经离温杀青、揉捻并经非烘干方式干燥制成的绿茶，含有远高于红茶的儿茶素。儿茶素具有抗氧化性、抗血管新生，以及与预防癌症有关的抗增殖性。

（21）咖啡 咖啡中含有多种抗氧化剂和酚类化合物，其中一些已被证明有抗癌特性。咖啡抗氧化的能力甚至高于同类的可可、绿茶、红茶等。咖啡还有咖啡因，是一种植物生物碱，实验研究发现其可以诱发黑色素瘤细胞的凋亡。有饮用咖啡习惯的人群，平均能减少约40%的肝细胞癌患病风险。

膳食中的成分极为复杂，人体所需要的营养物质至少有40种，但是携带它们的是各种各类生长和种植在不同土壤的食物，大环境对食物存在多种的影响。因此，目前比较安全的膳食措施，仍然是人们争取获得清洁而又均匀的饮食，这是生活中的一个根本性的辨证法，少会致缺，多会为患，我国古代哲学认为物极必反是具有一定道理的（表11-2）。

表 11-2 恶性肿瘤患者参考食谱

早餐	米粥（小米 50g），发糕（面粉 50g，玉米面 20g），芹菜拌腐竹（芹菜 50g，腐竹 25g）
加餐	银耳莲子羹 150mL（银耳 5g，莲子 10g，冰糖少许）
午餐	米饭（300g），肉片炒苦瓜（瘦猪肉 30g，苦瓜 200g）
加餐	大枣花生饮 150mL（大枣 10g，花生仁 10g，冰糖少许）
晚餐	面条（面粉 150g），青椒炒茄子（青椒 50g，茄子 200g），肉丝炒萝卜丝（瘦猪肉 30g，胡萝卜 150g）
加餐	牛乳（牛乳 200mL，白糖 15g）
能量及营养素构成	能量 2307.83kcal 蛋白质 128.8g（22%） 脂肪 45.54g（18%） 碳水化合物 341.44g（60%）

注：全日烹调用油 9mL

三、恶性肿瘤的食疗调养

癌症在治疗中可因为不同的发病部位、发病的种类以及多种代谢异常与并发症的可能性，而采用不同措施是十分重要的，按照实际的病人情况，采取及时的营养支持，以及在动态地采取针对性治疗措施中，及时调整营养支持也是必要的。以下是在一般常规情况下思考的要点：

①早期衡量并确定病者的营养状况和下一步的可能后果，了解即将采取的治疗措施及后果的预测，特别注意治疗措施对消化系统的影响，拟定营养支持的计划，确立定期衡量病者的阶段性计划。

②患者有轻度与中度厌食和味觉改变，而又需要作长期的治疗时，尽可能找到病人喜好和厌恶的食物种类，以提供对患者有吸引力的固体与液体食物，以及补充物，供给时选定正确的时间，争取体重得以维持。

③确立有效的营养支持的另一个指标是患者体重进行性下降，或是体重下降但有希望通过正在选择的治疗取得好的反应，这一积极的营养支持的时间长短取决于治疗本身的性质，以及病者的反应。

④到底是采取经肠或是全静脉营养，应全面的考虑各种影响因素，一般来说，非常严重的白细胞减少，血小板减少，加上患者的胃肠道功能不正常，这类病人是全静脉营养的首先考虑的对象，并可以中心静脉插管方法提供，但是如果胃肠道的这一通道是可用而又是安全的，病人又接受的，那当然通过口服或管饲的方式最好。

⑤肿瘤病人的肠内或是全静脉营养的处方与非癌症病人原则上没有区别。但是如果有特别的问题与器官的衰竭有关，以及考虑到抗肿瘤药物的作用或其他疗法的影响等可以调整。调整主要是在特定情况下考虑胃肠道的吸收与消化的功能和能力，最终的原则是，肠道的功能存在，就首选肠内营养，包括经口摄入、管饲、胃肠造瘘营养管等。

⑥对于那些丧失体重不大（<5%）而又要进行大范围手术的，术后应采用常规的水及电解质的补充和支持，除非严重的并发症推迟了管饲至术后7~10d，不得不使用周围与中心静脉营养之外，如果没有严重的并发症，胃或是空肠的管饲是较适宜的。

⑦若是需进行大手术的病者早已有明显的体重丢失（20%左右），而又不能用管饲，在手术前先用周围与中心全静脉营养是正确和最好的。因为在这一种情况下，事先补充比事后补充合算；同时又可以减少术后的继发性营养不良以及并发症。

⑧对于那些有严重的厌食症但不再需要进行抗癌治疗的患者，若其胃肠道功能正常，而其居室及生活条件良好，口服或管饲的补给可以应用到回家以后，特别是病人愿意采纳这一方法的条件下。

⑨对患者的营养支持，应该特别与治疗措施密切配合，也应该注意个体化，并随情况的变化面及时调整，近代医学上也审慎根据营养的需要，适当使用激素（如胰岛素）、食欲提升剂、细胞素拮抗剂以及镇痛剂。

癌症虽然大多数表现为多是局部的肿块，但其实是一种全身性疾病在局部的表现。许多研究表明，不良的饮食习惯和某些因素可以诱发癌症。如食管癌、胃癌患者存在营养不平衡、维生素缺乏等，患者往往喜吃烫食、进食快、三餐不定时和喜吃熏腌饮食等。膳食中缺少新鲜蔬菜、维生素等与大肠癌的发生有关。肝癌的发生与食用含黄曲霉毒素高的发霉玉米、花生等有关。我国南方鼻咽癌高发与讲粤语族群极喜吃咸鱼和腌制品有关。肺癌与吸烟的关系已是众所周知。西方国家的乳腺癌发病率较不发达地区明显增高与高脂肪饮食有关。口腔癌的发生则与有咀嚼槟榔、嗜好烟酒、缺乏维生素A等有关。部分甲状腺癌的发生可能与缺碘性甲状腺肿有关。

因此通过改变不良的饮食习惯，调整饮食结构，合理科学的安排饮食，如适当控制高脂肪饮食、增加多纤维食物、少吃或不吃腌、熏、烤、炸等食物，多进食丰富、新鲜的蔬菜、水果以及维生素丰富的食物，不仅可减少癌症的发生，在疾病的治疗过程中，还可使各种治疗方法取得更好的效果，保证各种治疗手段的实施。《素问·脏气法时论》谓："谷肉果菜，食养尽之，无使过之，伤其正也。"强调了饮食在防病治病中的重要性。

中医肿瘤食疗学的特色是重视与讲究各种疾病的饮食宜忌。癌症患者的饮食与疾病的特性、肿瘤侵犯的脏腑、患者的体质、地理气候、环境因素以及所采用的治疗措施有关。因此，中医肿瘤食疗法的关键在于"辨证调养"。

1. 根据肿瘤治法治则配膳

恶性肿瘤治疗可分为扶正与祛邪两大法则，其中祛邪包括清热解毒、活血祛瘀、除痰散结、消瘤破积等。在用以上法则治疗恶性肿瘤时，必须采用药食同治的方法。

与清热解毒法配合的食物：如苦瓜、莴苣、绿豆、荷叶、冬瓜、西瓜、萝卜等，可做成苦瓜黄豆排骨汤、绿豆雪梨饮等，兼有佐膳和治疗作用。此类食物药性寒凉，与清热解毒类药物合用有增效作用，但要注意勿寒凉太过，凡脾胃虚弱、胃纳不佳、肠滑易泄及阳气不足患者，宜慎用。

与活血祛瘀法相配合的食物：如赤小豆、桃仁、山楂、月季花、凌霄花等，可做成桃仁山楂露等药膳。食用此类食物时要注意机体的反应，凡正气不足者或体壮邪盛者应酌情使用。

与除痰散结法配合的食物：如海藻、昆布、紫菜、牡蛎肉等，可做成紫菜牡蛎汤、猪胰干贝海带汤、海参丝瓜汤等药膳，此类食物有消除良性肿瘤功效。

与消瘤破积法配合的食物：如蟾蜍等，常可做成蟾蜍瘦肉粥等药膳，此类食物某些具有一定的毒性，须注意其烹饪方法及掌握食量。

与扶正补虚法配合的食物：此类食物最为丰富，多为药食共用的食物，根据食性，仍可分为补气类、补阳类、补血类、补阴类等，补气类的有山药、扁豆、大枣、饴糖、蜂蜜等；补阳类的有蛤蚧、胡桃肉等；补血类的有阿胶、龙眼肉等；补阴类的有百合、龟、鳖等。可做成乌鸡汤、水鸭汤、红枣木耳汤、银耳炖燕窝等药膳，根据体质的偏盛偏衰选用。

2. 根据病期与病证辨证配膳

肿瘤的发生发展常常需要经过一段漫长的时间，在临床上，一般要经历诱导期、原位期、浸润期、播散期等四期。在饮食致癌因素中，诱导期和原位期往往与嗜用烟酒、经常进食霉变食物、腌菜、熏烤食品、焦化的鱼肉等有关。某些营养缺乏特别是氨基酸、B族维生素缺乏，机体的细胞免疫功能受到抑制，抗病能力下降，也是诱发癌细胞活跃、生长的主要原因之一。在各种营养因素中，蛋白质、热能的供应充足最为重要，日常饮食中摄取适量的营养物质，提高机体的抗病能力，是阻止癌瘤发生发展的主要因素之一。

肿瘤如果发展至临床上可检测到的浸润期和播散期，必须采用各种有效的治疗手段，此时饮食仅具有辅助治疗作用。患者需要根据病证摄入膳食，根据病种和证型的不同来选择合适的食物。如鼻咽癌患者，由于选用放疗为治疗的主要手段，往往造成热毒伤阴的病机，一般需多选用具有清热生津、凉血解毒的食物，如金银花露等；若选用温补的食物，势必会造成病情的加重。若患者表现为痰湿内蕴，则需选用健脾渗湿、和胃消食的食物，如淮山粥等。又如大肠癌患者，若患者采用手术治疗，则需选用具有补气养血的食物，如西洋参炖鸡汤、龙眼大枣煲鳝鱼等。同时，大肠的生理是以通为用，故食物调养不宜过于滋腻，必须兼食新鲜的蔬菜、水果，保持大便通畅。若化学治疗导致的以消化系统的毒副反应为主要临床表现的患者，则需选用开胃醒胃的砂仁炖猪肚、姜乌龙茶等。骨髓抑制的患者为主者则益食用补肾生髓的食物，如枸杞海参瘦肉羹、乌豆猪髓水鱼汤等。

3. 与放射治疗结合增效减毒的膳食

放射治疗为现代医学治疗恶性肿瘤的三大治疗方法之一。有的恶性肿瘤经过放射治疗后肿块很快缩小或消失者，如恶性淋巴瘤、精原细胞瘤、神经母细胞瘤、尤文氏瘤（Wilms）等。但放射线对肿瘤细胞和正常细胞均同时产生生物效应和破坏作用，使正常组织也产生一定的损害，称为放射副反应。

放射治疗期间可有各种局部和全身的反应症状，主要为皮肤与黏膜、神经、消化及造血系统的副反应。癌症病人在放射治疗中常会出现头晕、烦躁、失眠、口苦、恶心或呕吐，如兼溺黄、大便结、舌苔黄干、脉滑数者，为热伤肺胃，此时饮食调理要求避免烟、酒及刺激性食物，多吃高蛋白质、含丰富维生素和清润滋补的食物，饮食物要多样化而又易于消化，宜多饮汤水。中医饮食调理原则为清肺滋阴，养胃健脾。

在放射末期或放射治疗后，出现眩晕疲乏、嗜睡口淡、食欲减退或大便溏薄、白细胞减少或有明显贫血症状，舌质晦暗、脉细或细数无力者，为脾肾亏虚，某些病人经放射治疗后可有迟发反应，在放射治疗结束后数周乃至数年出现放射副反应，其病机也责之脾肾虚损。中医饮食调理原则皆为健脾益气，补肾添髓。对于放射治疗后骨髓抑制而出现贫血或白细胞明显下降者，在饮食调理中适量加入人参、黄芪、女贞子、枸杞、龙眼、大枣等，有补血和升提白细胞的作用。

4. 与化学治疗结合增效减毒的膳食

近年来大量的化学治疗新药投入临床，加上用药方法的研究和改进，特别是中西药物的配合应用，使化疗疗效有了较大地提升，但对实体肿瘤疗效仍不容乐观，尤其是远期效果。化学药物对肿瘤细胞有一定的杀伤和抑制作用，同时对机体的正常组织也可产生不同程度的损害，而且某些化学药物的治疗剂量和中毒剂量十分接近，可对人体产生毒性作用，尤其对生长旺盛的骨髓细胞、胃肠道黏膜上皮细胞、生殖细胞、毛发等损害较为明显。

化学药物对造血系统的不良反应，多表现为白细胞减少，也可出现红细胞及血红蛋白减少、血小板下降、出血倾向，甚至出现较为严重的贫血，如兼烦热口干、易怒失眠，舌光无苔、舌质红，脉细数者，中医辨证为邪入营血、阴虚内热，治宜凉血养阴，如山茱萸丹皮炖甲鱼；如兼见气短自汗、怠倦便溏、舌苔白薄、舌质胖嫩有齿印，脉细缓无力者，为肾阳亏虚、脾气不足，治宜温肾益气，如乌鸡玉兰汤。某些中药对造血系统抑制有较好的治疗作用，提升白细胞的有黄芪、黄精、女贞子、枸杞、菟丝子等；提升红细胞的有党参、当归、大枣、龙眼肉、阿胶、枸杞、人参等；提升血小板的有女贞子、山萸肉、大枣、龟胶、黑大豆等，皆可在食物调养中适当选入。

化学药物对消化系统的不良反应表现为食欲不振、恶心呕吐、胸闷脘痛、大便滞下等，甚至出现口腔溃烂、低热或黄疸。如纳呆呕恶兼口干不欲饮，舌苔厚腻、舌质胖，脉濡滑者，中医辨证为脾虚蕴湿、痰浊内阻，治宜健脾祛湿，如土茯苓薏米粥；如兼见口干苦喜饮、口腔溃烂、咽痛或便血，舌中剥苔、舌质红，脉濡数者，为邪热伤津，肾阴受灼，治宜养阴清胃，如桂花炖鸭。

第二节 食管癌的食疗

一、食管癌的概述

1. 中医关于食管癌的论述

中医文献中，远在 2000 年前就有关于类似食管癌症状的描述。如早在《黄帝内经·素问》阴阳别论中即有"三阳结谓之膈"，《黄帝内经·素问·至真要大论》"饮食不下，膈噎不通，食则呕。"《通评虚实论》中说"隔塞闭绝，上下不通，则暴忧之病也。"《黄帝内经·灵枢》邪气脏腑病形篇中载："膈中，食饮入而还出，后沃沫"等，这些论述与食管癌临床表现相似，即吞咽困难，食入作吐，并有泡沫、黏液沫随吐而出。汉张仲景就有治疗反胃呕吐的大半夏汤；治疗呕吐、吞不得下的小半夏汤及治疗吐后痞硬、噫气不除的旋复代赭汤。巢元方将噎分为气、忧、食、劳、思五噎，具体描述了食噎和气噎的症状；在《千金要方·噎塞论》中称："食噎者，食无多少，惟胸中苦塞常痛，不得喘息。"宋代《济生方》论噎膈说："其为病也，令人胸膈痞闷，呕逆噎塞，妨碍饮食，胸痛彻背，或肋下支满，或心忡喜忘，咽噎气不舒。"隋《诸病源候论·卷二十》"饮食入，则噎塞不通，故谓之食膈，胸内痛不得喘息，食不下，是故噎也。"明《医贯》"噎膈者饥欲得食，但噎塞迎逆于咽喉胸膈之间，在胃之上，未曾入胃，即带痰涎而出。"清《医碥·卷三》"吐而不已至每食必吐名反胃，胃脘枯槁，梗涩难入，饮食噎塞迎逆于咽喉之间名噎，噎塞迎逆于胸膈之间名膈。"清《医宗金鉴》"贲门干枯，则纳入水谷之道路狭隘，故食不能下，为噎塞也；幽门干枯，则放出腐化之道路狭隘，故食入反出，为翻胃也。"历代医家对噎膈描述很细致具体，认识也逐渐深入。噎、膈分别与食管癌、贲门癌症状极其相似。

关于食管癌的治法方药在中医文献中也多有记载。宋《太平惠民和剂局方》中用丁香透膈汤治疗本病，能改善症状有一定效果。沈括《苏沈良方》中，已用软坚散结药，制"昆布丸"用于临床。金元时，刘完素、张子和主张用攻法承气寒凉之品；李杲则用养血行淤之方，丹溪重于滋阴降火。明代张景岳则偏于培补脾、肾。明代《奇效良方》中记载的治疗本病的药物如急性子、透骨草、威灵仙、牡蛎等，迄今仍在应用。

2. 食管癌的中医病机

我国古代医家及现代医学的观察研究证明，食管癌的发生与一些发病因素有关。

（1）饮食不洁，生活不节　中医文献中论及噎膈成因时，提出与饮食的不良习惯有关。如朱丹溪说："夫气之为病或饮食不谨，内伤七情或食味过厚，偏助阳气，积成膈热。"李樾说此症的病因是"饮食、淫欲或因杂病误服辛香燥药。"一些医家还指出好热饮人,特别是喜欢喝热酒的人,由于慢性损伤使食管增生癌变,清喻昌《医门法律》说:"过饮滚酒,多成膈证,人皆知之。"宋代《济生方》著者严用和指出:"饮酒有节度,七情不伤,阴阳平衡,气顺痰下,噎膈之疾无由作。"说明饮食不节,饮食中营养缺乏是诱因之一。

(2) 气滞血瘀,痰湿凝结　明徐灵胎说:"噎膈之证必有淤血,顽痰逆气,阻膈胃气。"清代杨素园指出:"食管中系有形之物阻扼其间,而非无故狭隘也明矣!"明确指出食管内长了有形之物。古代文献中有人将膈症分为气膈、血膈、痰膈、火膈、食膈五种,说明与气、血、痰、火及饮食有关。如《明医指掌》称:"膈病多起于忧郁,忧郁则气结于胸臆而生痰,久则痰结成块,胶于上焦,道路窄狭,不能宽畅,饮则可入,食则难入,而病已成矣。"说明此病与痰结形成肿物有关。

(3) 七情郁结,脾胃受伤　中医理论认为,七情不遂,皆可影响气机失调,形成气结。《黄帝内经》提到:"隔塞闭绝,上下不通则暴忧之病也。"《诸病源候论》说:"忧恚则气结;气结则不宣流,使噎,噎者,塞不通也。"明朝李中梓提出,"忧思悲恚则脾胃受伤,津液渐耗,郁气生痰,痰塞不通,气则上而不下,妨碍道路,饮食难进,噎塞所由成也。"《医统》说:"膈噎始因酒色过度,继以七情所伤。"这些都说明中医认为噎膈的病因之一与七情郁结、脾胃损伤有密切关系。

(4) 气血亏损、年高肾衰或先天禀赋　人的气血亏损和年老肾虚作为内因与食管癌发病有关。元朱丹溪说:"噎膈反胃各虽不同,病出一体,多由气血虚弱而成。"明代赵献可《医贯》论膈证时亦指出:"惟年高者有之,少无噎膈反胃者。"明张景岳说:"噎膈一证,必以忧愁、思虑、积劳、积郁或酒色过度,伤阴而成,……伤阴则阴血枯涸,气不行则噎膈病于上,精血枯涸则燥结病于下。"人体的脏腑虚弱,气血亏损,及年高之人精枯阴伤,都能诱发噎膈证。先天禀赋不足对食管癌的遗传易感性也要加以考虑。

二、食管癌的食疗原则

食管癌的发病与脾肾亏虚、痰瘀交结有关,中医饮食调理原则为滋阴养血、健脾益气、除痰祛瘀。食管癌患者的饮食应注意进食质软、清淡、不油腻的富含高蛋白和高维生素的软食或半流食,进食宜慢,少食多餐。

食物以细、软、温热适中、少量多餐为原则。根据梗阻程度,选用合适的流质、半流质或软食。有呃逆者可选用荔枝、刀豆、柿子、核桃、甘蔗、苹果、萝卜等。有吞咽困难者,可选用鲤鱼、鲫鱼、乌鸡、河蚌、牛乳、梨、荔枝、甘蔗、核桃、韭菜、藕等。改善胸闷胸痛的食物有泥鳅、青花鱼、蜂蜜、韭菜、马兰头、荠菜、杏仁、金橘饼、无花果、猕猴桃等。喉中有泡沫黏液者可选用薏苡仁、橘子、苹果、橄榄、荸荠、菱角、琼脂、海蜇、蛤蜊、鲨鱼、甲鱼等。大便秘结者可选用蜂蜜、荸荠、莼菜、海蜇、泥螺、海参、无花果、桑葚、桃、兔肉、芝麻、核桃、松子等（表 11-3～表 11-5）。

表 11-3　食道癌患者普饮餐谱

餐次	内容
早餐	牛乳、糖包、煮五香鸡蛋、炒胡萝卜及土豆丝
午餐	大米饭、鸡肉丝炒青菜、大葱炒豆腐、黄瓜片西红柿枸杞鸡蛋汤
晚餐	大米小米玉米仁混合粥、三鲜馅饺子、虾仁炒洋白菜
加餐	上下午两餐之间加水果及点心；晚上入睡前半小时饮酸牛乳

表 11-4　食道癌患者软食餐谱

餐次	内容
早餐	豆腐脑或豆浆、面包或蛋糕、摊葱花鸡蛋饼
午餐	西红柿鸡蛋热汤面条（米粉）、清蒸水鱼、发面多层饼、红烧茄子
晚餐	晚餐：红枣莲子小米粥、豌豆馅包、肉末炒西芦丝
加餐	上下午两餐之间加水果和饼干，或巧克力糖及鲜水果汁；晚上入睡前加酸乳

表 11-5　食道癌患者半流饮食餐谱

餐次	内容
早餐	肉末碎菜二米粥、蒸鸡蛋糕
午餐	青菜肉末鸡蛋细挂面汤加土豆泥
晚餐	八宝粥、虾仁末黄瓜丝面片汤
加餐	上下午两餐间加牛乳或藕粉；晚上睡前半小时加酸乳

三、食管癌的食疗调养

1. 芦根人参柿霜粥

【配方】鲜芦根 150~200g，人参 10g，粳米 80g，柿霜 15g。

【制法用法】鲜芦根切细段，加清水煎半小时，人参切细片或剁末，纱布包煎，粳米洗净，用芦根、人参煮粳米成胶黏稀粥，去渣，溶入柿霜，服食。

【功效】养胃止呕，健脾祛痰。

【适应】食管癌胃阴不足，阴虚内热，症见进食梗阻，痰涎壅盛，形体消瘦，五心烦热者。

芦根为禾本科植物芦苇的根茎，性味甘、寒，入肺、胃经，有养胃生津、止呕下食的功效。芦根含薏苡素、多糖类及多量维生素。《药性论》谓："能解大热，开胃，治噎哕不止。"《玉楸药解》谓："清降肺胃，消荡郁烦，生津止渴，除烦下食，治噎哕懊侬。"《金匮玉函方》用一味芦根煮水频服，治"五噎，心膈气滞，烦闷吐逆，不下食。"人参为五加科植物人参的根，性温，味甘微苦，入脾、肺经，有大补元气、健脾安胃的功效。人参主要含人参皂苷 1-IV（panaxosides）、人参倍半萜烯、人参醇等。《药性论》谓："主五脏气不足，五劳七伤，虚损瘦弱，吐逆不下食，止霍乱烦闷呕哕。"《日华子本草》谓："调中治气，消食开胃。"《本草汇言》谓："人参，补气生血，助精养神之药也……脾胃衰薄，饭食减常，或吐或呕，用之可以和中而健胃。"柿霜为柿科植物柿的果实制成柿饼时外表所生的白色粉霜，性味甘凉，入心、肺经，含甘露醇、葡萄糖、果糖、蔗糖等，有清热化痰、养阴开胃的功效。《滇南本草》谓："治气膈不通。"《本草经疏》谓："其功长于清肃上焦火邪，兼能益脾开胃。"粳米即稻米，为禾本科植物稻（粳稻）的种仁，性味甘平，有健脾和胃、补虚益气的功效。《千金·食治》谓："平胃气、长肌肉。"

2. 鹌鹑蛋牛乳饮

【配方】鹌鹑蛋 3~4 个，鲜牛乳 300mL，冰糖 20g。

【制法用法】先将冰糖打碎溶入鲜牛乳中，煮沸牛乳后冲入鹌鹑蛋，稍为搅拌成蛋花，勿久煮。

【功效】健脾益气，补虚生血。

【适应】食管癌脾胃虚弱，症见吞咽梗阻，形体羸瘦面色㿠白，神疲乏力者。

鹌鹑蛋为雉科动物鹌鹑的卵，性味甘平，有补气益血、强壮疗虚的功效。鹌鹑蛋营养价值较高，含有人体所需的多种氨基酸、维生素和微量元素量皆比鸡蛋高，有"动物人参"之称，日本《养鹑》一书认为鹌鹑蛋是补虚佳品。牛乳为牛科动物牛或水牛的乳汁，性味甘平，入肺、胃经，有补益虚损、滋润肺胃的功效，并含多种必需氨基酸、乳脂、维生素等营养物质。《本草纲目》谓："治反胃热哕，补益劳损。"朱丹溪谓："反胃噎膈，大便燥结，宜牛、羊乳时时咽之，并服四物汤为上策。"《随息居饮食谱》谓："善治血枯便燥，反胃噎膈。"冰糖性味甘平，有补脾养胃的功效。

3. 五仁补血泥

【配方】芝麻、松子仁、胡桃仁、桃仁、甜杏仁各 50g，粳米 100g，白糖适量。

【制法用法】桃仁用水浸泡去皮尖，五仁加粳米在搅拌机内搅碎，调白糖混匀，清水适量加热调成糊状，服量随意。

【功效】补虚养血，润肠通便。

【适应】晚期食管癌气血两虚，症见吞咽不畅，大便秘结，形体羸瘦，头晕耳鸣，倦怠乏力者。

芝麻为胡麻科草本植物芝麻的种子，性味甘平，入肝、肾、肺、脾经，有补肝肾、润五脏的功效。黑白芝麻均可药用。《本草备要》谓："补肺气，益肝肾，润五脏，填精髓，坚筋骨，明耳目，耐饥渴，乌髭发。"《名医别录》谓："补益精液，润肝脏，养血舒筋。"松子仁为松科植物红松的种子，性味甘，微温，入肝、肺、大肠经，有养血、润燥、滑肠的功效。《日华子本草》谓："虚羸少气，补不足，润皮肤，肥五脏。"《本草通玄》谓："益肺止咳，补气养血，润肠止渴，温中搜风……阴虚多燥者珍为神丹。"《药性切用》谓："醒脾开胃，解郁润肠。"胡桃仁为胡桃科植物胡桃的种仁，性味甘温，入肾、肺、肝经，有补肾养血、润肺纳气、润肠通便的功效。《本草纲目》谓："补气养血，润燥化痰，益命门，利三焦，温肺润肠。"《食物本草》谓："食之，令人能食，通润血脉，骨肉细腻。补气养血，化痰润燥。"《医林纂要》谓："补肾，润命门，固精。"《本草从新》谓："治痿，强阴。"桃仁味苦甘，性平，入心、肝、大肠经，有活血祛瘀、润肠通便的作用。《神农本草经》谓："主瘀血，血闭，癥瘕。"《名医别录》谓："破癥痕，通脉，止痛。"甜杏仁下篇常见癌瘤的中医食物疗法为蔷薇科植物杏或山杏的部分种仁，性味甘平，入肺、大肠经，有润肺消食、化痰导滞的功效。因杏仁含脂肪油比较丰富（约50%以上），故润燥之功较好。《滇南本草》谓："消痰润肺，润肠胃，消面粉积，下气。"白糖味甘，性微温，入脾、肺经，有补中、润肺、生津的功效。《食物本草备要》谓："润心肺燥热，止嗽消痰……助脾气，暖肝气。"但"多食助热损齿"，故不要吃得太甜。粳米甘平补中养胃，黏合五仁如泥状。

【注意】妇女产后血虚便秘，可去桃仁。

第三节 胃癌的食疗

一、胃癌概述

1. 中医有关胃癌的论述

在我国中医古籍中，虽无"胃癌"之名称，但有关胃癌诸症状的描述尚有不少。如《黄帝内经·灵枢·邪气藏府病形》中说："胃病者，腹䐜胀，胃脘当心而痛，上肢两胁，膈咽不通，食饮不下。"汉代名医张仲景在《金匮要略》中描述："朝食暮吐，暮食朝吐，宿谷不化，名曰胃反。""脉紧而涩，其病难治。"指出胃反的主要症状是"朝食暮吐"，这与胃癌晚期幽门梗阻情况相似。元代朱丹溪对"噎膈反胃"作了详细的叙述："其槁在上，近咽之下，水饮可引，食物难入，名之曰噎；其槁在下，与胃为近，食虽可人，良久复出，名之曰膈。"至明代张景岳更进一步指出："少年少见此症，而惟中衰耗伤者多有之。"并提出病机为"食入反出者阳虚不能化，……食不得下者以气结不能行"，故治疗主张温阳及疏气。至清代吴谦等著《医宗金鉴》杂病心法要诀中说："三阳热结，谓胃、小肠、大肠三府热结不散，灼伤津液也。胃之上口为贲门，小肠之上口为幽门，大肠之下口为魄门。三府津液既伤，三门自然干枯，而水谷出入之道不得流通矣，贲门干枯，则纳入水谷之道路狭隘，故食不能下，为噎塞也。幽门干枯，则放出腐化之道路狭隘，故食入反出为翻胃也。二证留连日久，则大肠传导之路狭隘，故魄门自应燥涩难行也。胸痛如刺，胃脘伤也；便如羊粪，津液枯也；吐沫呕血，血液不行，皆死证也。"这非常具体地谈到贲门梗阻、幽门梗阻产生的症状和晚期的症候及不良预后。

有人研究分析中医古籍中有关"心之积""伏梁"的记叙，认为可能很像胃癌，因记载了上腹部包块（脐上至心下），咽干心烦，甚则吐血，消瘦纳差等证候与胃癌有类似之处。从《黄帝内经·灵枢》开始，历代一些医书、方书中都有一些治疗噎膈反胃的方药，可供参考，但限于历史条件，当时诊为反胃、膈中等病的都是晚期病例，故治疗效果差，而现代研究已证实，如果早期发现，胃癌是可以根治的。

治法和方药方面，武威出土的《武威汉代医简》还专门载有"治伏梁方"，本方主治脘腹痞满肿块等症，也可能是治疗胃部肿瘤最古老的方剂之一。《金匮要略·呕吐哕下利病脉证治》的治疗胃反呕吐的大半夏汤，《伤寒论》治疗心下痞硬，噫气不除的旋覆代赭汤，《医部全录》记载的华佗胃反为病方（雄黄、珍珠、丹砂、芒硝），《本草纲目》治疗噎膈反胃方（硇砂、槟榔）等治疗方药，对现今的临床与实验研究仍有参考价值。

2. 胃癌的中医病因病机

胃癌与中医文献中"反胃""胃反""膈证"等疾病相似。胃癌的病因较为复杂，迄今为止，胃癌病因尚未完全明了。但根据患者的起病经过及临床表现，可知本病的发生与正气虚损和邪毒入侵有比较密切的关系。

（1）饮食不节 如烟酒过度或恣食辛香燥热、熏制、腌制、油煎之晶，或霉变、不洁之食物等，使脾失健运，不能运化水谷精微，气滞津停，酿湿生痰；或过食生冷，伤败脾胃之阳气，不能温化水饮，则水湿内生。如《局方发挥》说："积而久也，血液俱耗，胃脘干槁……其槁在下，与胃为近，食虽可入，难尽入胃，良久复出……日反胃。"《景岳全书·反胃》篇也说："以酷饮无度，伤于酒湿；或以纵食生冷，败其真阳……总之无非内伤之甚，致损胃气而然。"

（2）情志失调 如忧思伤脾，脾失健运，则聚湿生痰；或郁怒伤肝，肝气郁结，克伐脾土，脾伤则气结，水湿失运。如《黄帝内经·素问·通评虚实论》说："隔塞闭绝，上下不通，则暴忧之病也。"肝气郁滞，常可横逆犯胃侮脾，以致肝胃不和；气郁过久，则可化火伤阴，损及脉络，而见胃病、吐血、便黑等症。

（3）正气内虚 如有胃痛、痞满等病证者，久治未愈，正气亏虚，痰瘀互结而致本病。诚如《医宗必读·反胃噎膈》所说："大抵气血亏损，复因悲思忧恚，则脾胃受伤，血液渐耗，郁气生痰，痰则塞而不通，气则上而不下，妨碍道路，饮食难进，噎塞所由成也。脾胃损伤，运行失职，不能腐熟五谷，变化精微，朝食暮吐，暮食朝吐，食虽入胃，复反而出，反胃所由成也。"

本病发病一般较缓，患者早期可无任何症状，或以胃脘疼痛、嗳气作胀、胃纳不佳、大便色黑等为首发症状。病位在胃，但与肝、脾、肾等脏关系密切，因三脏之经脉均循行寸：

胃，胃与脾相表里，脾为胃行其津液，若脾失健运则酿湿生痰，阻于胃腑；胃气以降为顺，以通为用，其和降有赖于肝气之条达，肝失条达则胃失和降，气机郁滞，进而可以发展为气滞血瘀，日久形成积块；中焦脾胃有赖肾之元阴、元阳的濡养、温煦，若肾阴不足，失于濡养，胃阴不足，胃失濡润可发为胃癌，或肾阳不足，脾胃失于温煦，虚寒内生，阳气不足无以化气行水，则气滞、痰阻、瘀血变证丛生。初期痰气交阻、痰湿凝滞为患，以标实为主；久病则本虚标实，本虚以胃阴亏虚、脾胃虚寒和气血两虚为主，标实则以痰瘀互结多见。

二、胃癌的食疗原则

胃癌病变在胃，影响受纳与消化，故常有食欲不振、上腹饱胀与疼痛，癌瘤扩展至贲门则有进食梗阻或进行性吞咽困难，在幽门前区的肿瘤常有幽门梗阻，见呕吐宿食腐臭，癌瘤侵犯血管引起胃内出血，可见呕出咖啡样液或排出柏油样大便，病至晚期，形神俱损，骨瘦如柴。胃癌中医饮食调理原则为健脾益气、养胃降逆、除痰祛瘀。

胃癌患者的食疗原则：

（1）以富营养、清淡、细软、易消化的食物为主，可进食少渣半流质或少渣软饭等。忌油腻、难消化、有刺激性的食物。

（2）烹调应以煮、炖、蒸、烩为佳，并尽可能将油撇掉，不采用煎炸、火烤等烹调方法。

（3）多食新鲜蔬菜和水果。

（4）为减轻化疗患者的缺铁性贫血，可选用一些含铁丰富的食物。

（5）食欲差的患者应少量多餐。

（6）为提高机体的细胞免疫功能，可食用含多糖类丰富的食物，如香菇、猴头菇、蘑菇、木耳等，以抑制癌细胞的生长。

（7）宜多吃新鲜葡萄，以减轻化疗药物带来的副作用。

（8）根据中医食疗的辨证施食原则，选用几种适宜的食疗、药膳方配合治疗（表11-6~表11-8）。

表11-6 胃癌患者流食参考食谱

餐次	内容
早餐	米汤（大米25g），加餐藕粉30g
午餐	鸡蛋羹（鸡蛋50g），加餐豆腐脑50g
晚餐	蛋花汤（鸡蛋50g），加餐肠内营养制剂（粉剂40g），加餐豆浆200mL

续表

餐次	内容
能量 2.63MJ（630kcal）	蛋白质 28g（18%）
脂肪 20g（28%）	碳水化合物 85g（54%）

表 11-7　胃癌患者少渣半流食参考食谱

餐次	内容
早餐	早餐馄饨（面粉 50g，猪瘦肉 20g，白菜 100g），加餐豆浆 250mL
午餐	午餐花卷 75g，鸡蛋 50g，加餐牛乳 250mL
晚餐	晚餐青菜肉丝面（面条 50g，猪瘦肉 20g，青菜 50g），加餐肠内营养制剂（粉剂 40g）
能量 5.00MJ（1200kcal）	蛋白质 56g（19%）
脂肪 28g（21%）	碳水化合物 180g（60%）

表 11-8　胃癌患者普食参考食谱

餐次	内容
早餐	早餐白米粥（大米 50g），馒头（标准粉 100g），牛乳 250mL，咸鸭蛋 50g
午餐	午餐软米饭（大米 100g），鲫鱼豆腐汤（鲫鱼 50g，南豆腐 60g），大白菜 100g，调和油 10g，加餐豆浆 250mL
晚餐	晚餐软米饭（大米 100g），番茄蛋汤（鸡蛋 50g，番茄 100g），油菜豆腐皮（油菜 100g，豆腐皮 10g），调和油 10g，加餐牛乳 250mL
能量 7.55MJ（1800kcal）	蛋白质 72g（16%）
脂肪 55g（27%）	碳水化合物 265g（57%）

三、胃癌的食疗调养

1. 良姜胡椒猪肚汤

【配方】高良姜 10g，胡椒 10g，猪肚一个 300~500g。

【制法用法】高良姜切细片，胡椒研碎，猪肚翻洗干净，去脂膜，纳良姜及胡椒入猪肚，扎紧两端，清水适量，炖至猪肚熟烂，和盐调味，饮汤或吃猪肚。

【功效】健脾补中，暖胃降逆。

【适应】胃癌见上腹隐痛、呕吐宿食者。

高良姜为姜科植物高良姜的根茎，性味辛温，入脾、胃经，有温胃祛风、行气止呕的功效。《日华子本草》谓："治……反胃呕食，消宿食。"《本草纲目》谓："健脾胃，宽噎膈。"陶弘景谓："高良姜，出高良郡，人腹痛不止，但嚼食亦效。"胡椒为胡椒科植物胡椒的果实，性味辛热，人胃、肠经，有温中下气、止呕消痰的功效。《唐本草》谓："主下气，温中，去痰，除脏腑中风冷。"《本草纲目》谓："暖肠胃，除寒湿反胃。"《本草衍义》谓："胡椒，去胃中寒痰吐水，食已即吐，甚验。"《圣惠方》用胡椒配姜"治反胃呕哕吐食，数日不定。"猪肚即猪胃，为猪科动物猪的胃，性味甘温，有补益虚损、健脾养胃的功效。《本草经疏》谓："猪肚，为补脾胃之要品，脾胃得补，148 则中气益，利自止矣。"《日华子本草》谓："主补虚损，主骨蒸劳热，血脉不行，皆取其补益脾胃，则精血自生，虚劳自愈，根本固而后五脏皆安也。"

2. 石莲淮山粥

【配方】石莲子 50g，淮山 50g，粟米 80g，冰糖 30g。

【制法用法】石莲子去心，磨粉，淮山刨细丝，先用清水适量煮粟米、淮山半小时，再慢慢放石莲粉、冰糖，时时搅拌，煮成胶状稀粥服食。

【功效】健脾益气，和中养胃。

【适应】晚期胃癌不思饮食者。

石莲子为睡莲科植物莲的果实或种子经霜老熟而带有灰黑色果壳，种仁坚硬、粉质多的"老"莲子，性味甘、涩、平，入心、脾、肾经，含多量的淀粉、棉子糖、蛋白质等，有补脾益气、开胃止呕的功效。《本经逢原》谓："石莲子，本莲实老于莲房，随入瘀泥，经久坚黑如石，故以得名……补助脾阴而涤热毒。"《神农本草经》谓："主补中，养神，益气力。"《本草备要》谓："清心除烦，开胃进食。"《王氏医案》谓："莲子……若反胃由于胃虚，而气冲不纳者，但日以干莲子细嚼而咽之，胜矣他药多矣。"淮山即山药、淮山药，为薯蓣科植物山药的块茎，性味甘平，入肺、脾、肾经，有补虚、健脾、止泻的功效。《神农本草经》谓："补中益气力，长肌肉，久服耳目聪明。"《本草纲目》谓："益肾气，健脾胃，止泄痢，化痰涎，润皮毛。"《本草求真》谓："山药，本属食物，古人用入汤剂，谓其补脾益气除热。"粟米即小米，为禾本科植物粟的种仁，性味甘平，入脾、肾经，有健脾和中、开胃进食的功效。《本草纲目》谓："煮粥食益丹田，补虚损，益肠胃。"《食鉴本草》谓："粟米粥，治脾胃虚弱，呕吐不能食，渐加羸瘦。"冰糖性味甘平，有补中养胃的功效。

3. 牛乳竹沥饮

【配方】鲜牛乳 200mL，淡竹沥 50mL，蜜糖 20g，姜 10g。

【制法用法】姜榨汁。先煮沸牛乳，再调入竹沥、蜜糖及姜汁，频频咽服。

【功效】养胃通便，化痰止呕。

【适应】胃癌纳呆食少、呕哕痰涎或宿食者。

牛乳性味甘平，入肺、胃经，有补益虚损、养胃润肠的功效。《本草纲目》谓："治反胃热哕，补益劳损，润大肠。"《滇南本草》谓："补虚弱，止渴，养心血，治反胃而利大肠。"《丹溪心法》以牛乳、姜汁、韭菜汁"治翻胃"。竹沥为禾本科植物青皮竹或薄竹、鲜淡竹被火烧烤后流出的汁液，性味甘、苦、寒，入心、胃经，有清热除痰、止呕降逆的功效。《本草备要》谓："消风降火，润燥行痰，养血益阴。"《丹溪心法》谓："竹沥滑痰，非姜汁不能行经络。"蜜糖性味甘平，入肺、脾经，有和营补中、解毒润燥的功效。《神农本草经》谓："益气补中，止痛解毒，和百药。"《本草纲目》谓："和营卫，润脏腑，通三焦，调脾胃。"姜性味辛温，入胃、脾、肺经，有暖胃散寒、止呕开痰的功效。《本草从新》谓："姜汁，开痰，治噎膈反胃……和中止呕。"《本草经集注》谓："归五脏，祛痰下气，止呕吐。"

4. 鲍参猪蹄汤

【配方】鲜鲍鱼肉100g，海参60g，桂圆肉20g，猪蹄一只，砂仁6g。

【制法用法】鲍鱼浸泡洗净切片。砂仁捣碎，用干净纱布包。海参用清水反复浸泡1d，洗净肠腔，切块。猪蹄洗净斩切成小块。然后将各物一起放入锅中，加适量清水，文火炖至熟烂，去砂仁，和盐调味，温热服食。

【功效】补血祛瘀，消食开胃。

【适应】晚期胃癌形体虚衰，不思饮食者。

鲍鱼即鳆鱼，又称九孔螺，性味甘平，肉鲜美，富含蛋白质及多种氨基酸，有滋阴清热、益精明目的功效。《随息居饮食谱》谓："补肝肾，益精明目，开胃营养。"海参是生于浅海的棘皮动物，性味甘咸、温，入心、肾经，富含蛋白质，有补肾益精、养血润燥的功效。《食物宜忌》谓："补肾经，益精髓，消痰涎。"《本草求原》谓："润五脏。"《随息居饮食谱》谓："滋阴，补血……宜同火腿或猪羊肉艰食之。"桂圆肉又称龙眼，性味甘、温，入心、脾经，有益脾长智、养心补血、安神的功效，是滋养性的食品，古人认为它于补气之中更存有补血之力。《滇南本草》谓："养血安神，长智敛汗，开胃益脾。"《得配本草》谓："益脾胃，葆心血，润五脏。"《本草纲目》谓："益肾气，健脾胃，止泄痢，化痰涎，润皮毛。"猪蹄为猪科动物猪的蹄子，甘温补虚。《本草纲目》谓："煮清汁……清热毒，消毒气，去恶肉。"《随息居饮食谱》谓："甘咸平，填肾精面健腰脚，滋胃液以滑皮肤，长肌肉可愈漏疡，助血脉能充乳汁。"砂仁性味辛、温，入脾、胃经，有行气调中、和胃醒脾的功效。《本草纲目》谓："补肺醒脾，养胃益肾，理元气，通滞气。"《本草汇言》谓："温中和气之药也。"

5. 田鸡炆菱角

【配方】田鸡250g，菱角（去壳）200g，冬菇20g。

【制法用法】水发冬菇，去蒂，洗净；新鲜菱角洗刷干净，从中间切开，去壳，剥出菱角肉备用；田鸡剥皮，去内脏、头、爪，洗净，斩块，将田鸡、冬菇和油在锅中爆炒至微香，放入菱角，清水适量，小火炆至熟烂，和盐调味食用。

【功效】健脾益气，补中安胃。

【适应】晚期胃癌体虚纳呆或脾虚泄泻者。

田鸡即青蛙，为两栖纲蛙科动物，性甘凉，蛙肉细嫩鲜美，富含蛋白质、维生素、微量元素等多种营养素，具有补虚损、解热毒、利水气、消浮肿等功效。《本草纲目》谓："馔食，调疳瘦，补虚损，尤宜产妇。""利水消肿。"《随息居伙食谱》调："清热，行水，杀虫，解毒，愈疮。"菱角又称水栗、菱实，是一年生草本水生植物菱的果实，菱角皮脆肉美，含有丰富的蛋白质、不饱和脂肪酸及多种维生素和微量元素。味甘平、无毒，入胃、肠经，具有补脾胃、利尿通乳、止消渴、解酒毒的功效。《本草纲目》谓菱角能补脾胃，强股膝，健力益气，菱粉粥有益胃肠，可解内热，老年人常食有益。《名医别录》谓："性味甘、平，无毒。主安中，补五脏。"《滇南本草图说》："醒脾，解酒，缓中。"据药理实验证实：菱角具有一定的抗癌作用，可用之防治胃癌、食道癌、子宫癌等。香菇即香蕈，性味甘平，入胃经，有益气健脾的功效。药理研究证实香菇中所含的香菇多糖能增强机体的细胞免疫和体液免疫功能。《本经逢原》谓："大益胃气。"《本草求真》谓："香草，食中佳品……大能益胃助食。"

第四节 大肠癌的食疗

一、大肠癌概述

1. 中医有关大肠癌的论述

在中医古籍文献中，并无大肠癌之名称，但类似大肠癌临床表现的记叙，见之于"肠覃""积聚""脏毒""锁肛痔""肠风""下痢""肠澼"等疾病中。《黄帝内经·灵枢·水胀》记述："肠覃何如？岐伯曰：寒气客于肠外，与卫气相搏，气不得荣，固有所系，癖而内著，恶气乃起，瘜肉乃生。"说明此病与外邪入侵、营卫失调有关；晋代王叔和《脉经》谓："肠澼下脓血，脉沉细流连者生，洪大数身热者死。"巢元方《诸病源候论》中说："癥者，寒温失节，致脏腑之气虚弱而饮食不消，聚结在内，染渐生长块段，盘牢不移动者是癥也。"指出腹中包块，盘牢不移及其病因病机。《外科正宗》脏毒论指出："蕴毒结于脏腑，火热流注肛门，结而为肿，其患痛连小腹，肛门坠重，二便乖违，或泻或秘，肛门内蚀，串烂经络，污水流通大孔，无奈饮食不餐，作渴之甚，凡犯此未得见其有生。"《外科大成》称："锁肛痔，肛门内外犹如竹节锁紧，形如海蛇，里急后重，粪便细而带扁，时流臭水。"这里中医所说"痔"不独是指现今的内痔、外痔、混合痔，还包括其他一些直肠、肛门病变，故《医学纲目》指出："凡有小肉突出者，皆曰痔，不独于肛门边生也。"至清朝《医宗金鉴》中论述脏毒时说："此病有内外阴阳之别。发于外者，由醇酒厚味，勤劳辛苦，蕴注于肛门，两旁肿突，形如桃李，大便秘结，小水短赤，甚者肛门重坠紧闭，下气不通，刺痛如锥；……发于内者，兼阴虚湿热下注肛门，内结蕴肿，刺痛如锥……大便虚闭……"

从以上叙述中，可以看到中医关于积聚、脏毒、锁肛痔等症状的描写与大肠癌中直肠癌、肛管癌很相似，同时指出其不良预后和难治。其他，如有关"肠风""下痢"等证的一些症状，与大肠癌的某些症状也相似。

2. 大肠癌的中医病因病机

《黄帝内经·素问·灵兰秘典论》曰："大肠者，传道之官，变化出焉。"宋窦汉卿《疮疡经验全书》中提到："多由饮食不节，醉饱无时，恣食肥腻……任情醉饱，耽色，不避严寒酷暑，或久坐湿地，恣已耽着，久不大便，遂致阴阳不和，关格壅塞，风热下冲乃生五痔。"由上节所述脏毒、肠覃或癥积的病因来说，外因有寒气客于肠外；或久坐湿地，或寒温失节，饮食不节，恣食肥腻，醇酒厚味，或误食不洁之品等，损伤脾胃，运化失司，湿热内生，热毒蕴结，流注大肠，蕴毒结于脏腑，火热注于肛门，结而为肿。在内因中，忧思抑郁，脾胃失和而致湿热邪毒蕴结，乘虚下注，浸淫肠道，气滞血瘀，湿毒淤滞凝结而成肿瘤。

大肠癌的发生以正气虚损为内因，邪毒入侵为外因，两者相互影响，正气虚损，易招致邪毒入侵，更伤正气，且正气既虚，无力抗邪，致邪气留恋，气、瘀、毒留滞大肠，壅蓄不散，大肠传导失司，日久则积生于内，发为大肠癌。

（1）外感湿热　久居湿地，外感湿邪，导致水湿困脾，脾失健运，则内外之水湿日久不去，可引发本病。

（2）饮食不节　恣食膏粱厚味、酒酪之晶，或过食生冷，或暴饮暴食，均可损伤脾胃，滋生水湿，水湿不去化热而下迫大肠，与肠中之糟粕交阻搏击或日久成毒，损伤肠络而演化为本病。

（3）情志所伤　所愿不遂，肝气郁结，肝木太过克伐脾土，脾失健运，水湿内生，郁而化热，湿热合邪，下迫大肠，也可诱生本病。

（4）正气亏虚　先天不足或年高体虚之人，脾虚肾亏。肾为先天之本，脾为后天之本，两者与水湿的运化也有密切的关系，两脏虚损，导致水湿内停，日久也可导致本病的发生。

本病病位在肠，但与脾、胃、肝、肾的关系尤为密切。其病性早期以湿热、瘀毒邪实为主，晚期则多为正虚邪实，正虚又以脾肾（气）阳虚、气血两虚、肝肾阴虚多见。外感湿热或脾胃损伤导致水湿内生，郁久化热，是发病的重要原因，湿热久羁，留连肠道，阻滞气机，热渐成毒，热伤脉络，致使气滞、湿热、毒聚、血瘀，在肠道结积成块是发病的主要病机环节。

二、大肠癌的食疗原则

1. 大肠癌的食疗原则

大肠癌的发病部位以乙状结肠以下（包括直肠和肛管）多发，临床常见腹痛不适，里急后重，大便滞下或便下脓血等症状，其病因多为饮食不节，恣食肥甘、燥热或不洁之物，导致脾不健运，湿热蕴毒下迫大肠，热伤肠络，毒邪成痈而逐渐发生癌瘤。大肠癌中医食疗原则为清肠解毒、补益脾肾。

针对大肠癌患者需调整饮食结构，食疗原则是高热量、高蛋白，保证摄入多种维生素。因此，不能拒绝肉、蛋、乳等高蛋白食物。米面制品易消化，可提供能量。蔬菜、水果可以提供充足的无机盐和维生素。患者应少食多餐、细嚼慢咽。两餐之间可以加餐，如乳、蛋类食物，弥补患者因消耗太大而引起的体重减轻。不易消化的食物应做细、做软，或者烹调成流食、半流食。对于偏食等原因导致营养不良的患者，可以通过平衡膳食，补充复合或单一的维生素及微量元素制剂来纠正营养不良（表11-9、表11-10）。

表11-9 大肠癌术后早期食谱

阶段	类型	膳食举例	膳食禁忌	膳食量	膳食时长
第一阶段	饮水	温水		20mL左右	间隔2h
第二阶段	清流食	糖盐水、稀米汤、稀藕粉、菜水、清淡的肉汤等	避免食用牛乳、豆浆等产气膳食	30~50mL起始，逐渐加量至100~150mL	1~2d左右
第三阶段	流食	米汤、米糊、藕粉、果汁、杏仁霜、菜果汁、蛋花汤、要素型肠内营养素等	避免食用牛乳、豆浆等产气膳食	50mL起始，逐渐加量至100~150mL	2~3d左右
第四阶段	少渣半流食	大米粥、烂面条、疙瘩汤、面片、馄饨、土豆泥、鸡蛋羹、酸乳、豆腐脑、瘦肉泥丸子及瓜果类蔬菜（番茄、冬瓜、南瓜、西葫芦、茄子去皮）、果泥、肠内营养制剂等	少食膳食纤维多的蔬菜、水果，注意避免生萝卜、洋葱、红薯、豆类、牛乳、豆浆等产气膳食	100mL起始，逐渐加量至150~200mL	1~2周左右

续表

阶段	类型	膳食举例	膳食禁忌	膳食量	膳食时长
第五阶段	半流食或软食	发糕、粥、面条、面包、软饭、瘦肉丸子、水煮蛋、少渣蔬菜（菜花、生菜等绿叶菜）、水果等	忌烟、酒、浓茶；避免食用猪油、动物内脏、鳗鱼；少吃肥肉及含胆固醇较高的海鱼等。避免刺激性、粗纤维多及油腻的食物（如辣椒、胡椒、芹菜、蒜苗、竹笋、干豆、肥肉、油条、奶油蛋糕等）	150mL起始，逐渐加量至200~300mL	2~3个月左右

术后3个月患者的饮食基本恢复正常，应坚持平衡膳食的原则，保证蛋白质、能量和维生素的摄入，营养要均衡。每餐都有谷类，每日应保证4份蛋白质（包括1个鸡蛋、1袋牛乳或酸乳、1~2两瘦肉或鱼虾，2~3两豆腐），吃1斤（500g）不同种类的非淀粉类蔬菜和半斤水果。同时，注意适当增加粗杂粮（燕麦、黑米、薏苡仁、小米、玉米、红豆、绿豆、花豆等），多种新鲜蔬果，多种豆类，菌菇类及大蒜、洋葱、酸乳、坚果等对肠癌有一定预防作用的食物。

表 11-10 大肠癌患者术后恢复期参考食谱

餐次	内容
早餐	小米粥（小米 50g），玉米面发糕（玉米面 50g），拌圆白菜（圆白菜 50g） 加餐：苹果 1 个（苹果 200g）
午餐	包子（鸡蛋 50g，白菜 100g，芹菜 100g，面粉 100g），汤（番茄 50g，黄瓜 50g，淀粉 10g） 加餐：冲藕粉 1 小碗（藕粉 30g，白糖 10g），蔬菜饼干 2 片（面粉 20g）
晚餐	大米粥 50g（大米 50g），馒头（面粉 50g），拌豆腐（北豆腐 100g），蒸蒜拌茄泥（茄子 100g） 加餐：甜牛乳（鲜牛乳 250g，白糖 5g），蛋糕 50g

注：全日烹调用油 10g，盐 6g。

2. 大肠癌相关并发症的食疗原则

大肠癌患者术后肠道功能的恢复时间一般需要 1~3d，早期容易发生肠功能紊乱，容易合并腹泻、腹胀、腹痛等症状。

（1）腹泻的食疗原则　腹泻最为常见，一般在术后 3~6 个月内逐渐缓解，无需特殊处理。饮食上可增加蔬菜水果汁及平菇蔬菜汤以补充电解质，苹果泥、山药粥、蛋黄粥等有一定收敛作用的食物可适量增加，同时注意减少豆类、多渣蔬菜的摄入，或使用思密达等止泻剂。

腹泻症状恢复后，给予低脂少渣软食，以尽量减少对肠道的刺激，可食用含细纤维素多的食物（如细粮、山药、马铃薯、苹果等），禁食油腻、生冷、粗纤维及产气多的蔬菜果、粗粮（如糙米、全麦面包、肥肉、蒜薹、芹菜、豆类等）。

但在严重腹泻期应暂时禁食，通过静脉输液以纠正水和电解质紊乱。腹泻症状好转后以流食饮食开始，逐渐过渡至半流食。但应少食高脂、甜食、甜味剂及粗纤维多、刺激性的食品。

（2）肠梗阻的食疗原则　合并肠梗阻的大肠癌患者，食疗策略是尽快恢复酸碱平衡和纠正水电解质紊乱，补充血容量，消除贫血和低蛋白血症，积极预防休克。如果伴有不全性肠梗阻，患者需要调整食物种类，采取低渣饮食以减少肠道负担，并口服无渣肠内营养制剂以增加营养摄入。如果伴有完全性肠梗阻，则主要以静脉途径的肠外营养给予营养支持。

（3）便秘的食疗原则　如果伴有便秘症状，首先需要明确具体病因。对于机械性梗阻导致的便秘，症状重的患者需要禁食或给予少量要素饮食，主要以静脉途径给予营养支持；症状轻的患者宜采用低渣饮食或无膳食纤维的肠内营养制剂，忌粗纤维多的食物。动力性便秘的患者应增加饮水量，在饮食中注意摄入含细膳食纤维丰富的食物（如燕麦、马铃薯、香蕉、嫩叶菜、瓜果菜、水果等），食物加工要细致，避免食物过分粗糙对肿瘤部位的刺激。少食对肠道有刺激作用的辛辣刺激性食物（如辣椒、胡椒、芥末等）。

（4）肠瘘的食疗原则　①宜用食物：对于肠瘘的食疗，开始时可选用均衡型要素营养制剂，以少渣、肠道刺激性小、易吸收者为佳。1~2 周后，可选用易于消化的半流质、软食等。②忌（少）用食物：肠瘘患者应食油腻、高脂、多渣、不易消化的食物及刺激性强的食物。大肠癌伴肠瘘患者的食谱举例（表 11-11）。

表 11-11　大肠癌伴肠瘘患者的食谱举例

膳食类型	膳食内容，能力和营养素构成	
大肠癌肠瘘混合乳（1000mL）	牛乳 750mL，鸡蛋 50g，糖 80g，藕粉 20g，植物油 10mL，米汤、菜汁、果汁共 250mL，盐 3g	
	能量 4.18MJ（1000kcal）	蛋白质 30.2g（12%）
	脂肪 39.8g（36%）	碳水化合物 130.3g（52%）

续表

膳食类型	膳食内容，能力和营养素构成
肠瘘少渣软食 参考食谱	早餐　粥（大米50g），糖包（面粉50g），鸡蛋50g 午餐　包子（面粉150g，猪肉50g，虾仁25g，白菜100g），豆腐汤（豆腐50g） 晚餐　馒头100g，番茄炒鸡蛋（鸡蛋50g，番茄150g） 加餐　牛乳250mL，蛋糕50g 能量 8.59MJ（2053kcal）　　　蛋白质 79.2g（15%） 脂肪 54.2g（24%）　　　碳水化合物 312.0g（61%）

3. 大肠癌患者康复期的食疗原则

饮食方面要做到荤素搭配，适量补充蛋白质、维生素、矿物质等。如果医生没有提出特别要求，原则上不必忌口，饮食种类要丰富，如肉、鱼、蛋、豆类、谷类、新鲜蔬菜和水果。进食原则如下：

（1）少食多餐，多嚼，进食量逐渐增加，以进食后不呕吐，不腹胀，排便通畅为标准。

（2）进食次数以5~6次为宜，除每日三餐外，每餐间加餐一次，进食宜七分饱为宜。

（3）应尽量多饮水及果汁，水必须煮开，水果去皮洗净，一定要保证卫生干净。

（4）忌吸烟、喝酒，忌食生、冷、硬、辣、酸和过热食物。

（5）少吃动物脂肪、红肉、煎炸、熏烤、腌制及加工肉（如猪肉、牛肉、羊肉、火腿、香肠等）。

三、大肠癌的食疗调养

1. 马齿苋粥

【配方】鲜马齿苋80~100g，粳米100g，冰糖少量。

【制法用法】鲜马齿苋洗净切细，粳米洗净，清水适量煮粥温服，也可和入少量冰糖调味。

【适应】肠癌频频下痢脓血、口渴不思饮食者。

【功效】清热解毒，健脾涩肠。

古代食疗专著《饮膳正要》及《食医心鉴》都载有马齿苋粥，组成皆是马齿苋及粳米两味。马齿苋为马齿苋科植物马齿苋的全草，性味酸寒，入大肠、肝、脾经，有清热解毒、凉血止痢的功效。马齿苋全草含大量去甲基肾上腺素、钾盐和多种维生素。《唐本草》谓："饮汁主反胃……破血癖瘤瘕。"《本草纲目》谓："散血消肿，利肠滑胎，解毒通淋。"《食疗本草》谓："主三十六种风，煮粥，止痢及疳痢，治肠痈。"《圣惠方》用"马齿苋煮粥，不着盐醋，空腹淡食"，"治血痢"。粳米即大米，长味甘平，入脾、胃经，有健脾益气、和胃止泻的功效。《名医别录》谓："主益气，止烦、止泄。"《本草纲目》谓："粳米粥，利小便，止烦渴，养肠胃。"《食鉴本草》谓："益五脏，壮气力，止泄痢，惟粳米之功为第一耳。"

2. 赤小豆鲫鱼羹

【配方】赤小豆30g，大鲫鱼一条300~400g，姜15g。

【制法用法】赤小豆洗净。大鲫鱼剖净。姜切片。上三物加清水适量炖至熟烂，油盐调味，饮汤或佐膳。

【适应】肠癌下痢脓血、羸弱肢肿者。

【功效】健脾祛湿，利水排脓。

赤小豆性味甘、酸、平，入心、小肠经，有利水祛湿、止痢排脓的功效。《神农本草经》谓："主下水，排痈肿胀血。"《药性论》谓："消热毒痈肿，散恶血不尽，……健脾胃。"《本草纲目》谓："赤小豆其性下行，通乎小肠，能入阴分，治有形之病，故行津液，利小便，消胀除肿，止吐而治下痢肠澼。"鲫鱼为鲤科动物鲫鱼的肉，性味甘平，入脾、胃、大肠经，有健脾和胃、祛湿止痢的功效。鲫鱼营养丰富，肉厚味美，尤宜虚人调养。《唐本草》谓："作鲙，主久赤白痢。"《日华子本草》谓："温中下气，补不足，鲙，疗肠澼水谷不适。"《本草经疏》谓："鲫鱼入胃，治胃弱不下食，入大肠，治赤白久痢，肠痈。"《本草纲目》谓："合小豆煮汁服，消水肿。"姜性味辛温，入肺、胃、脾经，有和中、开胃、止泻的功效。《食疗本草》谓："止逆，散烦闷，开胃气。"

3. 木耳金针乌鸡饮

【配方】木耳15g，金针菜30g，乌鸡一只约500g。

【制法用法】木耳拣净浸洗。金针菜洗净。乌鸡剖净。清水适量，先炖乌鸡1小时，再放入木耳、金针至各物熟烂，和盐调味，饮汤或佐膳。

【适应】晚期肠癌下痢频数、口干不思食者。

【功效】补中益气，凉血止痢。

木耳为木耳科植物木耳的子实体，性味甘平，入胃、大肠经，有润燥补中、凉血止痢的功效。《食疗本草》谓："利五脏，宣肠胃气壅。"《日用本草》谓："治癖下血，又凉血。"《随息居饮食谱》谓："补气耐饥……凡崩淋血痢，痔患肠风，常食可瘳。"《圣惠方》用一味木耳煮熟配盐醋治血痢日夜不止，腹中疼痛，心神烦闷。金针菜即萱草花、黄花菜，为百合科植物折叶萱草的花，性味甘凉，有清利湿热、消食止痢的功效。《本草正义》谓："萱草花，今为恒食之品，亦禀凉降之性，日华谓治小便赤涩，身体烦热；苏颂谓利胸膈，安五脏；濒湖谓消食利湿热，其旨皆同。"乌鸡即乌骨鸡、竹丝鸡，是家鸡中的一种，性味甘平，入肝肾经，有滋肾养阴、补中益气的功效。《本草纲目》谓："补虚劳羸弱……大人小儿下痢噤口。"《本草再新》谓："平肝祛风，除烦热，益肾养阴。"《随息居饮食谱》谓：

"补虚，暖胃……乌骨鸡滋补功优。"

4. 花生柿枣糊

【配方】花生50g，柿饼3个，红枣60g，粳米粉50g。

【制法用法】花生捣烂成泥，柿饼去蒂、核后切极细粒，红枣去核捣枣泥。上三物加水适量煮成粥状，慢火调入粳米粉成糊状，或调入少量红糖，温热服食。

【功效】清热润肺，养血补脾。

【适应】肠癌下痢频数，口干不思食者。

花生为豆科草本植物花生的种子，性味甘、平，入脾、肺经，有益气养血、润肺和胃、止血生血的功效。《滇南本草图经》谓："补中益气。"《本草备要》谓："补脾润肺。"其止血因素主要含于棕红色的薄皮（花生衣）中。柿子为柿科植物，性味甘涩、平，入肺大肠经，有润肺、涩肠、止血的功效。《本草纲目》谓："柿乃脾、肺血分之果也，其味甘而气平，性涩而能收，故有健脾涩肠，治嗽止血之功。"《本草通玄》谓："止胃热口干，润心肺，消痰。"红枣为鼠李科植物枣的果实，性味甘、温，入脾、胃经，有补脾和胃、益气生津的功效。《神农本草经》谓："安中养脾，助十二经，和胃气。"元代名医李杲曰："温以补脾经不足，甘以缓阴血，和阴阳，调营卫，生津液。"粳米味甘性平，入脾、肺经，有补中益气、健脾养胃的功效。

5. 苦瓜黄豆排骨汤

【配方】鲜苦瓜500g，黄豆60g，猪排骨250g。

【制法用法】鲜苦瓜去瓤切方块。猪排骨斩细，黄豆洗净，三物一起加水适量煮熟烂，和盐调味，饮汤或佐膳。

【功效】清热解毒，滋阴补肾。

【适应】肠癌大便滞下或下痢频数，口干口苦者。

苦瓜又称凉瓜，为葫芦科植物苦瓜的果实，是闽粤居民日常喜爱之蔬菜。性味苦寒，略带甘香，入心、脾、肝经，有清热、解毒、消疮的功效。苦瓜含有苦瓜苷、葡萄糖苷、蛋白质等，新近对苦瓜的研究认为苦瓜具有多方面的医疗性能，美国堪萨斯州立大学的科学家发现，苦瓜内的一种或者是一种以上的蛋白质能够刺激人体巨噬细胞，从而抑制体内肿瘤的生长并将不正常的细胞消灭掉。《滇南本草》谓："治丹火毒气，疗恶疮结毒。"《随息居饮食谱》谓："青则苦寒涤热……熟则色赤，味甘性平，养血滋肝，润脾补肾。"黄豆为豆科植物大豆的种皮黄色的种子，味甘性平，入脾、大肠经，有健脾宽中、润燥消水的功效。《日用本草》谓："宽中下气，利大肠，消水胀，治肿毒。"《本草汇言》谓："煮汁饮，能润脾燥，故消积痢。"猪排骨兼猪肉与猪髓的效能，有滋阴、养血、补肾的功用。《千金·食治》谓："宜肾，补肾气虚竭。"《本草备要》谓："食之润肠胃，生精液，丰肌体，泽皮肤。"《本草图经》谓猪髓"主扑损恶疮"。

古籍选读

《医贯》（明，赵献可）："噎膈者，饥欲得食，但噎塞迎逆于咽喉胸膈之间，在胃口之上，未曾入胃即带痰涎而出。""膈症"，即食管癌，发展至中晚期会出现进行性吞咽困难，先是难咽干的食物，继而半流食，最后水和唾液也无法下咽。由于食管完全梗阻，食物和水无法进入胃部，堆积在食管中使得食管扩张，引起患者胸骨后的疼痛。

《医门法律》（清，喻昌）："滚酒从喉而入，自将上脘烧灼，渐有热腐之象，而生气不存，狭窄有加，只能纳水，不能纳谷者有之，此所以多成膈症。"至清代，医者对食管癌有了进一步的认识，认为其发生和喜进热饮有关，这与现代医学的观点基本一致。现代医学认为，食管癌的发生与喜饮热食、热饮有着直接关系。过热的食物、饮物会损伤食管黏膜，发生炎症反应，但如果损伤反复、持续存在，会导致食管黏膜增生性病变，分为轻度增生、中度增生、重度增生，其中重度增生具有很较高的恶变概率。

小结

本章主要介绍了肿瘤疾病，尤其是食管癌、胃癌和大肠癌与饮食营养的关系，营养不良的发生原因，以及中医食疗的原则和膳食方案。学习重点是掌握根据食管癌、胃癌和大肠癌的中医食疗原则，根据患者病情实施个体化的膳食方案。

思考题

1. 膳食营养因素影响恶性肿瘤发生的主要作用机制有哪些？
2. 膳食中的那些因素和恶性肿瘤的发生有关。
3. 肿瘤患者的代谢特点。
4. 癌症患者的能量需求评估。
5. 癌症患者中医食疗的原则。
6. 食管癌患者的食疗原则。
7. 论述胃癌患者的饮食原则。
8. 胃癌患者少渣半流食营养方案设计举例。
9. 论述中国传统食疗在防治肠癌疾病中的科学基础以及应用展望。
10. 大肠癌术后早期营养方案设计举例。

第十二章
外科疾病的食疗

学习目标

1. 了解外科疾病及手术创伤对机体营养代谢的影响；
2. 熟悉外科疾病的营养支持包括营养支持途径的选择和营养治疗计划的制定；
3. 对常见的外科疾病有基本了解；
4. 掌握常见外科疾病的治疗方法和预防措施；
5. 培养独立思考能力，培养创新意识。

营养与健康的关系非常密切，对手术前后的外科病人尤为重要。营养良好的健康人，在受到较轻外伤或一般的手术后，因为具有较充分的营养储备，治疗能顺利进行，快速康复。若患者营养缺乏，在手术后常因抵抗力下降而引起感染、伤口愈合延迟等并发症。外科病人常因疾病、创伤或大手术，机体处于严重的分解代谢状态，影响一个或多个器官的功能，致使神经、内分泌系统紊乱，机体发生营养障碍，而营养障碍反过来又会加重原发疾病，使患者康复延缓或病死率升高。有不少外科危重病人最终的死因并不是疾病本身，而是死于营养衰竭。因此，要根据不同外科病人的症状和病情针对性的提供所需营养，确保治疗进行，病患快速康复。

机体在经受外伤或手术后，能量和各种营养物质的需求量不同于正常人，由于分解代谢增加，营养物质储存能力下降，严重时，还会动用储备营养。所以当受到严重的创伤时，拥有良好的营养状态是稳定机体内环境、机体各项机能的恢复所必需的。充分的营养储备更侧重于对器官功能的保护，减轻高分解代谢，防治细胞损伤，维持机体免疫功能，调节免疫和炎性反应等。术前病人有足够的营养贮备，可以增加对手术和麻醉的耐受力。手术、创伤感染时，病人常伴随消化道功能障碍，不能正常进食或摄取足够营养。同时也可能因发热、大量体液或渗出液的丢失，对热能及蛋白质等营养需要增加。满足外科病人的营养需求在治疗中具有极为重要的作用：①可以明显改善手术前病人的营养状态，提高手术耐受力和效果；②减少病人术后并发症的发生；③提高外科危重病人的救治成功率。

随着医学的日益发展与边缘科学的不断进展，人们对机体发生疾病、功能障碍的原因也有了进一步的认识，越来越重视研究机体内在原因，其中细胞代谢障碍就是致病的一个重要的内在因素。而外科病人的营养支持，实际上是在手术、创伤、感染后，机体处于高分解代谢状态下对细胞代谢的支持，在很大程度上避免了细胞代谢障碍，有利于疾病康复。当然，营养支持还具有保护与支持器官的结构、功能，参与机体的生理功能调节及组织修复的作用。

第一节 创伤和感染的食疗

一、创伤和感染概述

创伤和感染是外科病人经常发生的两种应激反应，由此引起全身性的机能和代谢变化，这些变化是机体自我保护和对外来、内部产生的危害反抗的结果。

影响因素包括创伤和感染引起的发热、组织破坏、失血、炎症、饥饿等，还有创伤及疼痛引起的恐惧、紧张、睡眠剥夺等心理反应，这些反应从不同途径对物质代谢发生干扰，其中体内激素水平的改变以及细胞因子等多种生物活性物质的变化在物质代谢调控中起重要作用。深入了解创伤和感染情况下机体物质代谢的变化，以及营养因素在机体创伤修复和抗感染过程中的功能，将有助于更准确、更有效地进行营养支持。

二、创伤和感染的食疗原则

手术创伤可引起一系列内分泌及代谢改变，使体内营养素高度消耗。术前患者如有足够的营养储备，可增加对手术的耐受力，术后伤口迅速愈合，早日康复。如有营养缺乏，特别是长期营养不良，术后营养不能及时补充，常因抵抗力下降而引起感染、创伤愈合延迟等并发症，影响临床治疗效果，甚至危及生命。因此，制定均衡合理的膳食营养治疗方案，及时补充营养，对患者康复具有极为重要意义（图12-1）。

1. 术前食疗原则

（1）高能量 高能量饮食能够增强机体抵抗力，增加能量储备，满足术后热能消耗的需要，有利于创伤修复。但摄入能量也不易过多，以免引起肥胖，对手术和健康产生不利影响。一般中等身高体重住院准备手术的患者，若仅仅起来坐在床边活动，则仅需增加基础代

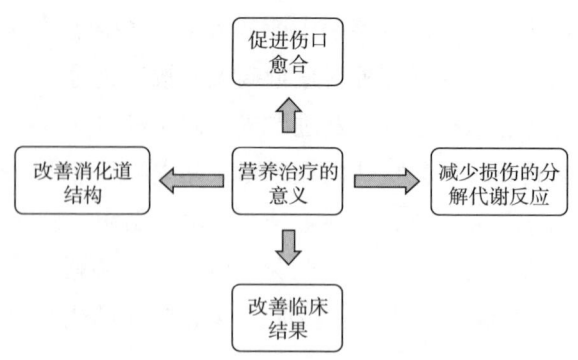

图 12-1 营养治疗的意义

谢的 10% 左右；若能起床活动，则增加基础代谢的 20%~25%；若安静卧床发热的患者，则体温每升高 1℃，增加基础代谢的 13%；若患者消瘦明显，宜在体重有较大增加后做手术。

(2) 高蛋白　蛋白质对手术效果影响极大，供给充足的蛋白质能促进伤口愈合，防止发生营养不良性水肿和低血容量性休克，增强机体对麻醉的耐受力和抗感染能力，减少术后并发症，保护肝脏功能。手术患者蛋白质供应量应占总热能的 15%~20%，或按每天 1.5~2.0g/kg 计算，其中优质蛋白质占 50% 以上。

(3) 高碳水化合物　高碳水化合物饮食可供给充足的能量，减少蛋白质消耗，促进肝糖原合成和储备，防止低血糖的发生，保护肝细胞免受麻醉剂损害。通常术前热能供给为每天 8.4~10.5MJ（2000~2500kcal），其中碳水化合物占总热能的 65% 左右。

(4) 补充足量的维生素和必需微量元素　补充足量的维生素和必需微量元素对促进外科患者组织修复和伤口愈合至关重要。维生素 C 可降低毛细血管通透性，减少出血，促进组织再生及伤口愈合；B 族维生素参与能量代谢；维生素 A 能促进组织新生，加速伤口愈合；维生素 K 参与凝血过程，可减少术中和术后出血；微量元素铁、铜、锌可促进伤口愈合。为增加维生素和必需微量元素在体内的储存，术前 7~10d 应给予维生素 C100mg/d，胡萝卜素 3mg/d，B 族维生素 5mg/d，维生素 PP50mg/d，出血或凝血机制降低时，可补充维生素 K15mg/d。

(5) 合理补充水分　保证体内有充足的水分是维持正常代谢的先决条件之一。心脏和肾功能良好者可饮水 2~3L/d，肥胖或循环功能低下的患者，术前 1~3d 宜给予低盐饮食，或术前 5~6d 内采用 1~2d 半饥饿饮食方式。

2. 术后营养治疗原则

术后患者的膳食一般遵循由流质、半流质、软食逐渐过渡至普通膳食的原则，以肠内营养为主，必要时考虑肠外营养支持，以及时补充各种营养物质。

(1) 口腔、咽喉部手术　一般仅于手术当天中午禁食，晚饭即可用冷流质，至第 3d 中午改为少渣半流质饮食。食物不宜过热，以免引起伤口出血。1 周后可改为软食。

（2）胃肠道手术　术后患者须禁食2~3d，禁食期间进行肠外营养支持。待患者排气、肠道功能初步恢复后，可给予少量清流质饮食。其后视病情改为一般流质，5~6d后改为少渣半流质、半流质饮食。伤口愈合良好者，术后10d左右即可供应软食。直肠或肛门手术后也要禁食2~3d，以后给予清流质、流质、少渣半流质饮食，特别应限制富含粗纤维的食物，以减少大便次数，利于伤口愈合。阑尾切除术后第1d应禁食，第2d可给流质，第3d改为半流质，第5d给予软食。若有阑尾穿孔、腹膜炎等并发症，则需推迟更换饮食种类的时间，必要时可行，肠外营养支持。

（3）肝、胆、脾手术　术后患者的饮食以低脂、高蛋白的半流质为宜，以减轻肝、胆代谢负担。因门脉高压症行脾切除术的患者，由于存在肝功能障碍和食管静脉曲张，应限制脂肪及粗纤维的摄入，并将食物切碎、煮烂，以便于消化。

（4）其他部位手术　可根据手术创伤的大小、患者状况等决定营养支持的时间和方式。创伤小的一般术后即可进食。创伤大的或全身麻醉的患者，多伴有短时间的消化吸收功能障碍，需进行肠外营养补充。随着机体恢复，逐步改为肠内营养。对于颅脑损伤和昏迷的患者，应给予管饲营养支持。恶性肿瘤患者往往术前就存在不同程度的营养不良，应视病情补充营养。严重贫血、低血容量性休克、急性化脓性感染等患者，应及时给予输血或血浆代用品。

三、创伤和感染的食疗调养

1. 手术前的食疗

①患者有贫血、低蛋白血症及腹水时，除输全血、血浆和白蛋白外，还应通过饮食给予足够的蛋白质和热能。

②高血压患者，需在药物治疗的同时给予低盐、低胆固醇饮食，待血压稳定在安全范围时再行手术，以减少手术过程中的出血。

③糖尿病患者，则必须按糖尿病饮食要求供应膳食，并配合药物治疗，使血糖接近正常水平，尿糖定性转为阴性，以预防术后伤口感染及其他并发症。

④肝功能不全的患者，要给予高能量、高蛋白、低脂肪膳食，并充分补充各种维生素，促进肝细胞再生，恢复肝脏功能。

⑤肾功能不全的患者，需依照病情给予高能量、低蛋白、低盐膳食。

2. 手术后的食疗

手术后的营养得摄入是至关重要的，清淡的食物跟有利于身体的吸收和消化，特别是优质的动物蛋白质，以及补充身体里面需要的微量元素。特别是锌元素和钾元素，在这就是开刀手术以后补充足够的维生素以及食物纤维，可以很好的增强机体的免疫力，还可以促进伤口的愈合速度。手术后的恢复与多种因素有关，其中合理膳食是患者手术恢复的重要内容，有针对性地合理进食高蛋白、丰富维生素、高热量、易消化食物，如鸡蛋、瘦肉、胡萝卜、猪肝、蜂蜜等，有利于患者恢复。在术后恢复期间做到荤素搭配、营养均衡，有助于伤口恢复，注意术后病人不应吃辛辣刺激食物，如果有感染还需要药物进行调理。

第二节 胃大部切除术后的食疗

一、胃大部切除手术概述

胃大部切除术是胃肠部外科最常见的手术之一，属于中等手术，主要用于治疗胃糖化、消化性溃疡等疾病。术后蛋白质分解增加，机体处于负氮平衡状态，表现为消瘦、贫血及体重下降等，如果治疗不当易发生营养失调。因此，合理均衡供给饮食不仅有利于伤口愈合及身体康复，而且能有效防止并发症的发生。

二、胃大部切除术后的食疗原则

手术后早期：胃切除术后两周内，饮食采用"循序渐进、少量多餐"的试餐原则。食物宜低糖、品种少、少食多餐、清淡、易消化。也可早期进行肠内营养支持，如应用要素膳。手术后期：主要是防止倾倒综合征的发生。食物品种由少逐渐增多，从少量逐渐加量，由稀食过渡到干食。

1. 保证热能供给

总能量摄入量是决定胃切除术后能否顺利康复的关键。通常完全卧床者所需能量为基础代谢的1.2倍，起床活动者增加25%以上，体温每升高1℃，增加基础代谢的13%。术后早期应通过静脉补充葡萄糖、氨基酸、脂肪乳剂、维生素等改善营养状况，纠正负氮平衡，促进机体康复。

2. 足量补充蛋白质

由于手术创伤应激、术中失血、脱水、术后较长时间的禁食以及胃肠减压等导致能量和蛋白质代谢增高，肌肉和脂肪组织消耗增加，负氮平衡明显。因此，胃切除患者应补充高蛋白饮食，按 1.5~2.0g/kg·d 计算，以易于消化吸收的优质蛋白为主。

3. 适当增加脂肪摄入

除少数因胆汁和胰液分泌不足而出现脂肪消化不良的患者外，大多数患者应适当增加脂肪摄入量，以补充热能需要。如无腹泻，可按 1~2g/kg·d 计算，选用易于消化吸收的脂肪，如植物油、奶油、蛋黄等。

4. 适量碳水化合物

碳水化合物容易消化吸收,是能量的主要来源。术后碳水化合物供给量以 300g/d 为宜,过量易致高渗性倾倒综合征,特别要注意少食单糖和双糖类。

5. 补充维生素和矿物质

术后患者可有不同程度的消化吸收障碍,易致 B 族维生素、维生素 A、维生素 C 以及铁、锌、镁等营养素缺乏,故应及时注意补充,以利于患者康复。

三、胃大部切除术后的食疗调养

第一阶段:用不需要咀嚼的低糖、高脂肪、高蛋白质流食,为顺利进入第二阶段做好准备。每日 6 餐,每餐由 30~40mL 开始,逐步增加至每餐 150~200mL。食物可采用鸡汤、低汤、排骨汤、蛋花汤或与米汤混合。

第二阶段:用半流食,每日 6 餐,主食可选用米粥、面包、面条、面片、花卷、馒头、饼干等;副食可选用蛋、瘦肉、鱼虾类、豆腐、少渣的蔬菜(如去皮的瓜茄类等)、果泥、菜泥等。

第三阶段:用低糖、高蛋白软饭,每日 6 餐。尽量食用干食,避免干食与汤类同时食用。进餐后,应立即平卧,帮助食物缓慢进入肠道。

第三节 短肠综合征的食疗

一、短肠综合征概述

短肠综合征(short bowel syndrome)是指小肠广泛切除引起的吸收不良症。症状取决于剩余小肠的长度和功能,可有严重腹泻,营养缺乏也很常见。在小肠切除后,由于小肠吸收面积不足,病人会出现以腹泻、脱水、吸收不良和进行性营养不良为主的表现,因此,短肠综合征属于吸收不良综合征。

二、短肠综合征的食疗原则

总的食疗原则是逐步过渡到高碳水化合物、高蛋白、低脂肪、少渣饮食,采用少量多餐的方式给予,以期尽快恢复并维持肠道功能。一般分为以下几点:

1. 少食多餐

每日 6~8 餐，以减少食物对肠道的刺激。进食及咀嚼食物要慢，以保障充分的吸收。

2. 进食时限制液体的进入

进食时要限制液体的摄入，最好喝水与进食固体食物分开进行，因为吃饭时喝水能够使肠蠕加快，结果使食物消化或吸收不完全。减缓喝水的速度，最好在餐前或餐后半小时再喝。

3. 食物中应包含下列营养成分

食物应以高蛋白、低纤维碳水化合物和中等量脂肪为主。高蛋白食物包括鱼肉、家禽、肉、蛋、豆腐和乳制品。低纤维碳水化合物最好是淀粉，包括白面包、部分麦片、无皮马铃薯等。脂肪类食物包括黄油、肉汤等。

4. 限制或避免过甜的食品

过甜的食品有糖果、糖浆、蜂蜜。含有糖分太多的食品与饮料应尽可能的避免或限制食用。

5. 食用低纤维饮食

在水果、蔬菜、坚果、植物种子、豆科植物、谷类食品以及其他植物类食品中均存在膳食纤维。由于病人小肠被部分切除，在他们的恢复期内纤维素难以获得。为了缓解腹胀、腹泻等症状，建议低膳食纤维饮食，维持纤维的摄入量每日不少于 15g。

三、短肠综合征的食疗调养

1. 高能量高蛋白

给予高能量、高蛋白质、高碳水化合物、低脂肪、少渣饮食，开始时可先给予流质饮食，随着病情好转，可逐渐改为半流质饮食或软食。

2. 限制脂肪

严格限制脂肪，短肠综合征患者脂肪吸收障碍更为显著，易出现脂肪痢，尽量选用短链或中链脂肪酸，新鲜蔬菜如茄子、青菜及红薯、燕麦中含有短链脂肪酸，椰子油中含中链脂肪酸较丰富。

3. 补充充足的维生素和矿物质

短肠综合征患者维生素和矿物质均发生不同程度的吸收障碍，尤其是血钾，常常不稳定，易发生低钾血症，故在饮食中要特别注意补充钾、钙、铁、磷、镁，维生素 A、维生素 D、维生素 E、维生素 K 和维生素 B_{12} 等营养素。如乳及乳制品是钙的较好来源，红豆、扁豆、黄豆、杏干、香蕉等含有十分丰富的钾，动物性食物钠含量高于植物性食物，如鸡肉、牛肉、羊肉等，绿色蔬菜中含钙、镁、维生素 A、维生素 E 等均很丰富。

4. 合理控制饮食摄入量和进餐频率

口服饮食应少量多餐，每天6~7餐，以减轻肠负担。开始量要少，以后逐渐增加，使肠能耐受，一般经过一年后，小肠才会发生适应性改变，出现代偿机能，但也有恢复不完全者，因广泛肠切除后消化功能紊乱，肠蠕动过快，食物消化吸收不完全，早期常有大便次数增多。

5. 补充谷氨酰胺

谷氨酰胺是体内最丰富的非必需氨基酸，约占体内总游离氨基酸的50%。谷氨酰胺的生理功能主要是纠正机体负担平衡，维持机体氮平衡，维护肠道屏障功能，防止细胞移位和体内毒素吸收，纠正体内蛋白的丢失，维持机体蛋白质合成，调节免疫功能，具有保护大脑的功能。作为大脑的一种能量来源，对胃肠黏膜损伤有保护、修复作用，因此，短肠综合征的患者可适当补充谷氨酰胺。含谷氨酰胺丰富的食物如蚕豆、黄豆、核桃、花生、牛肉、鸡蛋、虾等，可适当食用。

第四节 烧伤的食疗

一、烧伤概述

烧伤是指热力导致人体组织的损伤，是常见的急性损伤之一，主要有物理和化学烧伤两种。其中大面积的严重烧伤易引起全身性伤害。中医认为，烧伤是由热毒侵害人体，导致皮肉，甚至脏腑腐烂而成，轻者仅皮肉损伤，重者则因火毒炽盛，伤津耗液，损伤阳气，致气阴两伤；或因火毒侵入营血，内攻脏腑，导致脏腑失和，阴阳平衡失调，甚至死亡。烧伤患者除药物和手术治疗外，及时合理地补充营养物质，可增强机体抵抗力，减少并发症，提高治愈率。

二、烧伤的食疗原则

为满足烧伤患者的营养需要，应遵循营养治疗原则，根据病情、病程、烧伤部位、胃肠道功能以及并发症，采用适宜的途径补充各种营养素，防止营养不良发生，促进患者康复，提高烧伤治愈率。

口服是最主要的途径。一般肠蠕动恢复后，可先食用米汤、绿豆汤、西瓜水、维生素饮料等，每日6~8餐。在感染期和康复期可根据病情及患者饮食习惯制定食谱，保证所需热量，一日5~8次。注意患者消化功能，少量多餐，以免因给予大量食物而导致急性胃扩张或腹泻。食欲不振时，可用调理脾胃的中药以改善食欲及胃肠道功能。面部深度烧伤结成焦痂，或口周围植皮影响进食者，或口唇周围烧伤后疤痕挛缩的小口畸形者，或口腔面部烧伤、口腔牙齿固定等进食困难者，食物均应用高速捣碎机打碎或煮烂过筛，不经咀嚼即可下咽，以改善消化条件。

烧伤后的食疗原则根据烧伤的临床过程分为三期：休克期、感染期、康复期。烧伤后各期饮食原则及营养量见表 12-1。

表 12-1 烧伤后各期饮食原则及营养量

病程	膳食原则	一日营养量	食物	餐次
休克期	清热、利尿、消炎、解毒，补给多种维生素、不强调蛋白质和热量，增强食欲	蛋白质 10~15g 糖 90~100g 热量 400~460kcal	茶、米汤、绿豆汤、西瓜水、鸭梨汁、牛乳、冰块酸乳、维生素饮料	6~8 餐
感染期	继续清热、利尿、消炎、解毒。逐渐增加蛋白质及热量，补充消耗，减轻负氮平衡，保证供皮区再生及植皮成活率	蛋白质 120~200g 脂肪 70~100g 糖 350~450g 热量 2510~3500kcal	各种粥、面食、鱼虾、肉类、禽类、肝、蛋、牛乳、巧克力、各种蔬菜。食物可制成半流质	5~6 餐
康复期	高蛋白、高热量、丰富而有全价营养的膳食。继续控制感染。调整免疫功能，增加身体抵抗力	蛋白质 120~220g 脂肪 80~100g 糖 350~450g 热量 2600~3580kcal	各种面食、米饭、肉类、禽类、鱼、虾、牛乳、蛋类、蔬菜、水果	4~6 餐

三、烧伤的食疗调养

根据上述的三期食疗原则，具体的各期食疗调养方案如下。

1. 休克期

烧伤后 2~3d 开始供给本院配制的含有中药材的烧伤膳食，成分如下：绿豆 100g、赤小豆 100g、金银花 100g、生地黄 100g、麦冬 50g、蜂蜜 100g、大米粉 100g，以上成分煮成稀汁状，可以口服或鼻饲，主要利用中药材得健脾利泻、解毒利湿、养阴合营的功效，不强调蛋白质和热卡，尽量保持食欲。

2. 感染期

500mL 匀浆含大米 50g、牛乳 250g、瘦猪肉 50g、胡萝卜 100g、糖 20g、油 5g、盐 2g 及

嫩绿叶蔬菜等，煮熟后放凉打成匀浆，按一定比例配以牛乳、葡萄糖，制成高蛋白、高能量、营养素全面的混合匀浆膳，每日经胃肠内供给蛋白质 50~80g、碳水化合物 150~200g、脂肪 70~80g，总热量为 2000~2500kcal。

3. 康复期

以胃肠道营养为主，给予高热量、高蛋白、富含维生素的膳食，进食牛乳、豆浆、软米饭、蛋糕、薄面片、煮鸡蛋、鸡丝汤、烩鱼丸、新鲜绿叶蔬菜和水果，并加食含中药材的食疗炖品。我们所用的食疗炖品有多种：党参、黄芪、红枣炖本地鸡；党参、枸杞、红枣炖竹丝鸡；西洋参、元肉炖乳鸽；红枣、淮山、枸杞炖田鸡；元肉、红枣炖水鱼；元肉、红枣炖生鱼；淮山、党参炖排骨；红枣、雪耳炖瘦肉；西洋参、元肉炖鹌鹑；党参、红枣炖兔肉。并逐渐过渡到进食普通饮食。

烧伤引起的并发症较多，在营养治疗过程中需综合考虑。下面主要介绍三种并发症的食疗调养方法。

（1）应激性溃疡　是大面积烧伤时常见的极严重并发症之一，发病率为 12%~25%，致命性出血率为 5%，溃疡出血时间可持续 15d。应激性溃疡时，患者应当禁食，待出血停止后，允许患者饮无糖牛乳以中和胃酸，保护胃黏膜。开始用量为 50mL，以后增至 200mL，不要超过 1500mL/d，随着病情好转，可在饮用 250mL/d 牛乳的同时，供给蒸鸡蛋和鸡蛋薄面糊等。

（2）腹泻　对细菌性胃肠炎者，应给予少渣低脂流质饮食；若属霉菌性肠炎，可给予咸米汤。病情好转后可给予藕粉、小米粥、胡萝卜泥、苹果泥等具有助消化和收敛作用的食物。同时注意纠正水和电解质紊乱。

（3）肝功能障碍　当肝功能障碍时，要给予清淡饮食，并让患者多吃新鲜蔬菜和水果。另外，可提供具有解毒作用的绿豆汤或百合汤等。

古籍选读

《黄帝内经·素问·五常政大论》："无积者求其脏，虚则补之，药以祛之，食以随之，行水渍之，和其中外，可使毕已。"

"药以祛之，食以随之"是指当人出现病症后，可以用药祛除，然后用饮食调养身体。人体受到伤害后营养缺失，会阻碍患者康复，甚至加重病情，因此需要进行营养补充，根据症状的不同有针对性的补充营养，协助患者早日康复。

小结

本章主要介绍了外科疾病，尤其是创伤和感染、胃大部切除术、短肠综合征和烧伤与饮食营养的关系，营养不良的发生原因，以及中医食疗的原则和膳食方案。学习重点是掌握根据食管癌、胃癌和大肠癌的中医食疗原则，根据患者病情实施个体化的膳食方案。

思考题

1. 什么是外科疾病的营养治疗？
2. 请结合中国传统饮食文化论述食疗对外科疾病防治的重要意义。
3. 营养治疗的基本原则是什么？
4. 营养与外科疾病是什么关系？
5. 人体恢复需要哪些营养物质？分别有什么作用？
6. 请简述创伤后机体的代谢变化。
7. 请简述胃大部切除术后常见的并发症和饮食预防。
8. 请简述胃大部切除术的营养治疗原则。
9. 什么是短肠综合征？其营养代谢有哪些特点？
10. 请简述烧伤及其并发症的营养治疗。

参考文献

[1] 黄承珏，吕晓华．特殊人群营养［M］．北京：人民卫生出版社，2009．

[2] 陶宁萍，王锡昌．食品营养与健康［M］．北京：中国轻工业出版社，2015．

[3] 姜培珍等．营养失衡与健康［M］．北京：化学工业出版社，2004．

[4] 刘雅娟．男性饮食营养全书［M］．长春：吉林科学技术出版社，2012．

[5] 柴瑞震．九种体质吃什么禁什么［M］．哈尔滨：黑龙江科学技术出版社，2014．

[6] 蒋泽先．女人一生健康-营养与药膳［M］．西安：西安交通大学出版社，2011．

[7] 蒋泽先，马云青．女人吃什么更健康［M］．西安：西安交通大学出版社，2011．

[8] 李保双．女人吃什么更健康［M］．北京：化学工业出版社，2012．

[9] 顾东风．中国健康生活方式预防心血管代谢疾病指南［J］．中国循环杂志，2020，35（3）：209-230．

[10] 信斌，高海波．高血脂饮食这样吃就对了［M］．南京：江苏凤凰科学技术出版社，2016．

[11] 周俭．中医营养学［M］．北京：中国中医药出版社，2012．

[12] 陶健，谢新华．心血管疾病食疗智慧［M］．北京：中国医药科技出版社，2012．

[13] 左铮云，刘志勇，乐毅敏．中医药膳学［M］．北京：中国中医药出版社，2015．

[14] 聂宏．中医食疗药膳学［M］．西安：西安交通大学出版社，2017．

[15] 胡海燕．中医养生药膳学［M］．杭州：浙江科学技术出版社，2012．

[16] 刘继林．家庭食疗保健大全［M］．成都：四川科学技术出版社，2003．

[17] 国家心血管病中心．中国心血管健康与疾病报告（2019）［M］．北京：科学出版社，2020．

[18] 国家心血管病中心．国家基层高血压防治管理手册（2020版）［M］．北京：国家心血管病中心，2020．

[19] 陈晓凡，黄少桐，刘红宁．高血压病的辨证施膳［J］．中华中医药杂志，2015，30（12）：4426-4430．

[20] 周俭．中医营养学［M］．北京：中国中医药出版社，2017．

[21] 杨胜兰，李俊祥．中医内科学［M］．北京：人民卫生出版社，2019．

[22] 倪世美．中医食疗学［M］．北京：中国中医药出版社，2009．

[23] 葛均波，徐永健，王辰．内科学［M］．北京：人民卫生出版社，2018．

[24] 周岱翰，林丽珠．中医肿瘤食疗学［M］．广州：广东科技出版社，2021．

[25] 倪世美. 中医食疗学［M］. 杭州：浙江科学技术出版社，2006.

[26] 郁仁存. 中医肿瘤学［M］. 北京：科学出版社，1983.

[27] 谭兴贵. 中医药膳学［M］. 北京：中国中医药出版社，2003.

[28] 李涛，李宝生，吕家华，等. 食管癌患者营养治疗指南［J］. 肿瘤代谢与营养电子杂志，2020，7（1）：39-49.

[29] 刘洁，李立平，赵亚刚. 食管癌中医证型分布与中药治疗研究进展［J］. 中华中医药学刊，2017，（7）：142-144.

[30] 吴在德，吴肇汉. 外科学［M］. 北京：人民卫生出版社，2003.

[31] 焦广宇，蒋卓勤. 临床营养学［M］. 北京：人民卫生出版社，2010.

[32] L Kathleen Mahan，Sylvia Escott-Stump，Janice L. Raymond. Krause. 营养诊疗学［M］. 杜寿玢，陈伟，译. 北京：人民卫生出版社，2016.

[33] 何志谦. 疾病营养学［M］. 北京，人民卫生出版社，2009.

[34] 孙长颢. 营养与食品卫生学［M］. 7版. 北京：人民卫生出版社，2012.

[35] 吴翠珍. 营养与食疗学［M］. 2版. 北京：中国中医药出版社，2012.

[36] 顾景范. 现代临床营养学［M］. 2版. 北京：科学出版社，2009.

[37] 倪世美. 中医食疗学［M］. 北京：中国中医药出版社，2009.

[38] 孙秀发. 临床营养学［M］. 3版. 北京：科学出版社，2016.